中国式投资

曹海涛 等著

電子工業出版社
Publishing House of Electronics Industry
北京•BEIJING

图书在版编目（CIP）数据

中国式投资 / 曹海涛等著. —北京：电子工业出版社，2018.6
ISBN 978-7-121-32331-7

Ⅰ. ①中…　Ⅱ. ①曹…　Ⅲ. ①股票投资－研究－中国　Ⅳ. ①F832.51

中国版本图书馆 CIP 数据核字（2017）第 181743 号

责任编辑：高洪霞
印　　刷：北京季蜂印刷有限公司
装　　订：北京季蜂印刷有限公司
出版发行：电子工业出版社
　　　　　北京市海淀区万寿路 173 信箱　邮编：100036
开　　本：720×1000　1/16　印张：18.25　字数：288 千字
版　　次：2018 年 6 月第 1 版
印　　次：2018 年 6 月第 1 次印刷
定　　价：59.80 元

凡所购买电子工业出版社图书有缺损问题，请向购买书店调换。若书店售缺，请与本社发行部联系，联系及邮购电话：（010）88254888，88258888。

质量投诉请发邮件至 zlts@phei.com.cn，盗版侵权举报请发邮件至 dbqq@phei.com.cn。

本书咨询联系方式：（010）51260888-819，faq@phei.com.cn。

开卷语

拒绝像傻瓜一样去投资，欢迎阅读《中国式投资》，各位朋友你们好，我是曹海涛。

从现在开始我将为大家带来系统、专业、理论与实践并重的《中国式投资》课程。之所以叫《中国式投资》，是因为绝大部分知识、案例及要点来自于中国本土。

十年前，如果大家投资北、上、广的房产，或者买了格力电器的股票，投资了京东……相信到如今都有十几倍甚至几十倍、几百倍的回报。

投资者在资本市场犯的错误，99%都是重复的！只有避免踏进同一条河流，投资者赚钱的概率才有可能达到99%。苦干不能致富，只有实现学习和悟性的提升才能带来财富。所以从现在开始，加入《中国式投资》的阵营吧，无论你是教师、工程师、会计还是销售人员，只有学会投资，才可以实现若干年后“躺着赚钱”。

本书涉及理财、股票、股权、黄金、白银、楼市、期货、外汇等，也包括 A 股、港股、美股，横跨互联网、餐饮、教育、房地产、人工智能、TMT 和文化健康等领域，涵盖一二级市场，不仅包括天使投资、风险投资、IPO、定向增发等，还包括企业融资和上市挂牌、员工激励等内容。

有位朋友，10 年前是一名都市白领，后来因为公司效益不好，他的同事陆续离职，老板实在坚持不住，让他投资一些钱来支持公司，他把自己仅有的 20 万元拿出来入股，没想到5年之后这家公司上市了，他套现了2000万元投资了北京的几套房产，如今他早已实现财务自由，而他那些前同事们还在别的地方继续打工……

只有投资才能真正实现财务自由，只有会投资才能做自己的老板。那么投资者攒够10万元，该投资什么？攒够100万元，该投资什么？攒够1000万元，又该投资什么呢？投资很多时候是一种思维和选择。学习成功投资者的交易策略，可以提高自己的投资回报。在《中国式投资》这本书中，我将自己多年来对投资的理解、投资经历及实战经验，毫无保留地、系统地分享给广大读者朋友。

人生是一场繁华与荒芜并存的旅行，冷暖自知，苦乐在心。投资，应该是一种生活方式，是有悔、有梦的生活方式，也是选择和有缘人同行的生活方式。

在这里你会学到投资知识，包括理财、股权、股票等；你经历过或者没经历过的困难、挫折，我都会尽力一一列出，希望排除你内心的疑问。我将为你揭秘股权投资、股票投资的100种法则，教你真正学会“中国式投资”。

《中国式投资》是个人财富增长、摸透资本市场、搞懂股权投资的必备图书，也是玩好股票投资和企业成功融资的经典图书。

我希望用最短的时间、最简练的语言，让你最快地摸透资本市场！

当然，读者还会获得投资基本战略的指导，比如如何投资股市、楼市，并且学到正确把握投资风险和机会的方法。

资本市场让人欢喜让人忧！投资是最特殊的行业，因为里面充斥着所有类型的人，包括傻子、疯子、骗子、智者、斗士……

学习只是辛苦一阵子，而不学习则会痛苦一辈子。周围很多白领和企业创始人好不容易赚到钱财，却因为不懂投资而亏了很多钱。因为他们不懂投资，谈到投资，有很多人不愿意研究也不愿意思考，而是特别喜欢听消息、问朋友、搞关系、弄资源等，而消息有时准，有时又不准，既违规、违法，又容易让人血本无归。

如果你想追求财务自由，成为未来的人生赢家：

阅读！你会发现具有增长价值的好公司或者好项目！

如果你想学习最具有价值的投资方法，不甘平庸，拥有梦想：

阅读！你更会看懂中国的资本市场！

如果你想炒股或买房，却不知如何下手、怎样下手：

阅读！你会获得前所未有的顿悟！

无论是企业的负责人或者高管，还是公司的普通员工或渴望财富的自由职业者，都可以阅读本书！

当然，如果你是曹海涛的忠实粉丝，相信在你看到这里时已经开启了《中国式投资》的阅读之旅。

轻松注册成为博文视点社区用户（www.broadview.com.cn），扫码直达本书页面。

- **提交勘误**：您对书中内容的修改意见可在 提交勘误 处提交，若被采纳，将获赠博文视点社区积分（在您购买电子书时，积分可用来抵扣相应金额）。
- **交流互动**：在页面下方 读者评论 处留下您的疑问或观点，与我们和其他读者一同学习交流。

页面入口：*http://www.broadview.com.cn/32331*

前言——如何打通你的投资生态

资本市场是金融市场的一部分，它包括所有关系到长期资本供需的机构和交易场所。它分为一级市场和二级市场：在一级市场上，新的吸收资本的证券发行并被投资者需求；在二级市场上，已经发行的证券被交易。

西方资本主义国家是资本市场的摇篮，经过几百年的血雨腥风逐渐形成推动各国经济发展的有效力量。可是，中国式的资本却有着不同的玩法，如何在中国资本市场中去伪存真，炼得火眼金睛，取得真经呢？

做好投资，第一步是要构建你的投资生态系统。那么你的投资生态系统由哪些方面组成呢？

首先，要做好投资，一定要聚集一帮真正财务自由的朋友，盯住他们的思维动向，学习他们的做事格局，争取帮他们办事。他们或者年龄比你大，或者企业做得很成功，或者做投资屡战屡胜。这些人谈论的内容是普通上班族完全想象不到的。他们谈论国际上的机会，政治的风向，资产的配置，以及风险控制……

其次，需要有一群可以办事的中介朋友。这些人不一定很有钱，但是他们真的很勤奋，并且很会建立自己的圈子，这些中介朋友往往是探寻机会和合作的关键，因为他们更重视合作。很多事情不一定是甲乙方一蹴而就的，有时要依靠中间的朋友，让他赚到钱，他才会让你也赚到钱。

然后，必须要有一群白领朋友，尤其是各种高大上（例如世界 500 强）公司的中高层。他们非常熟悉行业的八卦和行业的人才，可以帮助你了解各大公司和各个行业的动态。要做主流的人、成就主流的事，少了这群人不行。

同时，一定要有一群非常信任你的人，在生活中愿意一起做事的人，彼此非常默契，只要你说句话，他们就会竭尽全力出手挺你。在你需要支持或者帮忙时，他们可以毫不犹豫地站出来。

最后，就是你自己。一切圈子建立的前提就是圈子的核心人物值得大家花时间与之在一起，而这里"值得"无外乎三个原因：可以一起赚到钱，可以一起聊些事可以一起学到些东西。这也是你必须要认真读本书的原因。

另外，请小心：未来不需要投资家，不需要企业家，只需要"投创家"！本书不是为了搞出更多投资家，也不是为了发展出更多企业家，而只是为了培育出更多迎合未来的"投创家"。

何为投创家？本书首次提出并这样定义它：

投资家是风险事业的投入者和引领者，创业家是冒险事业的经营者和组织者，投资家和创业家是经济发展的"原动者"，也是市场机制的最基本要素之一。投创家是投资家和创业家以生态的方式进行的有机结合。投创家肩负更多的社会责任和历史责任。纯粹的投资家更加关注财富的创造，纯粹的企业家更加关注实业的经营。而未来，社会需要的是投创家的引领和执行。投创家是在充分理解和组织实业、产业发展的基础上，进行的投资及资本的引导和生态布局。

要想靠投资赚到大钱，不和股权联系到一起是绝对不行的。投资人必须要投资那些资本生态力特别强的公司才可以"稳坐钓鱼台"。

作为一个投创家，一定要清楚何为资本生态力，本书也是首次提出并这样定义它：

资本生态力，是中国企业未来发展的核心竞争力和核心动力。企业发展缺乏灵魂、生机、存在感，也缺乏支持产业可持续的生态互助效力和生态闭环，这是因为缺乏或尚未完善资本生态力这一核心要素。企业原有要素融入资本生态力，使得要素及产业链升级后产生新的动力。

资本生态力不仅通过资本的布局建立创业、创新的生态基础，更通过合理的资本和生态基础建设及格局的提升，形成 21 世纪企业突破瓶颈和健康成长的关键！大众创业、万众创新是企业生命的开始和源泉，而持续提升资本生态力是企业活得更好、更长久的核心。

2017 年最火爆的资本暴富神话是借壳上市的顺丰控股（002352）的实际控制人王卫，他的身价一度超过马化腾和马云，直逼中国首富的位置。而曾几何时，他一直强调躲避媒体，称公司不用上市，在公司上市之后才逐渐走入媒体。而在 2017 年 6 月举办的“粤港澳大湾区论坛”上，他首度承认，其一念之差造成顺丰的市值和马化腾缔造的腾讯的市值有着万亿元的差别。

因为，顺丰和腾讯的不同就在于顺丰把重点放在了专心做自己的商品上，但是腾讯除创造内部的统一和打造公司内部的生态环境外，还在打造公司外部的生态环境。

无论如何，真正的好公司一定要拥有较强的资本生态力，这也是成功的投资人最需要关注的。

本书主要由曹海涛编著，其他参与编写人员还有田晶、孟忠琦、曹国军、葛君茹、赵敏、葛书全、田宝良、赵华、许峰、邹冰冰、孟冲、李楠、李秀坤、孟凡智。

目录

股权投资篇

1. 做股权投资，所有的问题最终都归结为一个问题

人对未知的恐惧是最大的，所以预测或梦想给人的魅力往往是无穷的。

对人性的理解无论是对于管理、市场还是融资都是非常关键的。

小米的董事长雷军大部分时间并不是花在技术开发上，而是花在“找人”上。

“找人和分配利益”应该是创业者做大企业的核心能力。

了解人性是创业者做好团队、维护好客户关系、建立良好外界形象的关键。

阿里巴巴的创始人马云认为：客户第一，员工第二，股东第三。虽然听起来和做企业一般提倡的哲学——股东利益最大化有一些矛盾，但其实真正做到客户第一和员工第二之后，实现股东的利益是水到渠成的事情。

大家看一下下面的段子。

一天，儿子不解地问老爸：“在西游记中，既然孙悟空大闹天宫都没事，那为什么在西天取经路上，老让观音来帮忙降妖？”老爸深吸一口烟，说：“等你参加工作就明白了。大闹天宫时，孙悟空碰到的都是给玉帝打工的，出力但不玩命；西天取经时，他碰到的都是自己出来创业的……

所以，千万不要低估人的决心。从人性的角度出发，做事坚定、破釜沉舟的决心是创业者必须具备的。

在现实生活中，不少创业者在“是否要创业”的问题上犹犹豫豫，甚至边上班边兼职创业，还有的连团队都是兼职的，说是等融资到位再全职上班，其实存在这种思想已经预示了创业的失败。

马德在《一个父亲的箴言》中写道：“**一个人要赢得另一个人很容易，那就是学会吃亏**。孩子，这个世界上没有人喜欢爱占便宜的人，但所有人都喜欢爱吃亏的人。你想着吃亏的时候，就会赢得别人；那个懂得以更大的吃亏方式来回报你的人，是你赢得的朋友。”

吃亏是多么简单又是多么困难的事情，目光短浅的人总是想着赚了就走，而目光长远的人知道大富靠德，小富靠智。真正做生意、关乎利益的时候，做一个愿意吃亏的人总是绕不过人性的贪婪，而只有大悟大彻的创业者才能明白吃亏是福。

作为一个创业者，做一个大气的人非常重要。有一家上市公司的董事长谈到他的融资哲学时对我说："融资其实很简单，多请吃饭就是了。"请吃饭，这三个字蕴含了很多的学问。

人远比自己想象的要坚强，特别是当回头看看走过的路的时候，会发现自己走了一段自己都没想到的路。生活可以漂泊、可以孤独，但灵魂必须有所归依。勿忘本心，只要勇敢地对过去说出再见，生活一定会赐予人一个新的开始。这一秒不放弃，下一秒就有希望。

读《古代名人家训评注》可以看出，古人非常重视子女教育，归纳成一条就是如何做人！无论是《朱子家训》，还是诸葛亮的《诫子书》，或是《曾国藩家书》等，都在告诉后代如何做人。做人，这是人生的大学问、大课题。人的一生都是在学着做人！

什么叫成功？一生做个好人就是成功。

还记得中国著名的律师岳成发来的短信："淡泊名利我做不到；大公无私我做不到；无所畏惧我做不到；宠辱不惊我做不到，但好人我要做到。"说得多么真实，成功其实就是这么简单，也是如此纯粹。

最后强调：所有的问题，最终都是人的问题！

2. PE是“诱饵”，天使是“毒药”

本法则主要介绍中国股权投资的分类及特点，最主要的是“男女都怕入错行”，选好自己适合的，选好时代需要的，比什么都重要！

股票投资主要指二级市场，股权投资主要指一级市场，那么什么是股权投资呢？

股权投资（Equity Investment），是指通过投资取得被投资单位的股份，是企业（或者个人）购买的其他企业（准备上市、未上市公司）的股票，或以货币资金、无形资产和其他实物资产直接投资于其他单位，最终目的是为了获得较大的经济利益，这种经济利益可以通过分得利润或股利获取，也可以通过其他方式取得。

股权投资分为天使投资（Angel Investment）、创业投资（Venture Capital，VC）、私募股权投资（Private Equity，PE）和上市公司定向增发投资（Private Investment in Public Equity，PIPE）。

PIPE指的是一级半市场，是私募基金、共同基金或者其他的合格投资者以市场价格的一定折价率购买上市公司股份以扩大公司资本的一种投资方式。PIPE主要分为传统型和结构型两种形式。传统的PIPE由发行人以设定价格向PIPE投资人发行优先或普通股来扩大资本，而结构性PIPE则是发行可转债（转换股份可以是普通股也可以是优先股）。PIPE 这种融资方式非常受欢迎，相对于二次发行等传统的融资手段，其融资成本和融资效率要高一些。在PIPE发行中，监管机构的审查更少一些，而且也不需要昂贵的路演，这使得获得资本的成本和时间都大大降低。PIPE比较适合一些快速成长为中型企业的上市公司，它们没有时间和精力应付传统股权融资的复杂程序。

天使投资是权益资本投资的一种形式，是指富有的个人出资协助具有专门技术或独特概念的原创项目或小型初创企业，进行一次性的前期投资。它是风险投资的一种形式，根据天使投资人的投资数量以及对被投资企业可能提供的综合资源进行投资。

创业投资，之前常常被称为“风险投资”。实际上，“Venture”与 Risk 并不相同。Risk 表示“风险、危险”之意，而 Venture 表示人们主动承担可能的创新风险而进行的有意义的冒险创新活动或创业行为——尤指“冒险行为”“创新行为”“创业企业”等。如把创业企业称作“New Venture”，“合资企业”称作“Join Venture”等。因此，把“Venture Capital”称作“创业投资”更为贴切。试问，如果在中国总向 LP 投资人们说，来投我们的基金吧，我们是风险投资，还有多少人敢投？

私募股权投资，是指通过私募基金对非上市公司进行的权益性投资。在交易实施过程中，PE 会附带考虑将来的退出机制，即通过公司首次公开发行股票（IPO）、兼并与收购（M&A）或管理层回购（MBO）等方式退出获利。简单地讲，PE 投资就是 PE 投资者寻找优秀的高成长性的未上市公司，注资其中，获得其一定比例的股份，推动公司发展、上市，此后通过转让股权获利。

广义的 PE 为涵盖企业首次公开发行前各阶段的权益投资，即对处于种子期、初创期、发展期、扩展期、成熟期和 Pre-IPO 各个时期的企业所进行的投资，相关资本按照投资阶段可划分为创业投资、发展资本（Development Capital）、并购基金（Buyout/Buyin Fund）、夹层资本（Mezzanine Capital）、重振资本（Turnaround）、Pre-IPO 资本，以及其他如上市后私募投资、不良债权（Distressed Debt）和不动产投资（Real Etate）等。

狭义的 PE 是指对已经形成一定规模并产生稳定现金流的成熟企业的私募股权投资部分，主要是指创业投资后期的私募股权投资部分，而这其中并购基金和夹层资本在资金规模上占最大的一部分。在中国，PE 主要是指这一类投资。

为什么说 PE 是“诱饵”呢？因为在实际的股权投资基金的募资过程中，如果要投资那些即将上市或者即将被并购的公司，很多高净值人群或一些喜欢做短平快的投资基金参与的欲望特别强。中国在 2009 年开启的全民 PE 的事件大部分人记忆犹新：2009 年以来，随着创业板的开闸和国内资本市场的持续火爆，中国资本市场在2010年—2011年一度进入全民PE的年代。从煤炭、房地产行业赚得盆满钵满的高净值人群，主业面临国家的行业管制，急于为财富增值寻找新的投资方向。PE行业的疯狂造富神话和媒体的放大效应，吸引了这批高净值人群的目光，其中很多人成为众多PE机构的LP投资人。

PE投资风险就一定小吗？其实太多抱着即将上市的希望而投资的投资人，大部分还是赔钱的，即使是已经超过几千万元甚至上亿元的公司，它们的持续增长对资金的需求更大，如果融资跟不上，这些企业业绩很容易下滑。之前我一直强调，99%的企业死掉并不是因为业绩下降，而是现金流吃紧！大企业对大资金的需求欲望更强，一旦财务管理和协调上出现问题，就很容易崩塌。众多上市公司很容易出现现金流断裂的境况，何况其他没上市的公司呢。PE的诱饵性质特别强，因为大部分人都希望投资短平快，但实际情况是，大部分投资都难以做到短平快。融资就像是一个大饼，越往后做越需要持续的故事和业绩的支撑，稍有差池，或者资本市场稍微变脸，对于公司本身都是致命打击。从投资的角度我一直强调，要抓住利润暴涨的部分，如果只是上市或者并购前的临门一脚，投资收益不会很大。

天使投资就像“毒药”，听着美丽，容易上瘾，一有不慎会导致死亡。中国最早的天使投资起源于1986年开始实施的“863计划”和1988年开始实施的“火炬计划”。可见，中国最早的天使投资是由政府推动的。1996年，罗伯特和尼葛洛庞帝作为天使投资人对搜狐投资20万美元，随后许多网络和高新科技创业企业也先后得到国外天使投资人的惠顾。到了2000年，美国硅谷的互联网泡沫破灭，投资机构开始关注中国和印度市场科技领域的投资机会。其实，在2000年以前，中国的天使投资主要为天使投资人的零星投资。2001年—2008年，中国天使投资开始起步，但投资主体仍以单个的天使投资人为主。2009年至今，天使投资进入快速发展阶段，在投资主体上，天使投资机构与天使投资基金大量出现。

一个朋友曾是中国某A股上市公司的高管，他坚持股票套现一亿元，成立天使投资基金，兴致勃勃地于2013年成立了天使投资基金，看项目、投资、参加各种高大上的论坛，被很多年轻创业者拥簇。可是表面是辉煌的，结果是残酷的，几年过去一亿元已经投完，目前没有一个退出的项目，只有两个获得了下一轮的融资，但是等它们上市或者被并购好像也得要好多年之后。投资人面临着吃饭和募集下一轮天使投资基金。如果说做 PE 时需要找资源、靠关系、抢项目的话，那么天使投资更加考验投资团队的专业性、判断性，此外还有运气。

做好股权投资的市场，需要适合投资人自己的资源、背景、性情和专业。抓住自己擅长的部分，同时形成一种风格、特点和核心竞争力，最主要的是真正培育几个以自己为主导的投资经典案例，远比在泱泱的投资人和投资机构中比基金规模、比投资公司的公关和品牌能力要强得多！

3. 投资不是投感情、投概率、投梦想，那么投资是投什么

创业者的出身各式各样，有的高大上，有的很“草根”。

失败的人都一样，成功的人各有各的不同。**什么样的企业家是企业成功的基础和必备？不是技术，不是管理，不是出身，不是资源，不是口才，不是金钱，而是做生意的意识和能力！**

可悲的是，很多投资人过于相信技术的重要性、名校的基因等，其实，做生意的意识和能力才是一起做企业的前提条件。

做生意没有天生就成功的，但是早早就有做生意的意识，不断总结失败，比没做成什么事就开始弄个项目谈融资强太多。

有这样一位创业者，带着几十元钱南下闯荡，福州、泉州、厦门一路走过去。刚开始拿着他自己写的管理手册，找大工厂、大饭店，跟经理说用他的办法生意一定兴隆。

此处省略一万字的艰难……

1991年年初回到新野老家，去县里一所普通高中学习，几个月后，他考入北京大学城市与环境学系。在北大他读了很多书，寒暑假去过很多地方。同班同学精通计算机，跟他说找点钱一起做个计算机公司有前途，于是他回老家说通村支书，从农信社借了20万元。原来军校的战友听说他要做公司，从部队转业加入，这三个人一起成立了一家公司，北京智方信息技术有限公司，做计算机软件和相关服务。

他发现自己不喜欢做技术，白天雄心万丈去找业务，晚上回来很疲惫也很纠结。公司运营一年就倒闭了，这带给他20多万元的负债，他背起迷彩军包，带着帐篷睡袋，出发去了西藏，来一场人生畅想的旅行。

之前的游历和西藏之行，使他接触到很多国外的自助旅行者，了解到户外运

动在欧美是成熟且前景无限的产业，过半数的人经常参与各种户外活动，而户外装备种类繁多。回到北京，一心要做好生意的他从家里借了几万元，1997 年 9 月，他在北京大学东门外开了一个 20 多平米的小店，销售帐篷、睡袋、背包军品等，店名为“三夫户外”，之所以叫“三夫”这个名字，是因为感性的他要纪念之前一起创办智方公司的同学和战友。

创业都难，但是做过各种生意的他一直探索营销工作的玩法，周末去北大、清华、人大等高校摆地摊，去小区搞展销，推出长城徒步野营活动，建立俱乐部，组织户外体验活动，组织赛事，1999 年开始建立网站，之后加入论坛聊天室，建立网上商城，2001 年他进入清华大学读 MBA，学习企业管理……

他带领公司开旗舰店、干连锁、扩张、代理经销国际国内几百个专业户外品牌，经营户外服装、户外鞋袜与户外装备三大类别，并陆续引入自驾车类、儿童户外、自行车类、跑步、滑雪类产品，基本覆盖了户外用品的所有种类。

2008 年和 2010 年，几家知名投资公司被这个懂得做生意的创业者打动，分别向三夫户外投资几千万元人民币。

2011 年股份制改革，2012 年年初向证监会申报上市材料，2015 年 5 月 29 日发审会通过，2015 年 12 月 9 日，三夫户外（002780）登陆中小板……

他就是三夫户外的创始人张恒！从屌丝逆袭企业家，听起来多么简单！可是在如今的创业大潮中，寻找真正具有做生意的意识、愈战愈勇的创业者有多么不容易！

最后强调：投资就是投生意，不懂生意全无意。

4. 投资多大年龄的创业者，成功的概率才会大

记者曾经问过一个企业家，为了让大家投资，融资那么多钱，风险不小，不怕失败吗？这个创业者回答：“投我肯定没问题，因为我没失败过！”

对于太顺的人，投资人真不敢投。

1955 年，一个小男孩刚刚在美国旧金山出生就被父母遗弃了，19 岁那年，大学他只念了一学期就因为经济因素而休学，成为雅达利电视游戏机公司的一名职员。1976 年他和朋友签署了一份合同，决定成立一家电脑公司，之后的几个月生意惨淡，直到遇到了一个大的零售商。1980 年 12 月 12 日，苹果公司股票公开上市。1985 年，由于理念不合，公司将其扫地出门。同年他创办另一家公司，1989 年，这家公司失败。他就是史蒂夫・乔布斯。

投资人最不喜欢的就是听创业者吹牛，反倒愿意听谦逊的企业家谈他们的失败故事，更重要的是听他在失败之后的领悟！

那么应该投资多大年龄的创业者？

20~60 岁，各年龄段的人，我都投过。与各种年龄的创业者谈投资、谈企业、谈发展、谈估值、谈管理、谈未来，如果投资人和创业者之间不能够惺惺相惜，或者不能够互相认可的话，那么所有的交流都是无稽之谈。

20 多岁的创业者激情、敢干，需要更加落地；30 多岁的创业者冷静、敏锐，需要更多沉淀；40 多岁的创业者有资源、有家底，需要更大格局；50 多岁的创业者成熟、稳健，需要更强拼劲……

投资人和创业者的结识和关系讲究的是缘分和信任，经历过太多沧桑，又不失激情，感受过无数炎凉仍旧善良，这种有故事、有感悟、有魅力的创业者，才是投资人梦寐以求的。

有一句话我在很多公开场合多次提过：未来不是属于“60 后”“70 后”“80 后”或者“90 后”，而是属于“努力后”！

举个形象的例子，当询问某男生对自己另一半的年龄、容貌、身高、学历等要求时，即使这个男生把条件说得头头是道，但是当他遇到自己真正喜欢的女生时，之前设定的条件几乎烟消云散。所以，谈再多的投资限制、门槛或者条件，都不如先做到以下两点：

在实践和觉悟中提高自己对世界观、人生观、价值观的认知；

找到那个真正看上眼的、和自己三观相匹配的创业者。

最后强调：不经失败不知苦，不经坎坷不知路。

5. 请对自己的钱负责，不要投资未成功过的人

投资人应该投资什么经济水平的创业者？是投资富人，还是投资穷人？是投资小白领，还是穷学生？是投资创业“老油条”，还是行业“小黑马”？

在很多人的投资法则中，有一个基本的投资前提，即创业者之前必须成过事儿（成功过），因为投资人不想被当成实验室里的小白鼠！

虽然这个世界不缺奇迹，什么人都有可能成功，但是对于没有经历过哪怕一次成功，或者说没有真正从头到尾“玩”过一次的老板，投资人还敢投，那说明投资人的胆子比这个创业者的胆子还大。

提起 E 人 E 本，大部分人都会说，第一印象这是一家经常做广告的公司，会讲到某明星给它代言。谈起这家被清华同方收购的公司的创始人，低调的“史玉柱”般的人物，估计没有多少人知道。在和他交流产品之道时，他每时每刻谈的都是产品。了解他的人都知道，早在十几年前，他就是地地道道的市场高手，而且早早就白手起家成为亿万富翁。

1998 年，他用东拼西凑来的 50 万元组建天津一品公司，向市场推出背背佳矫姿带，并申请了专利。通过大规模广告攻势，“背背佳”火遍中国。在电台打广告的成功经历和经验让他选择了产品的品牌加功能的卖点，并聘请当时最火的“青春美少女组合”做代言，以此来激发年轻人的热情，使“背背佳”一炮而红，1998 年销售额突破 4.5 亿元，使他在 25 岁时就成为亿万富翁。如果当时网络盛行且他足够高调的话，估计他一定是主流媒体报道的常客。可是他选择了“简单、低调、高效”！

但是快消品就是快消品，由于产品生命周期的缘故，如果企业继续做下去，就一定要去转战别的产品。在接下来的两年半时间里，他又投资了几个项目，每一次都是大手笔，花上千万元的代言费请当红明星，一出手就是几千万元的营销费用，但都没有达到预期的效果。巨大成功之后的失败才是最痛苦的折磨，而人

生就是这样富有戏剧性。到 2001 年，他已经赔光了第一次创业挣到的第一桶金，还背了几千万元的负债，彻底由亿万富翁变成了亿万“负”翁。

斗转星移，他一边还钱一边准备东山再起，之后他发现了英语电子词典这个产品，经历过几次失败后，他的打法更加慎重，营销并没有像前几次那样在全国范围去铺开，而是选择在山东进行小规模的尝试。这种心态是成熟创业者经历风雨之后磨炼出来的。

2003 年 5 月，好记星产品正式上市，配合广告宣传，其销售情况非常理想。4 个月后，他已经还清了所有的负债。经历过那段时间高考或者中考的人们一定知道，在好记星之前，是诺亚舟、文曲星、快译通三足鼎立的时代，就这样在好记星的狂轰烂炸中被好记星一统江山了。大山为好记星代言的广告成为那个年代挥之不去的记忆。

2004 年年初，他带着“好记星”“背背佳”两个品牌入股橡果国际，成为橡果国际第三大股东。

经历了多次的成功和失败，让他更加稳、准、狠。通过之前的成功，让他的格局进一步打开，让他在资本圈的人脉更加牢固。联想和清华启迪在他准备做 E 人 E 本而且刚刚只是有一个手模的时候就大胆投资，完全是出于对他过去可以多次“成事”的认可。E 人 E 本这家刚刚走进市场 4 年的公司，就通过被清华同方并购实现了投资人的顺利退出！他就是杜国楹。

经历了多次的成功，他明白了财富的制造方法，经历了多次失败，他懂得了让人失败的几个死穴。

最后强调：不经成功不懂财，不经大事局不开。

6. 作为创业者或投资人，是否需要宣传自己

一次，我问一位女明星："网上每天都有你的消息，成了名人还自由吗？这么有名图啥？"她的回答耐人寻味："有名，只是为了降低与一些重要人、重要业务之间的沟通成本。有名了，就不用一再对他们讲我是干什么的，也不用到处换名片告诉别人我叫什么。"

很多企业家都纠结于是"低头拉车"还是"抬头打鸣"，尤其是年龄大一些或者比较内向的创业者。

企业到底要不要宣传？一部分人一直说要低调，怕宣传后沾染是非；另一部分人总是强调必须宣传，认为宣传也是生产力。

宣传只是公关的一部分，"公关"一词源自英文的 Public Relations，也就是潮人们经常挂在嘴边的 PR。公关主要从事组织机构信息传播，关系协调与形象管理事务的咨询、策划、实施和服务的管理职能。公关行业的性质使其不可避免地与媒体之间具有密切联系。

随着互联网的普及及社会公众对网络的使用越来越频繁，网络对社会的舆论导向、对公共事件的评价都有巨大的影响力。互联网已经成为消费者对某一品牌或商品影响、评价的第一来源，而且互联网上信息传播迅速，短时间内就能产生巨大的影响力，互联网日益成为企业日常公关活动的主阵地。

其实，与传统的报刊、广播、电视等传统媒体相比，新媒体是企业做好公共关系的主要途径。新媒体亦是一个宽泛的概念，利用数字技术、网络技术，通过互联网、宽带局域网、无线通信网、卫星等渠道，以及电脑、手机、数字电视机等终端，向用户提供信息和娱乐服务的传播形态。严格来说，新媒体应该称为"数字化新媒体"。

扩大对外宣传，树立企业品牌。新媒体宣传成本相对较低，且针对性强、效率高，新媒体宣传作用日益扩大，对于企业口碑的形成也有重要推动作用。不能

把公共关系人员当作“救火队”，而应把他们当作“常备军”。公共关系的管理职能应该是经常性与计划性的。

开展公共关系无疑要运用广告这种重要的传播形式，但广告不等于公共关系，二者都具有依靠传播媒介传播信息的特征。可是，公共关系的目的是赢得公众的信赖、好感、合作与支持，树立良好的整体形象，即“让别人喜欢我”；广告的目的是激发人们的购买欲望，对产品产生好感，即“让别人买我”。广告在经营管理的全局中所处的地位是局部性的，其成败好坏对全局没有决定性的影响。但公共关系工作却不同，它在经营管理中处于全局性的地位，贯穿于经营管理的全过程。公共关系工作的好坏，决定着整个企业的信誉、形象，以及整个企业的生死存亡。

企业的公共关系工作几乎完全为市场营销活动服务。

什么样的公司特别善于或者懂得做公关呢？一种是互联网公司，另一种是文化传媒公司。一方面要降低做事的沟通成本，树立品牌，想要融资并做好自己的市值管理，另一方面又没有什么重大把柄落在别人手里，这种搞公关的能力和意识是传统行业必须借鉴的。

2011 年 7 月，有一位“85 后”成立了科技媒体平台，凭借媒体和公关的效应网罗越来越多的创业公司，随后因为校友的 100 万元天使资金开始做大，做投融资服务、股权众筹、研究院、孵化器，这一系列都是以互联网创业生态服务为平台，基于深耕中国互联网创业多年的优势，之后打造公司在互联网行业和创业领域的地位，到 2016 年新一轮融资结束后，其估值已达 36 亿元人民币，他就是刘成城，这家公司就是 36 氪。

做人低调，做事高调，通过做事、营销产品来做宣传、搞公关，有什么不可以？

投资人也是一样。投资人需要有名吗？如果做投资太有名则很可能被别人关注并招惹太多是非，但是如果没有任何名气又很难很快得到创业者的认可。投资风气现状是什么？在二轮或者三轮融资的时候，投资人或者投资机构经常问一句，上一轮的投资人和投资机构是谁？知名吗？

有时名气本身不一定证明真的有实力，有名的人不一定真的能帮到你，有名的人或者有名的投资机构失败的案例不计其数。

有很多投资机构打造名气不仅是为了抢到好的项目，更主要的是为了让自己在管理基金募资时更顺利。有名的投资机构和没有名的投资机构在向陌生人募资时的影响力是截然不同的。虽然很多人认为有名的投资机构都是因为所投的项目成功了所以有名，可是有名的投资机构的基金平均收益率到底是多少？有谁看过其审计报表呢？这些知名投资机构要雇佣不少公关和宣传人员，每年花在公关和品牌宣传上的费用数目惊人。

作为一个投资人，在投资优秀项目的过程中，应得到更多的创业者和相关领域的认可，逐渐打造自己的个人品牌，不是“草鞋没名”，更不是“火遍神州”，积极健康地打造自己在行业中的口碑足矣！

世界最著名的 4A 广告公司奥美的一句话，值得所有人玩味：要让你的品牌变得更有意义！

最后强调：好风凭借力，“智”媒才提气！

7. 为什么说投资不只是科学，更是艺术和默契

强调一个观点：投资不仅是科学，更是艺术！

投资中有很多“只能意会，不可言传”的东西。投资并没有严格的条框或标准，也不是使用量化公式或者大数据分析就可以得出的东西。真正的投资家的投资不仅是一种科学，更是一种艺术，一种境界！

投资界提倡“投人”。什么是“投人”呢？有的人说看诚信，有的人说看能力，有的人说看人品，有的人说看格局，其实林林总总都是标签，都是投资人不断去品、去感受，最后给予的形容词。而无论最终投资人给予创业者什么样的形容词，投资人投资的都是那些可与他自己的内心形成共鸣的创业者。

投资人一般会投什么样的创业者呢？他们往往都在投资“另一个自己”。之所以叫“另一个自己”，是因为在投资人看来，创业者的某方面就像是投资人的影子，可能是创业者的行业，或者是创业者为人处世的态度，也可能是创业者具有投资人年轻时不服输的那个劲儿，还可能是投资人曾经希望做但一直没能做成的项目等。

有位土豪投资人，做事特别虔诚，做人讲究开心，他做投资有个特点，就是喜欢投资那些“愿意花时间和他在一起”的人。这个世界很浮躁，每个人瞎忙的事太多。他认为随叫随到的创业者给了他最大的尊重，这样的人他愿意去帮，甚至不惜一掷千金。相反，不少创业者对投资人不够重视，甚至看成是纯粹的商业关系，更有甚者用人“朝前”不用人“朝后”，对这样的创业者，投资人即使不小心上了“贼船”，但当企业再次遇到问题时，他也不会再出手相助，甚至宁愿让之前的投资打水漂……

投资是一种缘分。之所以说是缘分，是因为投资人和创业者走到一起去，是由很多巧合、很多偶然和很多必然造成的。谈到缘分，当然就有可能有缘无分，比如很多投资人和创业者在最后因为某种原因没有走到一起。有些缘分因为双方有某种关联，所以水到渠成：有的因为是校友所以特别信任，有的因为是老乡，

总想帮一把。在中国资本市场上，这种“中国好老乡”和“中国好同学”的案例太多。

中国的企业家中有信仰的较多，老板若有信仰，做事则会更加虔诚、执着，对周围的朋友、合作伙伴、员工也会更加和善。对于一些为公司发展做出过贡献的人或事，这些企业家往往记在心里，对朋友的帮助会记住去回报，懂得感恩。做事大气、包容的企业家，更容易把企业做大，更容易“得道多助”。这些有信仰、懂感恩、有人格魅力的企业家本身就吸引着一批同样有信仰、懂感恩、有人格魅力的合作伙伴愿意同他们一起做事。

相反，**如果投资前比较蹩脚，投资后则后患无穷。**因此，如果投资人和创业者之间总别着一股劲儿，或总阴差阳错、彼此斗嘴，又何必为了投资而投资？强扭的瓜不甜，不投资也是一种投资。

投资往往是一种默契。默契是不经言传而心意暗相投合，是心有灵犀。如果投资人和创业者总是很难在同一个频率上想事情，或者思维总是不合拍，那么不是他没有重视你，就是你不适合他。

投资界比较现实，特别讲究“门当户对”。这里“门当户对”不是指有钱人投资有钱人，而是指在同一个圈子。即使在社交场合交换了很多名片，有些圈子可能就是进不去。一些圈子就是只有固定的那么一拨儿人。投资人更喜欢投资自己看得懂的或者认识的人开的公司，喜欢圈子里的人合力做成一件事。**因此，要想找到优秀的项目，进到真正的圈子中，发现圈子中的优秀者，绝对是关键！**

最后强调：百花不分神，只投一路人！

8. 投资就是“投人”，只投何种人

投资人最容易犯的错误，就是轻易地否定一家公司、否定一个人！

列夫·托尔斯泰在其小说《安娜·卡列尼娜》中说到：幸福的人都是相似的，不幸的人各有各的不幸。在股权投资中，应该改为**“失败之人都一样，成功之人各不同”。**

技术出身的可以成功，市场出身的可以成功，财务出身的可以成功，辍学的可以成功，草根也可以成功……那么如何去判断到底哪些人能够成功呢？

一个被保送到清华大学电子工程系无线电专业的学生，毕业后拿到全额奖学金去了美国特拉华大学。2003 年，他中断在美国特拉华大学的学业，回国创业至今。在他的手上相继诞生了校内网、饭否网，他屡受挫折，校内网因融资失败、资金链断裂而卖给了千橡互动。饭否网在 2009 年因为某些问题而被关闭，直至 505 天之后才开放，那时世界已经大变，新浪微博风生水起。

之后他创立了团购网站，此后，如雨后春笋般冒出了无数团购网站。这场“千团大战”，让这家公司陷于重围。在大战中，他并没有大打广告，而是从外部招聘了许多 IT 工程师，持续在 IT 系统上投入。2011 年竞争对手到处挖人，公司被挖走大部分销售人员、区域经理，IT 工程师却没被挖走。他认为虽然销售人员对业绩可以有立竿见影的提升，但建设 IT 系统是一项长期工作，会有指数级的提升。

补充管理团队一定要聚拢优秀的人才，这是最考验创始人的格局的，成功的创业者往往能够让比他专业的人踏踏实实地为他打工。

他花了半年多时间补充管理团队，并且多次赴杭州，终于挖来了某大公司副总裁。

成功的人都坚守契约精神，而且会让合作伙伴跟其在一起觉得舒服。创业伙伴之间的信任机制树立了公司的诚信价值观体系，让整家公司可以按照游戏规则行事。很多企业最后落魄，往往是因为人心散了。

过去融资失败的经历使得他警醒，若行业寒冬来临再融资就晚了，因此他选择将在行业走热时融到的大部分钱放到公司的账上，有备无患！

企业不“死”，需要做到两点：一是不能因为缺钱“渴死”，二是不能因为不如意而失去信心。能坚持把这两点做好的一定能成功！

这位清华大学出来的互联网高手，面对O2O的团购，其线下经营方面的经验有所不足，但是其“打破沙锅问到底”的特点一直为互联网圈的人所称道。在他开始创业的时候，虽然因为线下和线上思维的不同而经常“磨合”，但是了解他的人都知道，这个创业者是弄不懂决不罢休的品性，直到问遍所有的专家和高手，在得到“干货”后方能罢休。每次遇到他眉头紧皱的时候就能猜到他肯定又在琢磨什么问题了。公司逐渐在千团大战中杀出重围，“吃喝玩乐全都有”的宣传口号，让消费者发现最值得信赖的商家，让消费者享受超低折扣的优质服务；为商家找到最合适的消费者，给商家提供最大收益的互联网推广。

2014年5月，公司宣布获得3亿美元C轮融资，领投机构为泛大西洋资本、红杉资本和阿里巴巴，估值达40亿美元；2015年1月，公司完成D轮总额7亿美元的融资，估值达到70亿美元。2015年10月8日，大众点评网与公司联合发布声明，宣布达成战略合作并成立新公司。

从辍学到创业，从多次失败到一点点整合O2O团购外卖，这位创始人身上最具魅力也最能成事的一点就是他像一个“打不死的小强”，在每次遭受挫折之后，依然摆正心态，虽然互联网线上和线下的思维完全不同，但是他失败后的坚韧以及不断思考中提升的敏锐判断力一直支撑着公司。

这家公司就是美团网，他就是王兴。

因此，投资人应该投资什么样的人？什么样的人才能和投资人惺惺相惜？答案是：投资人一直希望所投的创业者悟性高、有责任感、勤奋、肯吃苦、能坚持、乐观、执行力强。环境在变化，人在变化，世界在变化，作为投资人，如果依旧相信创业和做事业的这群人，也至少需要具备一点，就是要相信一些东西，相信一些人。虽然成功之人各有各的不同，但是基本上具有大智慧的、悟性高的、说干就干的人成功的可能性特别大。

虽然成功的企业家各有各的成功，但有一点是共通的，就是融资时的企业家魅力越来越强！**而且，能成大事的企业家在选择战略的时候，尤其是在十字路口的时候，都会选择正确的而不是容易的事！**

9. “一山不容二虎”，管理层纷争，投资人受苦

虽然“一山不容二虎”的观点看似比较偏激，不过有很多的案例可以证明它还是有道理的。如果公司顶层管理者是两个都很有能耐又都有“老大潜质”的创业者，那么公司可以长期发展的可能性较小。

两个人之间的矛盾两个人最清楚，就和搭伙过日子一样，如果双方的性格不能互补，如果没有一方一直保持足够的谦让和配合，最后的结果一定是分崩离析。创业者在刚搭班子做企业的时候就要避免类似的管理格局出现，这类问题不是通过合理的管理方式就可以解决的。

人生就像上帝给予的一副牌，无论牌有多烂，你都要争取打出一个完美的结局。但打牌的人最怕的就是，当上帝给你一副牌而你也准备好要打的时候，一起打牌的人不跟你玩了。

创业者要想成就事业，需要那么一群敢于并愿意一直陪你玩的人！

曾经有三个兄弟一起辞职创业做网页的项目，2013 年年底失败。后来通过众筹，几个创始人开始做肉夹馍。从清华大学五道口开始干起，突然一下子火了起来，之后为了扩张，又一次众筹。因为众筹，因为公司火了，因为涉及有投资人要回购投资，因为后期又来了一个合伙人，因为 4 个合伙人开除了另一个合伙人，因为财务的不透明，因为“三观”的不同，因为……一场四个帅哥之间的纷争开始了。一个好不容易火起来的互联网肉夹馍品牌，因为纷争、合伙人解散、投资人损失，就这样陨落，留下无数的思考……这个品牌就是西少爷。

纷争现象是投资人最不希望看到的，如果真的想要避免，就需要实际控制人在股权结构上绝对控制公司。另外，在实际管理过程中，董事长和总经理在理念上不和，也是潜在的威胁之一。

10. 市场高手与产品高手，投哪个

笔者曾遇到一家准备报当地证监局辅导的企业，保荐人向其询问：请问公司的核心竞争力是什么？公司高管回答：我们的销售和营销能力非常强。旁边另一高管补充：我们的产品非常好。又有一个高管插言：我们的销售和产品都好。保荐人总结：如果综合三位的看法，企业肯定无法上市，因为，什么都好就意味着什么都一般，而且“什么都好”是不可能的。

企业一定要看到企业的核心竞争力到底是什么，要正确认识自己的特色和与众不同，绝对不能什么都是 100 分。

那么，到底是产品重要还是销售重要? 就像伊利牛奶和蒙牛牛奶，有的人说蒙牛的牛奶香，有的人说伊利的牛奶滑，但在真正不看包装时，有几个人真的能准确区分出来?

销售和产品就是销售 MUST 好，产品 HAVE TO 好。市场对应的是 MUST，产品对应的是 HAVE TO。即一家企业成功，销售好是必需的前提，而产品不可以差；但是如果产品非常完美，销售一般，这样的企业无法走得很远。因此市场强的人才可以应变市场的变化，而产品出身的创业者很容易因为市场需求的转变而无路可走。**真正市场和技术的双高手是不存在的。**

汉王科技创始人是技术出身，经历了一系列的坎坷，终于在技术上实现了重大突破，并向市场成功推出了一款类纸阅读器。公司逐渐发展成一家模式识别领域的软件开发商与供应商，其产品主要有电纸书、手写产品线、OCR 产品线、人像识别。2010 年，公司登陆中国 A 股中小板市场。但是，电纸书市场的下滑是一根导火索，加上快速膨胀、资产过重、产业发展方向敏感度低等，公司开始日益衰落。公司的市值从最高的接近 200 亿元跌到了不到 50 亿元。

“成也萧何，败也萧何”，技术大拿成就了公司，但是市场需求的变化抛弃了原有的技术。做投资，就要接受“鱼和熊掌不能兼得”的事实，因此对于被投公

司的老大而言，是选择技术大拿，还是市场高手，需要深度思考。

众信旅游（**002707**）的创始人冯滨有一句话值得所有投资人和创业者仔细体会：“如果有人说，你就负责一部分，另外一部分交给他，我肯定不信。最终，每个公司的发展都是整个产业链的发展，即使这里面有你擅长的，也有你不擅长的，但是上游、下游，产品、市场，必须两头进，都要发展好”。

这话很坦诚，商场如战场，无论市场和产品到底如何取舍，谁第一谁第二，真正可以持久的是两手都要努力抓，且都要努力抓好！市场和产品都能抓好只是目标而非现实。“鱼和熊掌不能兼得”，从投资人的角度，最看重的是那些可以根据市场的变化而调整出好产品的创业者。市场高手第一，产品高手第二。

11. 投资后跑路的创业者只有两种，请务必搞懂并远离

跑路基本上包括三种情况：官员受贿犯罪外逃；犯罪分子涉案潜逃；企业主或高利贷的债务人逃债、卷款潜逃。

跑路是这几年经常看到的情景，如果投资人遇到了跑路的创业者，那就是踩了大雷，投资全打了水漂，搞不好，民事纠纷有可能升级为刑事案件。甚至，投资人还会被企业的债权人误会为“同伙作案”。

有一家知名的教育公司，为中小学培训英语、语文、物理、化学等全科家教辅导，满足小学、小升初、初中、中考、高中、高考等各类人群课外补习需求。它是中国十大最具影响力教育品牌，号称改革开放30年公众最满意的教育品牌，有着种种光环，全国重点城市的大街小巷都铺满了这家教育公司的广告。

这家公司的董事长也是公司的创始人，顶着无数光环的“青年才俊”……

“成功”是有方法的，这家教育公司的商业模式特别吸引人：家长将孩子带到公司进行摸底考试，就是要看看孩子的学习程度，然后再根据孩子的成绩进行专业辅导，其最主要的收费模式来自于“感恩套餐”，就是让家长先把钱存在公司，一万元起步，到几十万元不等，交费多的话可以直接免费上课，如上不了名校，学校承诺再将全额费用返还给家长。但是，预付款必须以现金形式一次性付清，中途不可以取出。说白了，就是免费上课，上完课，归还本金。稍微琢磨一下就会明白，这种收费模式就是在“玩金融”，羊毛出在羊身上，其实就是教育公司把学费进行投资或金融运作，收益是学生和家长真实支付的成本。

一开始人们还质疑，毕竟公司这种“高大上”的商业模式可以持续的前提就是要把学生和家长交上来的学费资金进行更高收益的资本运作。运作好了公司收益极大，收益不好或者现金流不顺畅，公司聘请教师讲课以及租房的钱都无法支付。

人的所有戒备心都是随着时间被一点点消磨掉的。一开始很多家长不同意孩

子在这种地方上课，毕竟心里没底，但是后来看到公司表面上运作特别顺畅，各种高大上的宣传和影响力都显示好像它真的是明星学校，再加上之前上课的学生和家长短时间内没有反映异常，越来越多的学生和家长选择了这家教育公司，纷纷把孩子送去上学。尤其是公司创始人的头像遍布了无数媒体的广告位，“英雄”不问出处，真正的教育家和企业家的结合体都聚集在了这个青年人身上。

“便宜吃穷人”，当消费者看到支付的学费越多、优惠力度越大时，他们选择了彻底相信，相信这样做可以“一劳永逸”！一晃几年过去了，到 2016 年第二季度，这家教育公司的北京总部已经大门紧锁，只留下一张“即日起公司停业自查，停止上课与办公”的通知。拨打所有公司负责人的电话都无法联系，公司的创始人再也没有音讯……

是真的经营不善还是企业家道德丧失？这个问题我们先不去研究，但该公司只是一个缩影，很多 P2P 网贷公司跑路的现象也屡见不鲜。抛开道德和诈骗的因素，或许大多数跑路公司其实一开始都想把企业干好，但由于竞争激烈及企业运营的艰辛，他们不得不加大了营销力度，“吹大”了商业模式。随着实体经营的困难加上现金流进一步雪上加霜，尤其是到了在他们看来无法挽救的状态时，他们选择了跑路，选择了逃避。

作为投资人，在投资之前可以通过一个方法避免踩到跑路创业者这种“大雷”。因为跑路创业者其心理上有一个共性，就是做事情比较“激进”，说得直白一些就是太“敢干”。因为敢干，企业可能会获得某个机遇的特别优待，会超速发展，且创业者基本上都会在“刀尖上舔血”，过着企业随时有可能垮掉的日子。

“生于忧患，死于安乐”是对的，但创业者过于谨慎也不好，因为太谨慎的人不会成大事。投资人需要投资的不是太谨慎的创业者，更不能是太激进的创业者，充其量是一个表面虽然狂野，但是心中始终有一个弦拽着他的人。

12. 天下英雄出我辈，谁人与我一场醉

谈起投资投人，经常会谈到其能力和人品。可是关于人品大多人更注重诚信，其实，还有一点更重要：经得起诱惑！

判断创业者是否真正值得信赖的最重要的一点，就是两个字“厚道”，这一点99%的创业者都做不到。很多人都说“投资投人”的第一步是要看人的诚信，而诚信就是说的话做到了，许下的诺言兑现了。但是厚道不仅仅是诚信，厚道是把所有的事情都合理安排好，让大家都别吃亏，自己周围人与人的关系处理得非常得当。

我很看重大林新材（870205）团队的厚道，这种厚道只能意会不能言传，与这个团队在一起的人们都相处得非常融洽，心里很舒服。厚道是一个中国式词语，中国企业家的厚道很有特色。厚道博大精深，懂得识别厚道之人，结交厚道之人，与厚道的人一起前行，是一门学问。

很多人都问“什么是厚道”，其实每个人心中都有一杆秤。

做投资，我一直秉承着坚守的两个投资原则：第一，这个企业的创始人一定要成功过，即不能拿投资人的钱作为个人事业的试验品，而应该是完成个人或者企业另一个飞跃的开始。同时只有成功过的企业家才会有相对足够的资金，可以完成我们投资时的对赌或者是回购的要求。第二，一定不能是我自己投资进去，一定要有人和我共同投资进去，进而去进一步完善股权架构，提供更多的业务、资本、上市并购等资源给公司。

有一家公司，虽然有很多知名投资机构对其做完尽职调查后发现它不符合很多投资机构强调的“只投资投资行业排名前十的公司”的要求，但是我毅然决然带领各路资金投入，并作为它的董事一直管理这个投资项目，就是因为它符合以上两点：第一，创始人在电视剧领域成功过，而且其公司在华谊兄弟上市之前，综合实力不输于华谊兄弟，只是因为资本的助力让双方的差距变大了。同时，它

出品的《金粉世家》《小李飞刀》《敌营十八年》《大旗英雄传》等经典电视剧脍炙人口，充分显示了团队挖掘新人的能力和制作精品剧的风格特点。第二，当时和我们共同投资的投资方包括机构投资方信中利等，充分说明了管理团队在投资人心中受到认可的情况。而且，上市公司的投资增加了公司被并购等资本运作的可能性。

这家公司就是强视传媒，他就是游建鸣。

2014 年 6 月 11 日晚间，道博股份（600136）发布重组预案，公司拟发行股份及以支付现金方式收购强视传媒 100%股份。

对于芸芸众生的二级市场投资者来说，道博股份到底算不算是一个很好的投资标的呢?

道博股份（600136）是湖北省一家经营磷矿石贸易、学生公寓租赁及运营管理、房地产销售的企业，曾多次进行主业转型，但业绩一直不佳。2012 年净利润为 512 万元，2013 年净利润下滑到 118 万元。这样的公司开始转型做文化产业，作为投资人，是否该把投资强视传媒的退出之路赌在这家上市公司身上呢?

我们先要确定道博股份（600136）的这次转型是否构成重要的转型和爆点。首先，它是从传统行业转型成火爆的影视行业；其次，根据并购强视传媒的利润对赌方案，未来几年，每年至少接近一亿元的利润，如果能够完成，会有很大的业绩上涨空间。再次，道博股份的控股股东是武汉新星汉宜化工有限公司，第一大股东新星汉宜与武汉当代科技产业集团股份有限公司（以下简称当代集团）签署了《增资协议》，之后当代集团控股股东艾路明将取代陈小燕成为道博股份实际控制人。

那么当代集团是何许人也呢？当代集团持有多家上市公司股权，包括持有人福医药（600079）24.49%股权，直接持有三特索道（002159）15.07%股权、光洋股份（002708）7.53%的股权，通过持有华茂集团 36.77%股权，从而间接持有华茂股份（000850）17.06%的股权。

当我们知道当代集团作为产业控股集团的背景之后，加之通过并购强视来大举转型文化产业的行动，不难判断这次转型有着一定的能力、决心、资源和效果。

当对赌期满，我们的投资也顺利通过二级市场减持股票而大幅盈利的时候，游建鸣依然在找优秀影视公司老板，希望他们能继续被当代明诚（600136）收购，原因只有一个，对赌期满他就可以走了，但是总不能对企业撒手一走了之，那样就把上市公司给耽误了。这种厚道、负责的企业家，对投资人来说，才是真正靠谱的人。

13. 投资人不可能在不具备企业资本力的公司赚到钱

阅人无数是投资人需要做的。阅人无数之后会发现，不是每一个业务能力强、创业者真善美的企业都适合投资，因为，有些公司不具备企业资本力。

企业资本力即企业资本力理论体系和生态系统，由一家企业的资本运作能力及企业家的资本领导能力等组成。

企业资本力包括资本意识力、资本领导力、资本执行力、资本驾驭力、资本成长力。资本意识力分为理想力、识别力、决策力。领导力分为悟力、魄力、魅力（魅力分为亲和力、厚信力、敏锐力、正能力、导师力、感动力）。资本执行力分为协调力、推进力、创新力。资本驾驭力分为组织力、监督力、应变力。资本成长力分为包容力、生态力、预测力。之后，资本成长力反馈给资本意识力形成系统循环（如下图所示）。

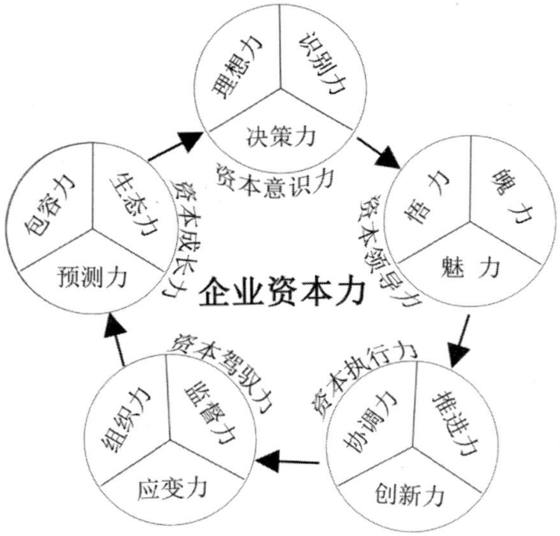

意识是人的头脑对于客观物质世界的反映，是感觉、思维等各种心理过程的综合，而意识力是企业家对人和事的思维、心态、感觉的综合能力，包括理想力、识别力、决策力。

理想是对未来事物的美好想象和希望，理想力是创业者培养理想的能力。对于创业者，树立适合的、正确的理想极为关键。

创业者的一生都是修心的过程。创业的性格磨炼是一辈子都在做的事情。创业者的心智模式决定企业的愿景和行动。《论语》中提到的“士不可以不弘毅，任重而道远”正说明了企业树立正确理想的关键。

关于梦想，有一位创业者经常提到梦想，他就是阿里巴巴的创始人马云，马云是一个造梦人，他认为阿里巴巴不是一家公司，他推进的是一种文明、一种理想、一种使命，让天下没有难做的生意，让商业社会没有欺诈，不会有假货，商人在社会上不是唯利是图、尔虞我诈的代表。赚钱、利润、KPI 只是手段，只是企业发展过程中需要的东西。

识别是归类、定性、区分、分辨。识别力是创业者培养识别的能力。

优秀的创业者和优秀的投资人有一个共性，那就是判断力。其实判断力本身就是每个人在社会中积累的综合能力的统一体现，而任何一个重要决定，都需要强大的判断力。

如果把判断力和市场结合在一起，就是市场的敏锐力；如果把判断力和人际交往结合在一起，就是看人和识人的能力；如果把判断力和行业结合在一起，就是行业前瞻性。判断力的培养是对综合能力的挖掘，而培养判断力需要创业者敢于下判断，也需要在判断正确或者错误之后及时反馈、分析及领悟。

作为一个创业者，要怀疑一切，有怀疑才会进一步研究和求证。但是又不能否定一切，过去看过很多投资项目，有一些项目，由于投资人对团队的第一印象或者企业的表面现状有疑议，被轻易地否定了。但是，一切皆有可能，确实有不少原先看不上、看不起、看不明白的企业，真的一步步地走向了辉煌。

虽然要怀疑一切，但是绝对不能做一个“多疑”的人。“多疑”和“怀疑”的一个最重要的区别就是多疑所持的是一种“消极”的态度。

识别，在很多情况下是一种选择，选择合伙伙伴，选择股东，选择团队，选择上市地点，选择企业发展路线，选择商业模式，选择人生。

决策，是为了达到一定目标，利用已知信息确定方案或方法的过程。而决策力就是培养决策的能力。为了实现特定的目标，根据客观的可能性，在占有一定信息和经验的基础上，借助一定的工具、技巧和方法，对影响目标实现的诸因素进行分析、计算和判断选优后，对未来行动做出决定。

E 人 E 本的创业团队在业绩好的时候融资，而且融资的几亿元资金一直分文未动，融来的资金做企业拓展业务和风险备用，因为过去的失败让企业真正懂得了该如何决策。

领导，是领导者为实现组织的目标而运用权力向其下属施加影响力的一种行为或行为过程。领导力是培养领导的能力。

其实，**把“领”和“导”两个字拆开不难看出，对于创业者的角色更多地应该是“领袖”加“导师”。**如果创业者做不好领袖，则群龙无首，公司没有方向和带头人。一些创业者的想法是把企业打造成简单的团队平台，殊不知，企业最大的平台其实是领导本身的领袖能力，这个能力决定平台的大小。

但是，不少创业者团队管理做得不好，团队流失率高，有一个重要原因就是创业者本身没有足够的“导师”能力。

世界上只有四个机构从有人类文明以来一直存活到现在：家庭、学校、军队、宗教。家庭不给发工资，但是家庭成员全身心地为家里服务和赚钱；学校不给发工资，反倒需要交学费，学生每天接受学校的管理、劳动甚至命令；军队，当兵的薪水不高，但是军人以服从为天职，每天训练、演习、执行任务都很辛苦；宗教，不给发工资，反倒需要信徒的捐助。

家庭有爱；学校能学到东西；军队有天职；宗教有信仰。如果企业的管理可以很好地借鉴这四种机构，那么一定非常成功。

导师做好后也会培养出一个优秀的团队。

下面跟着干的团队如果只是靠赚钱，或者只是靠感情，都不足以形成一种无形的力量让大家死心塌地跟着。

如果下属总是仰望创业者，总能在他的领导身上发现有学不完的东西，同时认识到自己创业无论如何也不如在其领导的平台下的发展空间大，并且每到经济下行或者企业遇到坎坷时，他的领导总能遇难成祥、乐观积极，这样的下属一定会心甘情愿地跟着创业者。

魄力是一个人处理和对待问题时能发挥自身能动性，忽略不重要细节对整体的影响而做出正确的决定或选择。从容、干练、有一定的鼓动性或者说是带动性，做事从不拖泥带水也是魄力的一个重要表现。

看看周围的人，为什么有一些能力比自己差的人，比自己成功？为什么有一些学历比自己低的人，比自己成功？主要原因是“敢干”！

对于创业者，一开始，是自己苦干。然后，是让别人给自己干。之后，是让别人说该怎么干。再之后，是“我支持你干”。这之后，是“以他为主让他干”。最后，是一起为社会干。

很多事情太犹豫，前思后想，不停地进行科学分析，反反复复，最终会无疾而终。魄力是创业者需要不断培养自己的能力。

魅力，是一种充分吸引的活力。

《孙子兵法》有云：“激水之疾，至于漂石者，势也；鸷鸟之疾，至于毁折者，节也。”急流的迅疾，以致能够漂走石头，是因为它的气势；鸷鸟高飞猛击，以致能捕杀鸟雀，是因为它的节奏。因此善于指挥作战的人，他的态势逼人，节奏短促有力，态势就像张满的弓弩，节奏就像击发的弩机。气质、气势、气场是创业者需要关注的。

魅力分为亲和力、厚信力、敏锐力、正能力、导师力、感动力。

“巧诈不如拙诚，惟诚可得人心”——《韩非子》。我之所以把它命名为厚信力，是因为在中国，“厚道”更接地气，厚道是投资人、客户、员工钟爱的创业者的类型。

敏锐力：是创业者对市场、对行业等的反应和洞察。市场敏感性是创业者市场能力的关键指标。

有亲则可久，有功则可大，可久则贤人之德，可大则贤人之业，《易经》里早已说明了有亲近则可长久。亲和力是创业者重要的魅力之一。而很多时候，亲和力是创业者一生戎马、大彻大悟之后的综合体现。亲和力不被脾气或者孤傲牵绊，需要更多品性的塑造。

正能力，是积极正向的能力。阿里巴巴的 18 名创业团队在备受艰苦和煎熬的时候，马云的正能力一直让团队拥有希望。“正能量”是如今社会越来越火的词，而著名的《秘密》一书里主要思想讲的也是心理暗示和能量聚集的作用。

导师力，更强调创业者在团队中或者在行业里的导师作用。

感动力是创业者的超级魅力。对于客户、团队、投资人，让你感动的人估计越来越少，但是越少越稀缺，也就越珍贵。《鬼谷子》中有道：“潜谋于无形，常胜于不争不费。”成功往往存在于无形之中，在无形之中感动客户，能让他们心甘情愿、毫无顾忌地与你做生意，这才是伟大的企业家。

执行是实施，是把战略、战术付诸行动，完成目标、达成目的的过程。执行力包括协调力、推进力和创新力。

协调力的关键原则是要知道：与人谈话及沟通，说的不是道理，而是合作；道理只是形式，合作才是根本。你把别人说服了并不能获得合作，把别人说心动了才能获得合作。

推进力是要时刻思考，如何“推”，才能“进”？做企业的路上有太多的坎坷，用有效、合理、创新的方式去推动业务的发展是创业者需要掌握和不断进步的基本能力。

创新力是重要的，创新的重要性无须再提，但是创新更需要思路的碰撞和头脑风暴。商业模式创新、融资方式创新、合作方式创新都需要大胆的想象和小心的求证。

谈到驾驭力，就要提及《韩非子》的一句话：“在四方，要在中央。圣人执要，四方来效。”这里暂不谈中央集权，但是企业总体战略方向、总体企业文化、总体做事风格是需要把控的。

尤其是当企业刚融资成功的时候，对于从来没有驾驭过大量资金的创业者来说的确是个考验。不少创业者缺乏驾驭资本的能力，不能很好地把握资金投向及下一轮融资的时点，驾驭不好还不如做得“小”，有时驾驭失败甚至会导致企业的灭亡。

组织是企业诸多要素为实现同一目标协调合作的系统，而组织力，是这个系统建设的能力。

其实团队建设就像电脑，讲究兼容性，并非把最好的品牌的每一个零件组装在一起就是最好的电脑。组织需要简单和有效。企业管理的三个境界是人治、法治、心治。人治是创业者说了算；到了法治就要靠制度了；而到了心治就要靠企业文化、靠团队的信仰了。

监督是对环节、过程进行监视、督促和管理，使其结果能达到预定的目标。创业者的放权与监督并不矛盾。**管理要“少管多理”才是王道。**

应变力，《战国策》里提到：“亡羊而补牢，未为迟也。”应变力是指适应时事变化，应付事态变化。企业的危机公关处理、舆情管理、企业健康状况管理等都是企业应变力的体现。

很多创业者经常问的问题是如何留人。

其实，人是“留“不住的。创业者不应该想如何去留人，而是要做好自己，同时为大家的事业负责。与其担心优秀的人会走，不如时刻做好人才走后的准备，更不如去创造一个大家不愿意离开只有自己企业才能给予的人生平台。

应变力更多地体现在时刻为某些重要岗位的团队突然离开做好应对措施及准备，以防措手不及。

成长力，是企业培养不断成长精进的能力。

成长的基础就是要勤奋好学。普通员工工作 8 小时，主任工作 9 小时，部门经理工作 10 小时，副总工作 11 小时，老总工作 12 小时，如果一个团队连这样的基本工作状态都没有，创业很难成功。

成长也是成熟的过程，随着企业做大，要时刻警惕《易经》中提到的“亢龙有悔”。

《道德经》里也有“功臣名随身退天之道也”。

包容，是宽容大度。人们经常说企业家要有格局，格局不仅指思想，还指胸怀。江湖恩怨的离离合合太多，今天大家是敌人，明天有可能是亲密伙伴的例子太多了。

一个身经百战的创业者要学会对人包容、对管理包容、对行业包容、对事物包容。

在资本市场里，并购别人或者被别人并购是经常发生的事情，但不少创业者心理上总过不去一些坎儿，或者是互相瞧不起，或者是因为江湖恩怨，或者是心有不甘。但如果退让一步，打开胸怀，为了事业、和谐，为了更大的利益，所有的恩怨又算得了什么？如果这些问题绕不过去，归根结底，还是自己没有战胜自己。

“随喜”是佛家用语：“若见、若闻、若觉、若知他所作福，皆随而欢”。随喜其实是赞同而不嫉妒别人的一种礼仪习惯，即当别人做得好的时候，你要赞扬他，从而向他学习，相互鼓励，同时使自己也得到提高。

随喜是一种境界，可能一些创业者会说自己的特点就是心直口快、有啥说啥。但其实**拥有随喜和包容的心态才是创业者成熟的表现。**

遇到一些负面的东西，如果有随喜的心态，会认为有失才有得，好事即将到来。这种随喜心是乐观、积极、和谐氛围必需的。

生态力，是培养创业者构建生态系统（生态圈）的能力，**“出来混，一定要知道谁是你的太阳，谁是你的空气，谁是你的水”**。过去的产业链只是两个要素之间简单的关联，而生态系统更是要素之间稳定和平衡的状态。

生态力的培养会让创业者从自然系统、多维度的角度看问题，而不是简单的上下游的一对一的产业关联。

预测是指在掌握现有信息的基础上，依照一定的方法和规律对未来的事情进行测算，以预先了解事情发展的过程与结果。

对人的预测、对行业的预测、对经济的预测、对政策的预测等能力都需要培养。一些预测不仅是从过去、历史去看未来，很多是凭借自身的直觉和综合的判断。

对于行业的选择，预测是至关重要的。而预测不仅是预测结果，还要预测具体的时间和时机。就像互联网刚来到中国时，倒下了一批互联网企业。视频刚刚流行时也倒下了一批做视频的企业。进入某个领域后，虽然趋势是没有问题的，但如果生不逢时，也会陷入漫长的煎熬中，最终惨淡收场。

预测力往往是创业者所有能力综合后的最极致的体现。

攒了10万元投资什么？攒了100万元投资什么？攒了1000万元投资什么？ 投资家是风险事业的投入者和引领者，创业家是冒险事业的经营者和组织者，投资家和创业家是经济发展的“原动者”，也是市场机制的最基本要素之一。投创家是投资家和创业家以生态的方式进行的有机结合。投创家肩负着更多的社会责任和历史责任。纯粹的投资家更加关注财富的创造，纯粹的企业家更加关注实业的经营。而未来，社会需要的是投创家的引领和执行。投创家是在充分理解和组织实业、产业发展的基础上，进行的投资及资本的引导和生态布局。

资本生态力，是中国企业未来发展的核心竞争力，是中国企业未来发展的核心动力。企业发展缺乏灵魂，缺乏生机，缺乏存在感，缺乏支持产业可持续的生态互助效力和生态闭环，是因为缺乏或尚未完善资本生态力这一核心要素。企业原有要素融入资本生态力，使得要素及产业链升级后产生新的动力。暴富和破产，秘密在于：真正搞懂一级市场和二级市场的“精髓”。

最后强调：不具企业资本力，业务再好也无力！

14. 财务不过关的公司不能碰，这是铁律

天天萦绕在耳边的各种新闻中，经常会有企业因为行贿、偷税、罚款等重大法律问题而被曝光，这时时刻刻给创业者敲响警钟，但即使警钟长鸣，错误还是常有，究其原因，是因为不够重视。

我经常对所投资的企业强调一句话："股东不怕赚钱少，就怕不知道赚了多少钱！"就是告诫创业者一定要把财务做规范。

实际情况是，有很多的创业者无论所做的是小企业还是大企业，对财务不够重视，甚至为了赚到更高的利润进行偷税漏税。

现实中，B2C（Business-to-Customer，直接面向个人消费者销售产品和服务商业零售模式）和 B2B（Business-to-Business，面向公司客户销售产品和服务的商业模式）是不一样的。对于公司客户的直接销售往往需要对方开具发票。而面对个人客户时对方要求开具发票的情况特别少，这也造成很多 B2C 商业模式的公司在财务规范上特别混乱，造成企业在上市或者资本运作的道路上，无法让具有证券资质的会计师事务所出具无保留意见的审计报告。

2012 年，狗不理集团、顺峰饮食酒店管理、广州酒家集团、净雅食品 4 家公司引人瞩目，上市申请显示为"初审中"，为了上市，他们都向中国证监会申请了首次公开发行申请的材料。可是一晃几年过去了，净雅已经落魄，其他几家也没有通过上市审核。中国是传统的餐饮大国，餐饮业近 10 年来的零售总额以每年超过 10%的速度快速增长。而目前，在 A 股上市的餐饮公司只有两家，分别为 2007 年上市的全聚德和 2009 年上市的湘鄂情。此后，再无餐饮企业上市获批。而如今湘鄂情已经在中国资本市场上受尽苦难，被迫转型。

财务管理和财务计量是餐饮企业上市频频夭折的一个重要原因。餐饮企业上市普遍存在两个难题——一是"收入、成本无法可靠计量"，二是不能规范地纳税及给员工上保险。因此，若想成功上市，先要闯过财务数据计量这一关。

餐饮企业上市难是因为不可控风险太多，而这些风险中很重要的一点就是作

为原料的市场菜价每日涨跌、变化较大，原材料进货和餐饮业收入没有发票，存在财务审计困难。而为员工上保险，在其他行业原本天经地义的制度，在餐饮行业却成为麻烦事，服务员流动性较强，对财务操作和成本的影响较大。

香港交易所要求的上市指引对拟在港上市的餐饮企业披露的要求包括："供货商、食材来源及其价格""同店销售额及桌/座流转率""现金管理"等。如果餐饮企业上市成功、财务指标明确，更有利于投资人分析其财务状况、提高投资的安全性，这些财务指标的好坏应引起投资人的重视。

有一家做互联网+生鲜 O2O 的公司，其创业者是一位从事酒店管理多年的企业家。当 2015 年互联网生鲜开始大肆融资吸引风投并铺遍神州大地的时候，很多人都想分得一杯羹。可是这个行业的竞争和拼杀更加激烈，越来越多的生鲜 O2O 公司"死于非命"，凭借传统行业多年的经验，这家公司存活了下来，每年收入可以做到接近一亿元，但是过大的成本让公司几乎没有盈利。然而一直想要融资的他开始把一半以上的精力放在寻找投资人的身上，功夫不负有心人，他的一个朋友终于作为天使投资人大胆投了进去，但是提出一个条件，就是财务要清晰，公司要正常给零售客户开发票，做好财务以备上市或者并购。

戏剧性的局面就这样发生了，投资人的资金投到企业后天天催促企业财务规范、开发票和出具审计报告，创始人一再推脱，因为创始人多年的习惯已经让他产生了惰性。后来这个投资人把精力放在了为公司继续融资来提升市值，但是都是因为财务职尽调查不合规而无法搞定融资。后来这个投资人实在忍无可忍，把创始人叫来"大肆批评了一顿"要求必须交税，出具审计报告，但创始人苦苦乞求，现在行业竞争压力太大，他也想要规范化，可是一规范和开具发票之后公司营业收入就要交税了，按照营业收入一亿元计算就要交至少上百万元的增值税，但是公司账上可以调配的资金连一百万元都没有。

后来，创业者悲催了，投资人妥协了，公司融资也停了。

公司没有规范意识，说明创业者的格局根本不够，难成大事，投资人千万不要因为感情或者信任吃了这些人的亏。

最后强调：不怕企业少赚钱，就怕财务不规范。

15. 赛道与赛手，哪个更重要

什么是 2013 年最火的行业？智能穿戴。“穿戴式智能设备”是应用穿戴式技术对日常穿戴进行智能化设计、开发出可以穿戴的设备的总称，如眼镜、手套、手表、服饰及鞋等。可是从 2016 年开始第二代苹果手表出货率下滑，多家智能手表、手环企业被收购，似乎一夜之间智能可穿戴设备市场的发展遇到了瓶颈……

什么是 2014 年最火的行业？互联网金融。互联网金融是指传统金融机构与互联网企业利用互联网技术和信息通信技术实现资金融通、支付、投资和信息中介服务的新型金融业务模式。可是刚过了一年，随着 P2P 跑路事件的爆发和升级，以及多方不可控因素的“日新月异”，加上某些互联网金融产品被当成了 2015 年“股灾”的罪魁祸首，互联网金融从一开始政策上的鼓励支持变成了限制、审查，资本上的互联网概念股估值全线下挫，不少刚刚转型或者大举收购互联网金融的上市公司一下子遭遇寒冬……

什么是 2015 年最火的行业？虚拟现实（Virtual Reality，VR）。虚拟现实技术是一种可以创建和体验虚拟世界的计算机仿真系统，它利用计算机生成一种模拟环境。从 2015 年起，VR 几乎点燃了整个互联网行业的激情，各大分析机构纷纷将 VR 和 AR（增强现实，Augmented Reality）列为未来科技发展的重要技术趋势。VR 硬件主要包括显示器、输入/输出设备、录制硬件、计算设备等，2017 年伊始，美国硅谷的大部分风险投资家们都觉得现在硬件已逐渐变“坑”，或者说更适合大公司而不适合创业公司参与……

每一年，资本市场和产业实业都会迸发出一个或多个新的热点和风口，站在风口上的企业会突然像坐了火箭一样被捧上天，而后又会很快面临一波大幅的洗刷和行业淘汰、整合……

所谓赛道，原意是指为赛手比赛设计的跑道，但在创业投资领域，赛道是指创业所在的行业或者领域。长远看，投资人更关注企业所在的市场空间是否足够大，细分行业增长是否足够快，所在领域是否能够支撑或者可以存在一个甚至几个具有巨大增长潜力的企业。同时，通过赛道的延伸，投资人需要进一步去考量这个市场是存量市场的博弈，还是增量市场的获取。

存量是指企业或社会所拥有的全部可确指的资产或资源。增量就是比期初增加的资产或资源的量。如果只是在仅有存量的市场中竞争，无外乎就是一方多了另一方少了，拼杀是生死间的，而且总量有一定的“天花板”。而增量市场是企业可以进一步扩张和拓展的空间，这也是通过宏观分析被投的行业或者产业的未来增长的大趋势。

所谓赛手，即创业者。近些年，在中国的创业大潮中多了很多角色上的名词，比如创始人、联合创始人等。创业者不一定就是公司的一把手，可以是企业创始和开创的一群人。但是老大始终是老大，若老大不行，其他的联合创业者再行都无济于事！如果一把手行，那么他可以驾驭公司，甚至能够选择合适的联合创始人。

对于一个早期项目而言，创始团队几乎代表了公司的全部及未来一切发展可能性的最主要依据。公司的一切规划、愿景、目标都是从无到有及通过创始人带领团队去创造的结果。早期项目不成功，90%以上的原因都是因为公司一把手不行。

而对于中后期项目来说，虽然创始人的作用非常重要，但是其他资源或者资产（包括专利技术、人才、股东背景、品牌、行业地位等）也都是考量公司的重点。但是即使是这样，创始人或公司的一把手仍然占据50%以上的投资判断依据及调研权重。

现在很多投资公司做得越来越大，失去了投资的味道。在我取得较高投资收益率的众多案例中，不乏知名投资机构曾经考察或者尽职调查后放弃投资的项目。不是因为他们的判断性或专业性不够，而是由于公司机制不够合理，加上布局大、人员众多，需要通过投资经理向投资总监再向合伙人，最后向投资决策委员会层层汇报。结果，往往就算是对公司一把手进行了研究和分析，或者把一把手叫过来路演，由于没有形成人与人直接、深入、多方位的了解和沟通，也难以判断“赛手”行不行。

当人与人之间不熟悉时，双方之间无形的“防火墙”十分明显，任何一个因素或者不确定性都会成为投资人不投资的理由。相反，当双方深入交谈、交流、交心之后，如果“赛手”的魅力足够大，那么其某一个小问题可能会被原谅。

近些年火热的餐饮 O2O 行业在几轮拼杀之后，能够存活下来的屈指可数。我的大学同学于 2008 年开始在宿舍创业，于学校及周围分发广告小册子，然后在宿舍接听订餐电话。接到订单后，先到餐馆取快餐，再送给顾客。这一模式完全依靠体力维持业务运转，过了几个月，当时的小头目下定决心开发互联网订餐网络平台，通过校园 BBS 招来软件学院的同学入伙。网络订餐系统初运营时，已有 30 家加盟店支持，日订单量达 500~600 单。

可是，创业路上，短暂的兴奋往往会迎来各种致命的考验，这也是最考验“赛手”的。先是窃贼光顾宿舍将电脑等财物一掠而空，然后一位送餐员工在送外卖途中出车祸，不久又有一辆配送外卖的电动车被偷……在重重压力下，“赛手”不得不下令撤销热线电话和代店外送，让顾客与店家在网上自动下单和接单。

互联网公司的运营需要资金的支持。“赛手”选择了闯一闯全国各个创业大赛。几个月时间里参与各种大赛，让他们有了几十万元的进账……创业一年多，订餐平台已拥有 50 家餐厅进驻，日均订餐交易额突破万元。为了吸引网站的访问量，“赛手”聘请了技术高手，专门编写了一个小软件，可在校内 BBS 上给每一个会员用户自动群发站内消息，其中规模最大的一次发了 6 万条，其网站访问量大增。接下来为了拓展饭店的加盟，不停地外出“扫街”成为他们的主要工作，他们每天出门“扫街”，最忙时一天要“扫”100 多家饭店，最难谈的饭店，谈了 40 多个回合才拿下。创业两年多，网站 2.0 版本成功上线，推出了超时赔付体系和行业新标准，合作餐厅超过千家，单月最高交易额达到了百万元，同时开始了手机端的网页订单平台，拓展了全国多个城市，终于，风险投资来了……2016 年，已经成功融资了 *N* 轮，多家互联网公司的大佬成为股东，其拥有几千名员工，服务范围从上海扩展到全国几百个城市。这家公司就是“饿了么”，“赛手”是张旭豪。

不管什么时候，人都是创业的核心。如果“赛手”真的行，即使之前在“赛道”上落伍了，也可以及时扭转。当然如果“赛手”连自身的“赛道”都冲不出来，只能说还是不行。

最后强调：赛道第二，赛手第一。

16. 成功不需一群人，失败只需一个人，投资人该如何选对企业的中介机构

我曾经投资过一个项目，因为选择了错误的券商，使公司错过了IPO申报的进程，虽然最后通过被上市公司并购实现了退出，但是错过了几十倍的收益。

在公司的资本化进程中基本都需要证券公司（即券商）、会计师事务所、律师事务所、资产评估公司、财务顾问或者资本顾问以及咨询公司等中介机构。

企业一旦准备走向资本市场，就需要逐渐多接触并选择优秀的券商、会计师事务所、律师事务所等中介结构，因为有优秀的中介机构保驾护航，往往是投资机构选择投资该企业的其中一个关键因素。投资机构愿意相信这些著名中介机构花费时间和精力并不是为了赚取前期费用，而是更看好企业上市的可能性。

很多公司上市时寻找的券商、会计师事务所、律师事务所等机构，有不少是股东以资本市场多年的经验和上层人脉精心挑选的。

投资人和公司管理层应深入了解保荐团队，保荐团队的重要性甚至超过券商本身，尤其是相关的项目经验、执行团队的带头人的社会资源及其协调能力、团队主办人员的从业经验和业务能力、保荐与承销收费标准以及重要的业务风格等。公司应选择实力较强、信誉较好、经验丰富、精力充沛的中介机构。中介机构的信誉度，是看其过去的工作质量、服务态度、诚信情况，包括有无受到过证监会处分；经验度，即对某个行业的熟悉程度，承担该行业项目数量的多少，以及从业人员经验，尤其是这种投资银行的工作，对行业的了解程度至关重要。同时，投资人和公司管理层一定要判断是否可以将本公司业务放在备选券商团队整个业务中的重要位置，一是能否选派一流专家在场参加工作，二是在承接业务太多时，能否将本公司放在优先位置，三是是否可以集中团队的所有有效资源在关键时刻为本公司所用。

会计师的作用相对独立，其作用主要是财务梳理和出具审计报告，以及对公

司的盈利预测和内部控制出具专业意见。选择会计师主要是考察是否具有相关的行业经验及其配合态度，尤其要看沟通能力。因为很多会计师是财务出身，天天和数字打交道，这种过于严谨的环境很容易造成沟通和交际能力不强，而沟通往往是企业和会计师之间容易出现纷争的地方。

律师也是必不可少的，其作用不仅在于资本运作，更重要的是在企业合同起草、法律咨询、诉讼仲裁等方面，很多情况下律师是公司和管理层的智囊。律师除出具意见书和工作报告必须持中立态度外，其余所有事务及整个过程更容易与公司站在同一立场。所以在选择律师团队时，专业性和可信任性更重要，既要“能人”，又要“自己人”。

有一点需要特别强调，就是要了解中介团队所在公司的管理水平和激励制度，有太多的案例企业之所以换中介团队，就是因为原来中介团队所在的公司不能够给予很好的奖励，导致团队成员纷纷出走。而很多听起来高大上的中介公司，是否真的在留住人才和和谐共处上值得称道是需要投资人和公司下一番功夫去了解的。

公司或者投资人在选择中介机构时，一定要坚持“一个中心、两个基本点”。“一个中心”是“靠谁都不如靠自己”，如果自身的财务情况和主营业务等基本要求不符合，或者自身对资本上市不了解和不重视，那么肯定是不行的，企业最终能否上市挂牌与企业领导人对资本市场是否认同息息相关。

“两个基本点”是一定要找到“专业”且“沟通顺畅”的团队。关于“专业”，不能只看大券商的名气或者主要合伙人的名气，一定要细致到具体负责项目的人的专业性；另外，沟通顺畅尤为重要，当企业真正遇到实质性的难题需要解决和应对时，沟通往往是推进的基本前提。

最容易出现问题的场景就是“拉活的”和“干活的”往往不是一个人。很多公司的管理层和投资人特别迷恋所谓的高大上的上市中介机构，如自称某公司就是他们保荐的，或者他是某上市公司的审计合伙人，再或者声称某律师是之前证监会某届上市发审委员会的委员，这些表面的东西往往和实际工作不太一致，因为这些高大上的人物都是向企业拉生意时的重要资本，但真正到干活的时候，做事的都是他们的属下或者说是属下的属下。很多人认为，在关键时刻这些协调上层的主管部门是可以帮上忙的，但其实比较现实和有效的方法是找到真正可以沟通而且有能力的"前线部队"，即选择合适的干活的人比选择有名望的"老大"更重要。

有一家知名的内衣生产和销售公司，老板不差钱，就是想要上市。老板让财务总监寻找合适的保荐机构，财务总监很聪明，把中国证券公司的最新排名列表给了老板。老板也很聪明，"就选择排名第一的吧"。他们主动联系到了那家证券公司，证券公司向他们推荐了对这个行业比较了解的团队。然后，是否一切万事大吉了？

第一年，这个团队建议这家内衣公司的实际控制人控制的旗下一个汽车内饰公司并入总公司一同报会。公司全力执行券商的命令。第二年，券商团队负责人说对公司给予的奖励政策不是很满意，要办离职手续。公司惊慌失措，让证券公司重新更换合适的负责人。第三年，新的负责人与公司接洽上了，并建议把汽车内饰公司从上市主体中剥离，公司无语，但是只好执行。第四年，新的负责人又离职了，公司领导班子开始重新重视券商问题，换了另外一家券商……

投资时，企业选择了中介团队后，对企业中介团队的实力、能力、是否配合等综合考查是投资时的重要环节。如果企业和所谓的"高大上"的中介团队"风马牛不相及"，一定要迅速调整，否则中介机构的劣质会毁了整个资本计划。

有的投资人在参与新三板或者 A 股定向增发时，由于中介机构团队的不专业或者沟通不足，而"郁闷至极"的大有人在，如果不能及时调整中介机构或者不能选择和公司发展实力、节奏相匹配的团队，说到底就是公司一把手的责任。

但是，如果是合格的投资人，作为资本专家，应该可以为被投资的标的推荐或者储备专业的中介团队。

17. 嗅觉决定机会，投资人如何保持投资市场的高敏感度

2016 年至 2018 年，什么新兴领域最火?

非区块链莫属。

区块链（Blockchain）是比特币的底层技术。区块链起源于比特币，但比特币只是一个单维度的货币。通过整个网络节点的共识机制区使块链实现了去中心化的公信力。

它解决了什么问题呢? 区块链最重要的是解决了中介信用问题。在过去，两个互不认识、互不信任的人要达成协作是很难的，必须依靠第三方。比如支付行为，过去任何一种转账都必须要有银行或者支付宝这样的机构存在。但是比特币是人类第一次实现在没有任何中介机构参与的情况下，完成双方可以互信的转账行为，这也是区块链的重大突破。

目前金融行业由于防止单点故障和系统性风险，需要进行层层审计来控制金融风险，但也由此造成高昂的内部成本。不断增加的监管法规出现，特别是 2008 年金融危机导致金融管控门槛不断升高，而且反恐战争导致反洗钱和反恐怖主义融资的范围也让监管的广度和深度逐渐扩大，导致整个金融系统的监管成本急剧增加。区块链技术能够通过防篡改和高透明的方式让整个金融系统极大地降低成本。根据西班牙最大银行桑坦德发布的一份报告显示，2020 年左右如果全世界的银行内部都使用区块链技术的话，那么所有银行大概每年能省下 200 亿美元的成本。这样的数据足以说明“区块链”给传统金融领域带来的巨大变革和突破。

我曾投资过一家新三板公司，因为在 2016 年开始被某区块链公司“借壳”，股价在一年之间涨了三倍多，现在这家区块链公司正在向 A 股冲锋的过程中。如果不是因为新三板对定向增发审核趋严趋缓，而且股转系统对“借壳”公司的一系列监管，这家公司可能已经融资了 *N* 轮，因为有太多的投资人争先恐后地要对其投资。

2017年最火爆的投资要数ICO，那么什么是ICO呢？它是Initial Coin Offering的缩写，是区块链行业的术语之一，该术语的起源可以借鉴IPO（即Initial Public Offering的缩写），它是为区块链项目筹措资金的常用方式，早期参与者可以从中获得初始产生的加密数字币作为回报。ICO之所以突然之间受到了这么多全球投资人的青睐，是因为它解决了做股权投资时短期流动性低的问题。

2014年、2015年、2016年，ICO在全球的融资额分别是2600万美元、1400万美元、2.22亿美元。而仅仅2017年一年，就超过了过去3年融资总额的20倍。

2018年伊始，投资人徐小平号召拥抱区块链技术革命的事件开始发酵，区块链一下子从一个专业词汇变成了大众茶余饭后的话题……

然而，火热背后带来的是各种乱象，失去法律约束的项目很难让投资人真正赚到踏实的回报，这时考验的不仅是投资人的胆子大小，更多的是对国家政策和法律风险的正确认识。

投资，一定要抓住行业本身未来的增长，而且最好在行业爆发之前进行布局。投资人更要重点关注新兴行业的动向，或者是传统行业的转型升级。但是，新兴行业的最大问题就是可持续性。尤其是在中国，做什么都一窝蜂涌上去。整个行业迅速从成长走向过度开发，然后开始整合淘汰、去泡沫，进而归于沉寂，留下的都是饱尝风雨的“小强”。但是由于新兴行业充满了各种不确定，加上缺乏一定的资源性和固定资产的呵护，做什么都需要拼搏的一群人，因此其未来可以持续成长的可能性一直受到深度考验。

很多人说影视文化很热，其实投资影视文化最好的时间是在2012年之前，那个时候整个行业即将爆发，很多一线和二线的公司还只是陆续被发掘，整个资本市场对影视行业充满了无限的期待和想象。可是最近两年，中国电影会在2015年440亿元票房的基础上大涨吗？

以下是中国影视业面临的几大问题。

（1）过去5年足以让很多优秀的演员、导演、编剧、制片人等变得富有，再让他们事必躬亲、兢兢业业地做好每一部剧、少使用“枪手”或少关注“拉活”很难，需要自我醒悟和时间沉淀；

（2）影视投资表面上需要两年左右投资和回收，其实需要太多时间准备和等待，《西游记之大圣归来》不也是熬了 8 年时间吗？2016 年多部经典电影已经透支了市场和筹备；

（3）如果上市公司只关注业绩增长、很少关注新人挖掘，那么文化行业永远不可持续，中国不缺千里马，太缺伯乐；

（4）这个时候更应该关注的是影视的内容制作公司、游戏公司、直播公司、动漫公司、视频平台公司和互联网公司的生态整合，在抓住自身核心竞争力的基础上，**做到一个以 IP 为核心，以变现为驱动，以生态为基础，以可持续增长为目标的发展趋势。**

投资最难的是对未来的判断，未来会是什么样子？所谓的生态又会整合成什么格局？其实，未来是产业和互联网，以及产业和资本加大力度融合的时代，也就是在未来几年，更多的是互联网与实体产业更深层次的结合，未来的投资往往是以产业资本为主导、战略投资为核心。因此，投资人或者投资机构也急需与产业形成很大的聚合效应，并逐渐形成自己的特色和有效的投资生态圈，做到可以健康、持续地发展。

18. 投资人需牢记：没有上不了市的企业，只有上不了市的董事长

什么样的创业者让投资人最郁闷？

那些总爱推卸责任、怨天尤人、不从自己身上想问题的一把手最让人郁闷。探路者（300005）董事长盛发强在做管理的时候一直强调两个要点：第一，“我”是一切问题的根源；第二，山不动，我动。当然，这句话既是给他自己讲的，也是在让团队知道问题的本质在哪里。

因此投资人如何抓到那些敢于担当并敢于自我反省的人是投资的重点。同时，如果已经把真金白银投到了企业中，发现一把手自身的问题很大，又难以改正，则需要逐渐培养公司一把手定期反思并自我发现战略和管理问题的状态。

当企业上不了市的时候，创业者会把大部分的原因归咎于行业问题、时机问题，或者创业者直接搪塞说不想上市。其实企业上不了市最主要的原因在于创业者，**没有上不了市的企业，只有上不了市的董事长。**

虽然从表面上看上市有对行业的制约，还有对企业历史沿革的要求，但是只要有决心、有能力上市，对于创业者来说，其他的阻碍都不是根本性问题。有很多创业者，没有成就梦想的决心，加上企业经营面临的重重压力和业绩的下滑，上市问题只好搁浅。还有不少创业者，企业经营得不错，但是总是喜欢算小账，为了少缴税，不愿雇用高薪员工，企业发展一直处于瓶颈期，财务一直处于不规范的状态，融资和上市都被耽误，也因此因小失大。

对于上市，一切问题的根本都是人的问题，而做好自己、做好业务、做好管理、认清形势和把握大局是创业者走向资本市场的前提。因此，上市其实是艰难的，毕竟创业者要经过一道又一道的坎儿，从创业到上市至少有“九九八十一难”。正因如此，上市的企业是值钱的。

对于企业来说，股权融资融入了更多有资源的投资人，创业者一定要充分利

用投资机构和股东们的力量。**而对于投资人来说，先不管是否真的可以给予企业实际的帮助，但帮助团队提高资本知识、资本水平以及资本资源都是必要的。**任何人之间的关系都在于相处，公司的股东也一样，有的股东和团队的距离特别近，可以随时知道公司的一举一动，相反，有的股东和团队特别生疏，甚至会因为与公司在一些战略问题上"拍桌子瞪眼睛"，而不欢而散。

优秀的投资人把自己逐渐变成资本合伙人！情投意合的投资机构进入企业后，会规范董事会、监事会以及公司业务、财务、法律、人事等的管理流程，会逐步像上市公司一样要求和规范，从而摆脱创业者"小创业者"的境界，逐步向"大创业者"的格局去发展。虽然投资人或者投资机构的引入表面上是在为公司提供资金，但往往各个股东们为了共同的目标，会在包括业务、人脉、政府、中介机构等方面提供强有力的帮助。很多公司上市时寻找的券商、会计师事务所、律师事务所等机构，有不少是股东以资本市场多年的经验和上层人脉精心挑选的。

投资人和创业者都应该抱着一颗"不能对不起对方"的感恩的心。

投资人和创业者相互选择时，从一开始就要选定那些"情投意合""志同道合""品性相投""乐于沟通"的合作者，如果在前期沟通时就障碍重重，到后期很可能会两败俱伤。

投资人和创业者之间保持经常沟通与互动十分重要，也十分微妙。企业在人才、财务、资源等方面寻求股东的帮助时，顺畅和有效地沟通是处理投资人关系的关键。**投资人与创业者之间最怕的就是很多事情要猜、要等。**

那么投资人与企业多长时间沟通一次比较合适呢？如果长时间不沟通，再坚定的信任也容易大打折扣，而创业者和投资人之间的不信任或者关系生疏一定会对投资造成致命影响。一般来说，投资人业务再忙，与企业的沟通也不要超过两个月，即使投资人不能与一把手亲自沟通，那么与公司的董秘或者投资人关系负责人交流公司的财务和业务情况也可以。过年、过节组织或者参加公司内外的活动，对于保持好投资人与创业者的关系都是大有裨益的。如果沟通不畅，或者来了新的投资人，作为旧的投资人逐渐与企业关系边缘化，将不利于投资的增值和顺利退出。

什么样的投资人最受企业的青睐呢？首先投资人的魅力是关键，企业经常会考查投资人的“靠谱或者不靠谱”，如何做到“靠谱”并给投资机构留下“靠谱”的印象是投资人需要思考的。其次，投资人的口碑是每一个创业者都非常关心的，投资人保持圈内良好的口碑尤为重要，对于投资人来讲，任何一个关于投资人的负面评价都可能导致其会被创业者排斥在公司的门外。

虽然对于企业来说，**没有上不了市的企业，只有上不了市的董事长**，但对于投资人来说，**没有投不准的投资，只有看不准的投资人**，不是吗？

19. 警惕唐·吉诃德式团队，远离全职演讲型CEO

既然谈到CEO，就说一下流传在美国风险投资界的“投资十诫”：

（1）CEO has no ego or has too much ego.

（2）CEO thinks he is the king.

（3）CEO works 6 hours a day and has handicap of 5.

（4）CEO works 14 hours a day and has to work 7 days a week.

（5）The CEO dates his secretary.

（6）CEO's brother/sister is the finace controller and his wife runs sales and marketing.

（7）CEO calls his company a project.

（8）CEO is quoted and interviewed by media every week.

（9）CEO runs 5 lines of business with a company of 3 years of history.

（10）CEO drives a Prosche chauffed by a Benz and a Rolls Royce.

综合来看，主要强调了若CEO在抱负、决断、勤奋、格局、爱情、家族、短视、出名、专注和招摇等方面存在弊端，投资人一定要小心。

在现实生活中，大部分创业者是失败的，失败的原因各式各样，“梦想超越现实”是一个典型的梦想家的形象。虽然“梦想要有，万一实现了呢”，但是“梦想要和现实沾边”，脚踏实地才走得踏实。

据说曾经有人问曹操，“您一开始有着怎样的野心？为什么可以心怀天下，成为一代豪杰？”曹操的回答很简单：“我原来的梦想不是很大，在不断的实践和收获中才培养了自己的野心”。尤其是对于天使阶段的项目，不少创业者看到几家互联网公司从融资成功到一捧上天，看到媒体中的大咖故事一个比一个传奇，就梦想着自己也成能为资本市场的宠儿，也开始筹备项目、写商业计划书、找钱，然后融资成功了，然后钱烧光了，最后回到现实……

2009 年有一位创业者找到我，他是某知名互联网公司的四大创始元老之一，当时看到开心网的成功，认为如果是他去做，开心网应该会比现在强得多。相信不少投资人都会迷信这种知名公司的创始元老出来单干融资，可关键问题是时代造英雄，那个时代成就的互联网公司，不代表别的团队在之后的创业中还会成功。尤其是老大和老二的角色远远不一样，老大需要承受更多的压力、抉择和责任，而联合创始人（非老大）出来自己当老大，需要适应重要角色的转换。

当时我们毕竟是一个刚刚启动的项目，“一切的不可能都有可能！”，抱着谨慎和考验的态度，我带着这位知名互联网公司元老见了很多在业务上合作的资源，一边帮他引荐，一边期待看到他的“小宇宙”爆发。直到有一天，某位猎头公司的董事长告诉我，这位创业者近期一直在找他，可是议题不是要猎头公司挖人给他，而是让猎头公司给他找一份合适的工作。这是多么大的反差！

做企业没有成功的人，大部分是因为格局不够，或者表面上目标格局很大，但是在具体执行的时候缺乏合理的逻辑，尤其缺乏做事时的格局和战略，而妄想仅仅通过小项目改变世界。

创业会涉及招聘团队、吸引融资、生产产品或者提供服务，搞定供应商和客户等经济活动。投资人要找的创业者，做事情可以不必严肃，但做企业一定要正经！

我在评审一些国家级项目或者作为评委参与创业者评选的过程中，一个有趣的现象值得深思：某些创业者职业地参加各种创业大赛。类似于电视台的选秀节目，这群创业者将一大半的精力都放在各种论坛演讲、各种创业节目路演、各种创业大赛评选上。

虽然在之前讲到的“饿了么”的案例中，创业者就是靠创业大赛获得了早期关键资金的支持和各路投资人的关注，可是只是在创业早期参加各种创业大赛及创业电视栏目是可以理解的，如果过了那段时间，还可以拿出大把的时间参加各种“露脸”的机会，那我们就要怀疑这个 CEO 是不是实干家了！

作为公司的 CEO，如果每天的主要工作就是在各种媒体发言、畅谈和作秀，说下面有团队在负责公司的执行，那么这种企业真的有人敢投吗？即使一个公司分工不同，有的负责对外形象，有的负责制定战略，有的负责执行等，但这样的“露脸”也一定要有所节制。市场竞争异常激烈，在很多情况下，并不是靠不断地在媒体上露脸就可以做强做大的，公共关系的打造只是 CEO 的工作之一而已。

早些年，很多真正做事的 CEO 相对木讷，近年来，越来越多的 CEO 被资本培养、被媒体烘托得越来越能演讲。沟通是非常重要的，对外打造形象也是非常重要的，但是，一个人的精力是有限的，如果把过多的精力放在所谓的“公共关系和布道”上，试问，这样的公司如何成为一个伟大的公司？企业的投资人如何放心公司的稳健成长？

我们知道食品健康问题越来越受到重视，很多植物是被营养液催大的，很多牲畜和家禽是靠各种激素催肥的。近年来，资本有时就像激素，很多创业者本应该经历白手起家的过程真实地一步一步成长，但资本让很多创业企业快速被“催大”，然后血洗竞争对手，即使竞争对手被瞬间打垮，但是缺少了必不可少、日积月累的成长过程，企业的发展和创业者的心理也会变得畸形。

20. 要避免投资失败，就需搞懂企业死亡名单

“庞氏骗局”是金融领域一次非常严重的投资诈骗事件，非法的传销组织也是使用同样的方法聚敛钱财的，这种骗术是一个名叫查尔斯·庞兹的投机商人“发明”的。“庞氏骗局”在中国又被称为“拆东墙补西墙”或“空手套白狼”。其实就是利用新投资人的钱向老投资人支付利息和短期回报，以制造赚钱的假象进而骗取更多的投资。

这不一定是最好的时代，更不一定是最坏的时代。

在每一次历史的发展进程中，各种传奇都在不断书写。可是有一点是确定的，时代一定是进步的，现在没有的不一定未来没有，现在不能理解的，不代表未来不能理解。“颠覆”“独角兽”等都是近些年创业者经常挂在嘴边的词语，很多企业不断讲故事、融资、继续融资，泡沫总有破灭的时候，这种不靠实打实的收入或者利润作为创业者融资的依据，就像**“庞氏骗局”**。

很多创业者一味地学习其他行业巨人成功的表面故事，在创业者吃着“资本”催化剂长大的今天，太多的人在制定企业发展战略时就开始烧钱，认为把用户数做上去就会有人投资。毕竟互联网的项目大都需要烧很多钱，如果融资不顺利，则不得不烧自己的积蓄，如果融资是这家企业最重要的事情，那么创业者哪有大把的时间放在实业上？如果融资不能及时到位，企业将不得不关掉。当很多人羡慕其他互联网创业者的成功时，可以看到，所谓成功的案例就是那么几个，其背后的真实情况和艰辛很多人不得而知，而且他们背后都充满了天时、地利、人和因素！

如果说 2015 年发生的是传统企业倒闭潮，那么 2016 年发生的就是“互联网”企业倒闭潮。曾经的 A 轮融资、B 轮融资、C 轮融资转变成 A 轮死、B 轮死、C 轮死，或者演化成了惊天轰雷的 A 轮，哆哆嗦嗦的 B 轮，以及自我毁灭的 C 轮。

当亚马逊超越沃尔玛的那一刻，中国互联网领域的资本涌入比实业本身更加沸腾。在互联网零售领域，成立于 2012 年 1 月的我爱酒死了，成立于 2012 年 9 月的卡卡鲜死了，成立于 2013 年 10 月的榜单课死了，成立于 2013 年 10 月的暴走购物死了……

在互联网餐饮方面，成立于 2011 年 11 月的蹭饭网死了，成立于 2011 年 12 月的好吃佬美食网死了，成立于 2011 年 3 月的壹外卖死了，成立于 2012 年 10 月的菜谱网死了，成立于 2012 年 12 月的 Q 点外卖死了，成立于 2012 年 9 月的订餐通死了……

上面的死亡名单只是冰山一角，企业生死往往就在一瞬间，这些企业死亡的原因各式各样，**但其中的共性是充满了资本的狂热、市场的泡沫和商业模式可持续性的争议。**试想，如果投资人重金投到一家或两家最终死亡的公司，真金白银就这样一夜蒸发了，虽然很多投资人一直强调投资是个项目集合，其中一个项目翻了 10 倍，另外 9 个项目都死掉都可以接受，但其实更可怕的是一个都不成功，不是吗？

有这么一位创业者，9 岁才上学，14 岁就被迫辍学，在街头卖过烟丝、贩过水果、拉过板车、修过自行车，30 岁在玻璃厂当采购员，37 岁他承包了这个年年亏损的玻璃厂，39 岁将主业迅速转向汽车玻璃，41 岁成立了玻璃公司，由于战略的正确和公司的良好运营，公司逐渐盈利，在他 47 岁时公司在中国 A 股上市，之后开始向国际出口汽车玻璃，坚持“技术是公司发展的核心”，坚持每年投入巨额研发费用。目前公司主要从事浮法玻璃及汽车用玻璃制品的生产及销售，产品不但配套国内汽车品牌，更已成为德国奥迪、大众、韩国现代、澳大利亚 Holden、日本铃木、日本三菱、捷克途胜的合格供应商，并批量供货。如今他创建的公司已经是国内第一汽车玻璃供应商，世界排名第二。

如果从这家公司一上市就买入其股票，这 20 多年，股价会翻 100 多番。这家公司就是福耀玻璃，这位创业者就是曹德旺。

与很多上来就烧钱的创业者相比，像曹德旺这样不做玄乎事、踏踏实实一步一个脚印地做好实业的创业者更让人钦佩。作为投资人一定要投资优秀的、创新的人才，但是如果这些人才不是经过合理的风吹日晒茁壮成长，而是被各种一窝蜂的浮躁和资本的“催肥剂”催大的，那就太危险了，还是把心思放在稳健成长的公司身上吧！

21. 向创业者的臭脾气说“No!”

什么是脾气?

脾气，在心理学上是指人的气质，是人的神经类型的特点。气质这个概念最早是古希腊医生希波克拉底和古罗马医生盖仑提出的。他们将人们常见的气质分为四类，即一直沿用至今的多血质、粘液质、胆汁质和抑郁质。气质在一定程度上有父母遗传的影响，但也依赖于人的生活方式和气候条件。**其中的胆汁质就是所谓脾气大气质，具备这种气质的人的特点是：直率、热情、精力旺盛，情绪容易冲动，心境变换剧烈，具有外倾性。**

有一次，我来到一家知名公司的董事长会议室，和董事长畅谈正欢。突然公司的总经理急匆匆路过，与团队针对项目的问题争论不休，这位总经理是名人，估计中国大多数的老百姓都知道她，但她之前在媒体上微笑亲和的形象此时荡然无存。

一问才知道，这位董事长也是后来才发现这个问题。他们也没有办法，只能希望少一些冲突，多一些回报。可是想法很“丰满”，现实太“骨感”，公司在发展的道路上不会一帆风顺，而因为这个公司总经理的脾气不好，在每一次股东大会上，一讨论到关键问题，总是以争吵而告终，先不管公司最终是否可以让投资人获得回报，单凭这种投资之后造成的“精神损失费”就是不可估量的。

很多创业者的内心往往并不像媒体宣传的那样健康。有一些企业家看似非常阳光、温柔、亲和，实际接触时，脾气异常火爆，很容易着急上火。“一分能力，一分脾气”这句话是不对的。但是，下面这句话是值得深思的：有能力、没脾气——人物；有能力、有脾气——人才；没能力、没脾气——人手；没能力、有脾气——人渣。真正的成功者往往是历经浮华、泰然处之的集大成者。

事实上，脾气倔不等于驾驭性强。投资人更应该关注创业者的韧性！**韧性是创业者经历了坎坷之后，内心的自我重整和修复。**创业者必须清楚什么时候该认真聆听，什么时候该不顾一切地去坚持。这听起来很简单，但要做到却非常不容易。归根结底，投资人需要多方面观察和打听要投资的创业者，因为如果没有深入研究，很难知道创业者真正的脾气和风格。

无论是男性创业者还是女性创业者，都会有一定的脾气。创业者的差脾气分为遇事很急的急脾气，还有情绪很重的暴脾气，更有一些是隐藏很深、会通过其他形式转化的闷脾气。但很多创业者刚和投资人接触时，会隐藏自己的脾气。

企业家真正的气质应该是对员工不怒而威，对客户不卑不亢，对投资人感恩，对合作伙伴和善友好。

很多创业者稍微取得一点成绩，就会变得高傲、自以为是。但是随着遇到一些困难，甚至经历过大起大落并释然之后，创业者的状态会沉淀很多。因此越是大成者，越豁达、越亲和！

很多人都说“钱散人聚，钱聚人散”，这种说法是片面的，因为有大智慧的靠善良和亲和力也可以聚集一帮真正为他打天下的兄弟。

投资人可能会有脾气，但是自身性格的逐渐调整和磨合才是至关重要的。如果连投资人都不能豁达、平和、智慧地与创业者沟通，怎么祈求创业者以同样的状态对待投资人？说到底，脾气、气质、风格，最终都是一种习惯，是一种在成长和成熟过程中培养出的处事之道。

无论是投资人还是创业者，经常会有难受、着急、憋屈的情绪，对情绪的把握能力是特别考验人的。当遇到问题、情绪上来的时候，先冷静三秒，会发现没有什么问题是解决不了的。

最后强调：就怕老大脾气大，睿智人和定天下！

22. 白天做老板，晚上看黑板，半夜睡地板，你能做到吗

什么是学习？是指通过阅读、听讲、思考、研究、实践等途径获得知识或技能的过程。如今还有多少人能坚持看书？毕业后又有多少人会经常寻求听课的机会？大家每天给自己留多少时间独立思考？

一个人的综合实力大部分来自于学习，一位特别富有的投资家与我聊天时说过一句话，很值得思考："谈到赚钱能力，几乎100%与他真正学习到的东西有关，不信请您举个例子，如果真的已接掌握足够的知识，做什么投资会赔钱？"

目前的投资人，不仅需要学习专业知识，还需要掌握国内和国际各种宏观和微观的信息，更要不断思考，提高自己的悟性。对于投资人来说，最担心的就是天天游离于各种项目和创业者之间，好像什么行业都懂，其实又什么都不够深入了解！作为合格的投资人，必须要做到"白天看项目，晚上看黑板"。

近几年，一向低调的浙江成了全国的经济明星：浙江省GDP由改革开放之初的全国第12位一跃而上，稳居全国第4位；在全国100强县中，浙江占了近三分之一；在全国500强民营企业中，浙江占了三分之一还多……"白天当老板，晚上睡地板"说的是浙江人；"挣一厘钱不嫌少，赚亿元不嫌多"说的是浙江人；"敢为天下先"说的也是浙江人。浙江从"资源小省"到"万亿富省"，成为全国经济发展速度最快、最活跃的地区之一。

江浙企业家最让人称道的特点就是勤奋、肯吃苦。我过去投资过的企业家中，江浙的企业家偏多，特别佩服他们的务实和勤奋。

中国各地的企业家风格截然不同。齐鲁文化、燕赵文化、荆楚文化、巴蜀文化、三晋文化、关东文化等地域文化，对当地人的生活习惯、个性气质、思维方式、行为准则及性格产生了潜移默化的影响。来自东北的企业家偏重义气、敢干，而华北的豁达、粗犷，齐鲁的热情仁义，山西的忠厚节俭，西北的憨厚实诚，云南的淳朴真诚，广东的开放包容，湖北的耿直重义，湖南的倔强坚强，安徽的温

文尔雅，上海的智慧聪明，四川人乐观厚道，福建的敢拼敢闯，内蒙古的豪放感性……

当投资人深刻了解被投资企业创始团队的性格和风格之后，根据企业所处的行业、问题和资源优势情况，更有利于做出综合的判断。但是每个地方的创业者都带着自身地域文化的性格优势和劣势，太过夸夸其谈的，可能流于浮躁，缺乏实际落地；太感性仗义的，可能缺少理性冷静；太聪明节俭的，可能缺少大气格局。

一位农夫一生勤劳，家里的日子过得还可以。在去世前几日，他公布遗嘱，对两个儿子说："我将不久于人世了，我给你们留下一批财宝，就埋在咱们的葡萄园里。"老人去世后，两个儿子把整个葡萄园的土都翻了一遍也没有找到财宝。他们不死心，又去挖第二遍，他们挖得更深，而且还把大土块都敲碎。结果，还是没有挖到财宝，他们死心了。第二年，他们葡萄园里的葡萄长得格外好，又多又大。葡萄熟了，他们卖掉了很多，将剩余的酿成了酒。因为葡萄长得好，酒的味道也很棒，大受欢迎，一下挣了很多钱。这时他们才明白过来，父亲留下的"财宝"，实际上就是要他们用自己辛勤的劳动去创造财富。如今的创业生态，资本和企业的浮躁让能忽悠的创业者越来越多，真正能踏实工作学习的创业者特别少。很多人天天摆出特别繁忙的样子，而这种繁忙都是忙于各种应酬和走过场的会议之中，根本没有足够的时间去执行、做事，没心思去踏踏实实地做产品和业务，更没空去独立思考。

经常"攀比"的创业者往往借鉴的都是成功者表面的部分——融资、上媒体、成为大咖，而忽略了他们背后的故事和努力。

伟大的企业，大多是熬出来的。

有一位女明星，不满足于止步演员这个角色，向老板的角色迈进，每天晚上熬夜开会、策划，更改方案，力求精益求精。做演员是很辛苦的，何况一边做演员一边做企业呢？但是她一直强调，现在最怕的就是"比你漂亮、比你会演戏、比你有背景的人，比你更努力！"

一位“60 后”传统行业女企业家，在完成自身财富积累之后，特别担心被时代的浪潮“拍在沙滩上”。她开始转型做创业孵化器，天天和比她小 10 多岁、20 多岁甚至 30 多岁的创业者们“混”在一起，研究他们的商业模式，探讨企业业务发展途径，投资她心中佩服的年轻人……其实，大部分人做孵化器是赔钱的，大多要靠政府补贴和投资来完成孵化事业的收益。而她在坚持现金流第一的同时，天天忙碌于各种创新、策划和多方位服务的研究和思考，在让进驻的企业得到更多实惠的同时，有效提升其空间的使用效率。虽然年过半百，但几乎每天熬夜到晚上 11 点以后，和团队策划一个又一个打造创业生态的新方式。她每做一个孵化器，基本上不到三个月即可达到 90%以上的入驻率，而且可以通过空间的设计很好地盈利。这个孵化器就是菏光三月，这位女企业家就是裴红英，创业小伙伴都亲热地叫她“裴妈”。

每当孵化器里的创业小伙伴们看到她办公室的灯还未灭时，都不好意思“提前”回家。这种“辛苦”打拼的精神，无论你有钱没钱，也无论你成功与否，都需要一直保持，不是吗？

23. 投资、融资都是“不归路”，行动前请三思

虽然我们强调了无数次要投资市场人才，因为他们可以根据市场的需求及时改变产品策略，但是，产品和服务才是公司的核心，技术才是第一生产力。一个公司的产品好不好，行业地位高不高，公司真实实力强不强，不是靠广告，也不是靠营销策略，而是靠实打实的技术和服务的质量。

为什么有那么多的 IT 企业家称自己为产品经理呢？为什么有那么多的影视创业者称自己为艺术总监呢？虽然这些人大多是市场营销者出身，但是如果他们宣传自己是一个市场营销高手，又有谁会买他们的产品或服务？

20 多年前一位退伍军人当了几年律师之后，一直希望做出一个让民族骄傲的企业。他来到天津，开始网罗化工和材料方面的人才，生产发泡材料、塑料制品，虽然一开始的订单络绎不绝，但他还是觉得不具备“匠心产品”，为此他开始走访欧洲、日本、韩国、美国，聘请顶级的材料专家，力争打造没有污染且质量高的产品。随着公司产品的提升，北京承办奥运会的机会也到了，奥运场馆开始使用他们的材料，随后其防水材料也应用在北京地铁、首都机场和天津机场等明星项目上，其隔音材料应用在国家大剧院的建设上。消息一下子蔓延开来，全国各地多家顶级学府主动找到他来开展材料课题的研究。他是一个特别追求完美的人，依然觉得自己的技术仅在中国领先远远不够，于是他开始加大研发投入，全心打造国际上领先的技术。后来越来越多的汽车生产厂家和内饰配套厂商找到他们，寻求开发和生产环保的发泡材料。一心想要中国的材料在世界上有一席之地的他开始花重金从德国进口设备。一传十、十传百，奔驰、宝马、丰田、长城等汽车生产和配套厂商纷纷找到他，合作生产“没有味道”的汽车材料。后来，他发现上游原材料总是受制于其他国家进口的约束，于是开始研发上游材料，直到攻破技术难题……

2016 年，校园毒跑道事件升级，行业和各相关单位把目光放到了环保材料商，多家学校主动找到公司，要求其重新打造学校的跑道。进入跑道后，他发现汽车

只是材料应用的一个门类，巨大的市场空间在玩具、体育休闲和旅游等领域。于是说干就干，他开始把环保的目光转移到了这个万亿元市场。专业能力树标杆，越来越多的投资人闻风赶来，争相恐后地要投资这家新材料公司……这家公司就是大林新材（830205），他就是刘根友。

老老实实把100%的精力都放在技术上的刘根友发现，一个企业想要成为民族品牌，想要真的走向世界，还需要提高资本能力、市场能力和管理能力。“行真途，致大林”，大林新材在环保材料这个领域越走越顺，为了不断提升公司综合能力，刘根友开始在管理和业务方面聘请和咨询各个专家，在国际化方面聘请国际知名企业的高管，在文化建设方面开始进行团队的拓展和价值观培养……

以上也是我投资大林新材的原因。

融资是一条不归路，对创业者如此，对投资人也如此。

当企业融资时，投资人通过投资进入公司，过些年后，股东会要求分红，企业面临竞争压力和做大的要求，需要持续的资金，分红的概率不大。不分红则需要让股东享有股份的价值增值，就需要继续做强、做大。但是业绩的增长需要持续的资金补给，随着企业逐渐做大，现金流会绷得越来越紧，这就要求持续融资。而这时公司发展壮大，只能找一些大的投资机构，等大的投资机构进来就会对企业上市的要求越来越强烈，创业者此时基本已经无法回购之前的大额融资，股东们的退出只能通过上市或者被并购，上市后还要为了股价增值继续融资，继而不断收购好的项目。就这样，融资成了不归路。

“条条大路通罗马”，融资或者上市不一定就好，也不一定不好，适合才是最重要的。这是一个大鱼吃小鱼、快鱼吃慢鱼的时代，无论是员工激励、股权融资还是银行贷款，如果企业需要持续扩张，就需要融资，即使融资是一条不归路。

对于投资人来说，不断地投资或者募资，也是一条“不归路”。

很多投资人融了一大笔钱做基金、投项目，因为当项目出现问题时，LP（有限合伙人）或者股东们投资进来让专业投资人管理，有可能“鸡飞蛋打”，投资的钱“肉包子打狗，一去不回”，更有可能原计划的投资年限因为项目的问题而无限期拉长。虽然投资人可以在与 LP 或者股东的签字条款上规避各种各样的责任，但是将别人的钱亏了是不对的。所以很多投资人经常会为了避免此类事情的发生或者为了做好资产配置，让 LP 或者股东们继续投资他管理的其他项目，希望以此来降低因为某个项目出问题带来的风险。可是投的项目越多就越容易错。同时投资人身上背负的压力也越来越重，来自 LP 或者股东们的担心和麻烦也会逐渐显现。

很多东西若搞不好则都是债，所以投资人要把握投资公司的规模、商业模式甚至多种控制风险方式。

24. 没有不好的公司，只有不好的估值

估值是企业融资的核心，更是投资的最关键问题，因为没有不好的公司，只有不好的估值。再好的公司，如果公司估值奇高也接受不了，再一般的公司，如果公司估值足够低，也有足够的增值空间。

最早投资家们是怎么投资的呢？提到投资，先要说到格雷尔姆，他是按照安全边际理论去投资的，费雪关注成长性，芒格投资是投资绩优股，戴维斯投资，就是戴维斯双击理论，即在好的时机、好的价格，买入好的股票，这一点说起来容易，做起来很难。主要抓住两点，第一点是在企业价值和业绩还不是特别高的时候买入，股价 P=EPS×PE，在低点和行业爆发前买入，等待 EPS 和 PE 的同时爆发；第二点是抓住未来的市盈率增长，那么在未来一定会形成热点。在我投资大林新材的时候，其业绩还没有完全展现，在业绩开始爆发前进入，同时布局未来会受到更多关注和影响的行业，未来 3~5 年，产业会有很大的增长，投资人才会有更好的回报。

2013 年年初，一位年轻人找到我，这是一个做话剧内容的公司，其创作理念是“经典永存，雅俗共赏”。这位年轻人大学毕业后的前两年一直处于边读书边创业的阶段。当时正在中国传媒大学读硕士的他，突然看到了北京城区在招标话剧的优质内容创造。他毅然决然地注册了公司开始投标，或是天意或是巧合，他自己都很惊讶人生的第一次投标竟然顺利通过。此处话剧的策划工作让他得到了很少的第一桶金，但是注册的公司不能就这样关门歇业。于是他开始招聘员工，全力以赴地创业。他的本科专业学的是录音，这样的学科背景使他非常重视技术在文化产业领域的运用。他的公司现已研发出中小剧场管理软件系统、舞台视频开发等 6 个应用系统，均获得软件著作权。录音其实是一门艺术与技术相结合的专业，他对技术一直很感兴趣，认为技术与艺术就是一块硬币的正反面，都非常重要。他判断如果技术可以被合理应用在艺术的创作和实践里，会提供一种更好的思路。

说起来容易做起来难，他的团队遇到了许多困难，他对创业扶持政策知之甚少、缺乏创业资金，员工需要养，企业方向需要定，资金需要找。为了有养活公

司的资金，他和团队与政府合作开发新的话剧项目，同时他四处奔走，终于得到了一个消息，挂牌新三板可以得到区政府以及中关村科技园的补贴，总计100多万元，他算了一下2011年时挂牌新三板总共的费用也没有太多钱，可以一搏。他在业务发展的同时开始着手挂牌新三板的工作，2013年我和他在全国中小企业股份转让系统一同参加公司挂牌新三板的庆典时，25岁的他成为当时最年轻的新三板公司创始人。

虽然在2012年公司的税后利润只有不到100万元，但是估值只有1000万元的新三板公司是比较低估的，我们毫不犹豫地投资进去。2014年年末我们把股份转让给另外一家和公司有战略合作的传媒公司，就这样，短时间内有50%的投资收益，短、平、快。这家公司就是典雅天地（430235），他就是李典。

有时“估值”看似比较较真，其实在实操中比较模糊。企业到底应该值多少钱？企业给的估值高于投资人心理价位多少时才不会被投资？这些都会随着投资人对企业的感性认识和理性分析之后发生微妙的变化。

投资人在投资之前，需要整体把握企业的“气势”。企业有气势，很多事才能水到渠成，才能点燃爆点。做“势”包括“人势”“气势”“趋势”。做好“人势”，即一定要把队伍培养起来，这些并不是完全靠高薪就能够满足的，需要各尽其责、绩效考核、共同目标、情感投入等。

“气势”往往与企业家的格局、企业的整体架势、合作伙伴的档次和影响力紧密关联。至于“趋势”，就是做事一定要顺势而为，在股票投资中，有个法则叫“不赚最后一分钱”，投资也是这样，因为公司可能正处在行业的热点，或者之前的投资人抬高了此轮的融资估值，如果综合比较后，企业本身的业绩在快速发展，同时身处市场风口，适当高估的一点估值完全阻挡不了投资人的心。究其原因，就是企业从上到下的这股气势打动了投资人。

“成也估值，败也估值”，大部分投资人之所以能够以一个比较合理的价格投入企业，不是因为他是学金融的，而是因为他投到了比较公正的人。估值就像一杆秤，虽然投资人和创业者都希望占到彼此的便宜，但是从长远来看，公正一些才能走得更远！

25. 投资人应该远离还是亲近新三板市场

“独孤九剑”是金庸小说中剑魔独孤求败所创建的，核心是以“无招胜有招”打遍天下无敌手的剑法。中国的资本市场几十年来一直在政治、经济、实业和金融等多方力量的博弈中不断发展。这期间中国的证监会主席换了*N*个人，但是每一次都在争议中不断引爆或解决问题。中国的多层次资本市场，逐渐从倒三角形变为正三角形。8 年之前最上面一层的主板企业有很多，中小板、创业板企业较少，新三板和区域性股权交易市场更不值一提，那是倒的三角形。如今，中小板、创业板市场中的企业越来越多，新三板和区域性股权交易市场中的企业更是数以万计，逐渐形成正三角形。

如果要问小说中的什么武功最厉害，那么各种神一样的答复都会一拥而上。但再厉害的武功都会被吸星大法所吸引，最后被吸星大法的传承者集之大成。吸星大法出自金庸武侠小说《笑傲江湖》，是日月神教教主任我行的武功，《天龙八部》中的虚竹吸了无崖子、天山童姥、李秋水三人超过 200 多年的功力。如今中国的新三板市场更是这样。无论是协议交易、做市商制度，还是酝酿已久的竞价交易制度等都是集各国资本市场之精华于一身。到了 2017 年，已有一万多家新三板挂牌企业，投资人应该在鱼龙混杂的创业项目中，找到真正的创业黑马。

20 世纪 90 年代，证券场内市场迅猛发展的同时，中国的证券场外市场也在不断发展扩大。当时已经建立了 29 家地区性的证券交易中心，有法人股系统（NET）、法人股交易系统（STAQ）两个全国性的法人股市场。1998 年，亚洲金融危机爆发，国务院整顿金融市场，专门指出证券只能在证券交易所交易，在证券交易所之外的交易均属违法，这使得证券场外的市场全部关闭。一些法人股系统的公司例如南海发展和海南航空等被送到交易所上市，其他的摘牌公司被安排到上海交易所柜台交易，这是最早的三板市场的雏形，之后三板市场由中国证监会监管转变成中国证券业协会管理。2001—2002 年，上海证券业协会发布了《证券公司代办股份转让服务业务试点办法》和《关于改建代办股份转让工作的通知》，规定 NET、STAQ 系统挂牌公司和退市上市公司的股份在证券公司代办股份转让系统进行转让，三板市场逐渐规范化。

2006 年 1 月，《证券公司代办股份转让系统中关村科技园区非上市股份有限公司股份报价转让试点办法》颁布，中国村科技园区非上市股份有限公司股份报价转让进入代办股份转让系统。由于与原代办转让系统在交易制度、参与主体、信息披露等方面存在区别，因此中关村股份报价转让系统曾经被称为“新三板”。

新三板的投资条件：根据《全国中小企业股份转让系统投资者适当性管理细则（试行）》规定，投资新三板市场的法人机构的注册资本在 500 万元以上，合伙企业的实缴出资总额在 500 万元以上，自然人名下前一交易日日终证券类资产市值在 500 万元以上。

新三板投资交易规则是，新三板为投资者买卖股票提供了三种方式：协议转让、做市商制度和竞价制度。三种交易制度只能选择一种，不能同时进行。截至 2017 年，新三板交易方式实施的是协议转让和做市商制度。

在实践中，协议转让的方式流动性相对较差，而且是产权交易双方在交易中心主持下通过洽谈、协商以协议成交的交易方式。协议转让的交易机制设计原则基本沿袭原来的中关村试点期间的协议转让方式。也因此，协议转让的交易方式流动性较差，且不太容易让投资人短时间内获得一定的投资收益。

做市商制度按照是否具备竞争性的特点分为两种类型：垄断性的做市商制度和竞争性的做市商制度。垄断性的做市商制度，也叫特定做市商，即每只证券有且仅有一个做市商，这种制度的典型代表是纽约交易所。垄断的做市商是每只证券唯一提供双边报价并享受相应权利的交易商，需要具备很强的信息综合能力，能对市场走向判断准确，通常可以获得较高的利润。这种类型的制度优势是责任明确、便于监督管理，缺点是缺乏竞争性。当然很多人提出疑问，这个做市商不就是庄家吗？因为可以左右公司股价的走势。

另一种类型叫竞争性的做市商制度，又叫多元的做市商制度，每只证券有多个做市商，且在一定程度上允许做市商自由进入或退出，这种制度的典型代表是美国的 NASDAQ。这种类型制度的优点是通过做市商之间的竞争减少买卖差价，降低交易成本，也会使价格定位更精准。

新三板的做市转让方式采用的是传统的竞争性做市商制度。要求由两家及两家以上的做市商为一家挂牌公司做市，但是在做市转让撮合时间内，投资者之间、做市商之间不能成交。做市商以自有资金为基础，不断向公众投资者连续发布某个证券的买入价和卖出价，并以该价格与公众投资者成交。协议转让是投资者和投资者直接交易，而做市转让是投资者需要通过做市商交易，即投资者卖给做市商，做市商卖给投资者。也因此做市商赚的是买和卖之间的差价。

而买A股的时候接触的都是经纪人，交易的时候需要缴纳交易的佣金，这种经纪人和做市商又有什么不同呢？做市商是市场流动性的主要提供者和维持者。经纪人不参与到交易中。美国纽约交易所中的做市商，同时也充当了经纪人的角色，这种情况本身蕴含着一种冲突，即做市商赚的是买卖差价，因此做市商愿意价格低，而经纪人赚的叫交易佣金，所以经纪人希望价格高。

在新三板的交易中有一些巨大的坑：做过A股的投资人都会知道，如果出现上市公司大股东减持的情况，除非存在拉高减持或者利好因素对冲或者基金接盘等情况，股价往往会伴随下跌，主要原因是短时间的消息面利空，以及资金面的紧张、买方数量过大。而在新三板中这种问题会异常突出，主要是因为投资人不够多、市场不活跃。也因此一旦新三板出现股东减持情况，就会形成“飞流直下三千尺”的砸盘情况。

现在的新三板制度是否适合机构或个人投资呢？

如果A股市场的投资人是1赚2平7赔，那么新三板很可能比A股还难赚钱。这和整体投资人门槛过高、新三板投资人数量有限而造成的流动性不足有很大关系。那么既然做市商制度可以增强流动性，是不是对于做市之后的企业，投资人就可以相对大胆地参与了呢？事实上，很多血淋淋的例子告诉我们，新三板更加考验投资人的“投资”能力。因为过少的投资主体，使得在出现一个大户或者大机构减持新三板挂牌公司的股票时，会出现其股价的急跌。因此即使是在新三板市场赚到钱的投资人，大部分也是熬了多年，或者通过新三板公司被并购或者转板之后才实现退出或者盈利。

九鼎集团（证券代码 430791）是国内最早挂牌新三板的投资机构。2014 年 5 月 19 日，挂牌新三板 20 天的九鼎集团以每股 610 元的价格成交了 9.39 万股，成交金额达到 5728 万元，占到当日新三板成交总额的 99%。之后投资者对九鼎集团的投资热情持续升温，几乎每天成交金额都超过亿元。九鼎集团在 2014 年 4 月挂牌新三板的同时募集了 35.36 亿元资金，紧接着 2014 年 7 月，完成了约 22.50 亿元的第二次增资。2015 年 11 月九鼎集团完成了第三次定增，募资 100 亿元。九鼎投资光荣地成为新三板市场上唯一一家市值过千亿元的公司。有了资金支持后，其开始设立九泰基金、控股天源证券（现已更名为九州证券）、出资设立第三方支付机构易付通，设立九信金融踏足 P2P，筹建民营银行和保险公司。

除了落子券商、公募、互联网金融等业务板块，九鼎集团更是上演了“蛇吞象”的一幕，以 41.5 亿元一举并购了 A 股上市公司中江地产（现更名为九鼎投资）。

可是，如果新三板都是这么容易造富的话，大量的资金早就蜂拥而至，而实际情况恰恰相反，大部分的投资都是备受煎熬的。

2018 年 1 月 15 日，新三板集合竞价交易制度落地，从目前交易情况来看，没有出现预期的爆发，正在较平稳地进行交易制度的过渡。其实，新规有利于提高价格的公允性，但流动性的提高还需要很多综合条件的改善。

一家主营业务是生产和销售耐磨防腐材料的新三板挂牌公司。从 2015 年 4 月开始，伴随着新三板做市商制度的开启，面对那时采用的还是协议转让制度的它，全国各路的投资人开始争相投资，那时公司的股价最低时只有 0.1 元，最高到过 13 元。

终于在 2015 年 5 月之后，做市商制度来临，广州证券和兴业证券作为做市商为其做市。半年后，让所有投资人“疯狂”的事情发生了，其股价一度从 13 元跌到 10 元，从 10 元跌到 7 元，从 7 元跌到 3 元，最后从 3 元跌到 1 元，让很多投资人丈二和尚摸不到头脑。如果说是因为 A 股股灾所致的话，为什么可以跌去 80% 之多？如果说是因为公司基本面发生了变化，可单公司的利润反倒是增长了。

为什么会出现腰斩甚至膝斩、踝斩的惨状呢？很简单：做市商制度让两家做市商没有拉高股价的欲望，因为价差大的话无法成交，无成交就无流动性。同时新三板的投资人数量有限，活跃度不高，之前投资这家公司已经熬了两三年的投资人在赚了一些钱后就开始减持，因为没有足够的接盘人，这一减持导致股价出现跳崖式的下跌。而其他投资人看见有人在减持，再看到跳崖式的股价下跌，即使亏钱也减持，这个恶性循环当然就一发不可收拾。还有一些投资人一开始不愿意走，到最后看见本金已经所剩无几就开始全盘抛售。于是一个本来估值将近 2.6 亿元的公司，最后市值只剩下了 4000 万元左右。

做市商制度的实践让一些企业、创业者、投资人苦不堪言，而所有这些都是实践路上必不可少的“吃亏是福”。

那么这家公司在估值 4000 万元左右的时候就没有价值了吗？恰恰相反。如果大家知道新三板的壳的价值就会明白，壳本身就有 2000 万元到 3000 万元的价值，再加上企业本身的价值，4000 万元的估值肯定是低估的。这时开始有资本看到了这一点：一家做区块链的公司开始并购重组这家公司，随后公司的市值又从 4000 多万元冲到了一亿元以上……

这家公司就是赛亿智能（430070）。

综上可看出，一个普通的新三板的散户，或者爱看技术指标或者短线的投资者，怎能抓得住一家拥有重大战略转型契机的企业的投资机会呢？从交易或者投资的角度来看，为了发展多层次的资本市场，注册制已经被搁置，上海交易所的战略新兴板也已经被搁置，新三板一直呼吁的竞价交易更是不知何年何月可以推出。

经济的基础是政治。无论是西方经济学还是其他各类经济学，都没有中国人看得透彻，因为中国人发明了《政治经济学》。具体说来，一切的发展从表现上来看就是需要发展 A 股，为了顺利实现国企改革，为了让养老金更加安全、有序地入市并增值，其他层次的资本市场都需要在保障 A 股发展的基础之上。也因此，除非是对某一个挂牌新三板的企业非常了解或者对其团队和行业非常看好，否则要谨慎参与新三板的投资。如果踏进了新三板的门，一定要做好中长期投资的准备，但如果这家公司以并购或者 IPO 的方式最终让投资人解套的话，收益也是相当可观的。

26. 投资基金正逢时，募投管退必要知

中国何时开始有了真正规范专业化运作的股权投资？

在2000年时，A股市场一直预言创业板要开放，一时间深创投、达晨投资、中科招商等第一批的创业投资机构陆续成立。找项目、投资、布局、打品牌，这些投资机构如雨后春笋般涌现，可是创业板并没有如料想的那样顺利推出，这让很多股权投资机构十分惊恐。创业板没有顺利推出，意味着投到很多企业的股权无法通过登陆创业板而实现投资的退出。创业板无法顺利推出的另一个后果是，很多投资公司募资更加困难，能投资私募股权基金的投资人都是高净值人群，这些人如果看不到投资公司比较明确的退出方案是不会轻易出手的。

创业投资的星星之火刚刚点燃就遭受创业板推出时间被搁置的当头一棒，那些雨后春笋般兴起的投资机构因为无法募资、无法退出而陷入现金流的困境，很多投资机构在这一段时间里纷纷解散。当时红火一时的达晨创投，在负责人刘昼给当时的发起机构电广传媒写出了“声泪俱下”的“万言书”后，才得到发起机构的现金支持而挺过难关。

2009年10月30日，随着创业板28家上市公司的顺利发行，宣告了创业板的正式推出，在2009年之前和之后，股权投资公司又如雨后春笋一般纷纷成立，九鼎投资、博大创投等投资机构陆续成立。创业板的不断发行成为一个又一个造富的机器，这批创业投资的机构正好赶上了“最滋润”的年代。

可是好景不长，从2012年开始，随着IPO“堰塞湖”的不断堆砌，IPO开始关闸，很多投资机构无法通过被投的企业首次公开发行而实现退出。这时投资机构把希望寄托在并购重组的身上。从2013年开始，中国A股市场掀起了一番并购重组的热潮，各种文化创意、游戏、互联网金融等热门行业完成了同业或者跨界的并购。又一批投资机构享受到了并购带来的“久旱逢甘霖”！

通过上市公司对投资机构投资的项目进行并购的整个流程，投资机构深刻领

悟到了控制或者联合上市公司的重要性。因此如九鼎投资、中科招商、硅谷天堂等开始陆续布局上市公司股权，通过定向增发、借壳上市、二级市场增持的方式实现控制或者参股上市公司，以此与其投资的一级市场项目呼应，打通一级市场和二级市场，进而保证投资的企业顺利地被上市公司并购，且实现了投资的退出。

“募投管退”就是募资、投资、管理和退出四大流程。

募资是募集资金，一般是指一家私募股权公司为基金寻求有限合伙人或投资人资金承诺的过程。募资的成功与否与基金管理人的综合实力、募资团队的水平、拟投项目等息息相关。一般基金的形式有三种，最早的是公司制的基金，即通过成立有限责任公司，集中各个股东的资金直接对外进行股权投资；自从《有限合伙法》颁布以后，开始通过有限合伙作为资金的组成方式，其优势是可以通过协议的方式，即使普通合伙人（GP）不投或者少投钱，也可以管理整个基金，即管理有限合伙人（LP）的投资，从而不需要像公司制基金那样需要通过股东会、董事会、监事会的公司管理制度实现决策和收益分配。同时有限合伙在税收制度上是先分后征，相当于直接向 LP 收取所得税。第三种是契约型基金，需要通过基金托管人托管（一般是证券公司），基金管理人管理，以契约的形式成立的基金。

股权投资基金的管理逐渐趋严，要求基金管理人进行备案，同时基金管理人高管要通过基金的从业资格考试，或者有三年以上的股权投资经验，目前基金主流募集的对象有以下三种：个人投资者一般是上市公司的高管、高净值人群；机构投资者，是一些大机构或者大的实业集团、财团等，去投一些股权类的基金；专业的母基金，也就是 FOF，即投资基金的基金。母基金中有不少是政府的引导基金。

投资就是在不断筛选项目，首先在初步过滤完企业之后进行项目的立项，然后对于通过立项的项目，进行尽职调查，通常包括财务的尽职调查和法律的尽职调查。之后就是汇报给投资决策委员会，通过投票的方式决定是否投资。

投资人的投资能力强不强，关键看其选择项目及谈判的能力。本书谈到的关于看人、看项目、看行业、看痛点、看估值等，大多在这个阶段会被淋漓尽致地展现。

管理是投资人在投资之后对标的企业的帮助、监督、投资协议执行等多项工作的集合。如果投资投得好，投后管理的工作会相对轻松，如果在投资后投资人陷入了火坑，则管理是不可能轻松的。参加股东会、董事会、监事会，提出机构的专业问题，为公司的资本运作包括但不限于并购、融资、上市等提供实用的资源是最实在的投后管理。在遇到企业没有完成对赌业绩的情况下，投后管理就变得异常重要，因为投资人和被投企业既是对立关系，又身处同一条船。在各种投资案例中的投资人起诉创业者基本都发生在投后管理这一阶段。

退出就是投资机构拿出本金和收益的过程。退出的方式包括以下几种。

首先是 IPO，通过被投公司的首次公开发行，投资机构于股东锁定期结束后在二级市场卖出股票实现退出。

其次是并购退出，即投资项目被上市公司以现金或者股份，或者现金+股份的形式收购，投资机构得到现金或者卖出股票得到现金而实现退出。

再次是转让退出，即投资机构把股份转让给其他投资机构或者投资人。

最后是管理层回购，即通过协议或者协商的方式，公司管理层以本金加利息或者一定的金额买回投资公司之前享有的股份。

其他方式包括诉讼、仲裁、破产清算等程序，投资机构实现退出，这是最坏的一种情况。

投资基金是投资的专业和主流的方式，“募投管退”很有可能贯穿投资人的整个生涯。随着信仰的变化、经历的丰富、觉悟的提升，投资的形式和募投管退的实际玩法都在不断变化，而投资基金的实质就是一种资金和信任关系的建立和结束，真正厉害的投资人往往把“募投管退”化于无形。

27. 对赌不瞎赌，不赌不靠谱

2012年，一家知名公司的董事长找到我，让我投资他们公司。这位创业者来自中国香港，说话做事有板有眼，符合投资人的基本判断。他年近50岁，但年龄大绝对不是不投资的理由，只是年龄大的人做事的激情和创新力会让人担心。

为此我做了两件事，一是找来另外一家上市公司的大股东，意图很简单，如果他能投资，即使公司因为IPO排队关闸等因素无法顺利上市，至少也可以寻求上市公司的并购。二是，我强调了对赌协议的重要性，因为公司董事长的年龄和干劲是我对公司未来发展的最大担心之处，万一他完成不了承诺的2012年净利润3000万元，我们的投资就投贵了，距离公司顺利上市的目标更是遥不可及。

基于这两点我们终于合作了。投资协议约定如果完成不了2012年税后3000万元的利润，按照实际完成利润情况和不变的市盈率10倍重新估值，按照投资人投资金额占重新估值后的比例调整投资人股份。

不幸的事情还是发生了，公司税后利润只完成了1800万元。考验投资人诚信的时候到了，虽然我们心里没有底，但还是约出了创业者，"晓之以情，动之以理"，谈到了诚信，扯到了这是其他投资人的一致建议，强调了不用现金，只是补偿股份……终于创业者同意按照约定办事，补偿给我们不少的股份。

从2013年开始，IPO放开的速度变慢，加上公司业绩虽然增长，但是离IPO上市仍有不小的距离，于是我们选择了寻求退出。经过多次协商和沟通，让之前我们拉来共同投资的上市公司老总个人来接手我们的股份。可是公司的利润增长有限，估值很难提升太多，但因为对赌的执行，多获得了股份，两年时间，我们总体上以一倍多的净收益落袋为安！

对赌协议特别考验创业者的有两点，一是估值漫天要价，二是如果执行对赌条款，创业者是否会本性毕露。

签署投资协议是有技巧的，协议执行需要执着和努力。投资机构与企业签订协议，对于轻资产类的企业，基本都会在利润的增长和上市成功与否上加以约束（从广义概念看，回购也是对赌的一种）。很多老板自以为可以达到收入或者利润的对赌，但是由于在财务的收入确认上没有及时把好关（例如收入确认方式的不明确统一、业务合同签署的不明确等），容易造成“对赌”失败。

在很多情况下，不是因为创业者敢于对赌投资人就敢于投资。承诺业绩未达标给予补偿只是一纸协议，不确定性非常大。不管是受宏观经济影响还是行业、企业自身出问题，造成的业绩承诺目标未达到，企业家需要主动兑现，而不是找各种借口或摆出各种嘴脸来推脱。

最近几年投资出现一种乱象，就是为了投到所谓大牛的项目，多高的估值都无所谓，有没有对赌也无所谓，因为他们认为对于投资人来说，经典案例可以树地位。可是如果是估值特别低或者说公司业绩完成毫无疑问的公司，对赌可能只是画蛇添足。但是在创业企业大多漫天要价的今天，若没有对赌的约束，创业者真的会全力以赴吗?

在我之前所投的 *N* 个项目中，至少有 5 家公司受到了宏观环境的变化影响，再加上企业本身不给力，触发了书面或者口头对赌的协议，可是真正执行对赌条款的时候，中间过程充满艰辛和痛苦，这无数次提醒我：比签订对赌协议还要重要的就是要保持投资时的估值相对较低，投资时的低估值谈判要比签订对赌协议之后的纠结和问题解决更重要、更容易。

我们不是不相信团队，但高估值是相互的，估值高需要团队做出高的业绩，估值低，投资人对公司的要求也相对低。

28. 回购条款保底线，道德约束不值钱

在投资协议中，有一个问题一直绕不过去：一些项目没有回购条款，一些项目有回购条款。这是投资协议的关键。不少创业者不愿意签订回购或对赌条款却振振有词："看好我你就投，不看好就不投，回购和对赌是不可能的"，也有一些创业者认为"出来混早晚是要还的"，用了谁的钱，亏了也说不过去，投资人的钱不是一句"亏了"就可以一走了之的。

2010 年曾经有一家知名的互联网公司放弃了在海外上市的计划，准备拆解海外架构回国上市，开始准备在国内上市前的一轮增资。虽然这家公司已经不像之前那样火爆，但是团队的基本素质和行业地位还是具备的。我带领着一群投资伙伴参观了该公司，领略了引领行业风骚的视频播放器公司的"高大上"，之后约好了董事长喝茶聊天。在谈及公司未来转型游戏开发时，我们有些犹豫，毕竟这是一个他们之前从来没有做过的领域；当谈到公司的迷人往事和一帮干事兄弟的齐心协力时，我们的心又泛起了涟漪，感慨团队的坚守和不易；在谈到公司的估值时，居然比我们的心理价位高出不少，但是想到海外投资人投了这么多年，要一个稍微高一些的收益也算正常；可是在谈到回购条款时，即谈到如果在投资之后的三年公司无法顺利上市或者被上市公司并购，公司的实际控制人本金加利息回购投资人投资的股份，董事长摇头了多次，强调不接受任何对赌和回购，愿赌服输。

好一句愿赌服输，虽然如今这家公司已经在创业板上市，但是回购条款是重要的风险控制手段，企业家对投资人的投资行为负责，我们也要对投资我们股权投资基金的投资人负责。站在企业的角度，大家都想少一些约束、多一些潇洒，但是站在投资人的角度，如果真的对基金的投资人负责的话，谁能真的放任没有任何"托底"呢？

当然，回购条款这东西从某种意义上来说本身也无法成为绝对的保障。如果公司真的万劫不复，创业者真的跑路，亦或创业者真的家徒四壁，投资人的钱又

找谁负责到底呢？对于很多没有“家底”的创业者，投资人要求他们回购是不现实的，即使企业出现问题，按照有限责任公司的相关法律实行破产清算即可。但是如果真的出现问题，又遇到特别较真的天使投资人，真的可能会缠着创业者一辈子。

虽然确有一些创业者，无需投资人和他们签订回购或对赌条款也一样本分、努力，但是，经历越多就越明白，人心是会变的，随着企业的无力回天，个人的穷困潦倒，诚信也许会灰飞烟灭。如果到时连回购的协议都没有，创业者就更无须向任何人交代、更肆无忌惮了。

回购协议是股权投资领域一个重要的机制和手段，有很多投资人因为不好意思而不签投资协议，后来后悔了，也有很多投资人因为不好意思而不签回购协议，后来也后悔了。其实回购协议对投资人来说是一个双刃剑，协议拟定的细节特别重要。一个朋友投资了一个特别“聪明”的企业家，公司发展非常稳健，但就是因为 IPO 的停滞和关闸，投资三年之后都没能如约退出，这个时候企业家找到投资人，要求回购投资人的股份，投资人丈二和尚摸不着头脑，后来才发现，由于当时考虑不周，写的是“投资三年之后，如果标的公司没有顺利上市或者被上市公司并购，投资方和被投资方的实际控制人都有权利提出让实际控制人回购投资人的投资”。本来特别看好公司、想要一直走下去的投资人，因为一个条款的偏差，回购条款本来应该是投资人的权利，居然变成了投资人和实际控制人都可以要求回购。看着公司的估值越来越值钱，实际控制人兴奋地把投资人的钱变成了债权，没花太多成本就将股份收到囊中。

虽然投资人不能以小人之心度君子之腹，但是谁是君子，谁是小人，不通过实践和处事，投资之前谁都不能百分之百确定。

29. 有钱也得算计：投资时怎么砍价

作为投资人，只能硬装着“我有钱”“我就是高大上”，不能像菜市场买菜的大妈一样和企业家去砍价吗？不能砍到一个更便宜、更合理的价格吗？

世界上没有不好意思的生意，都是你情我愿的买卖。投资就是买卖，要赚钱就需要把握两点：买得低，卖得高。没有不好的公司，只有不好的价格。

买卖双方是公平的，不能总想着占便宜。大部分企业估值都是高估的，社会的浮躁，加上资本市场各种所谓融资成功的消息让很多企业将股份看得如若珍宝。

究竟该如何砍价呢？

首先，对于投资人来说，每天看过太多的项目，这里面会有不少企业值得仔细跟踪，即使不能马上达成投资合作，也要趁热打铁，先期建立“良好关系”。与一些有潜质的公司成为朋友尤为必要。多年前，一家做网剧的公司找到我让我对其投资，因为我当时任性地认为这位老板虽然看着比较靠谱，但不是科班出身，成功的概率太小，又因为当时是年底在“瞎忙”很多事情，企业之后两次邀请我参加活动都没能如期参加，就这样，人和人之间越不联系就越生疏，直到忘却了彼此。在两年后的一天，某上市公司突然发出公告，以我当时洽谈的三倍价格收购这家网剧公司。说实话，当时我的心咯噔一下，但慢慢趋于冷静，不怨别人，只怨自己太执拗、轻易地否定别人，而且**为别的事情瞎忙，没有抓住重点，也没有建立良好关系及时跟踪。**

谈投资的时机特别重要，在公司还处于未被太多投资人或投资机构盯住阶段，非常需要一笔投资来救急、需要一个投资人或投资机构来“站台”，以及一笔投资来宣传的时候，如果这家公司的一把手比较靠谱，投资人应该抓住机遇，扮演一个“智囊”的角色，这样，即使投资人不主动砍价，企业也会主动给予一个“讲究”和“靠谱”的价格。这种机遇需要很强的敏锐分析和冷静思考后抓住机会的能力。做投资一生可能只有几个最经典的案例，而这些案例都是稳、准、狠地抓住机遇的呈现。

其次，要深刻了解自己的价值和扮演的角色。一次，正在和一个准备投资的自媒体项目谈合作，这位女企业家发展迅猛，两年时间从一个打工白领顺利升级为公司营业额过两千万元的成功女老板。这次准备谈一下 100 万元投资占比 3%的股份，为了既能帮助企业又可以和被投企业建立足够的信任关系，我把之前投资的互联网营销公司的创始人一同带过去了，奇迹发生了，两个人交谈甚欢。后来女老板把话题全部转移到让这个互联网营销公司的创始人兼职帮她做营销，给他 3%的股份。

这是一个巨大的反差，为什么投资人需要投资 100 万元才能占比 3%，而互联网营销公司的创始人兼职帮她，做她的合伙人，也能给予 3%的股份呢？投资人的定位如果只是给钱和所谓的帮助，从客观来看，只有钱是确定的，帮助是不确定的。投资人的定位就是投钱的，其他所谓的给予任何资源都是一种说法而已，从落地的可能性来说都是未知数。但是，合伙人不一样，合伙人的分红和角色是确定的，而且因为双方没有投资和被投资的关系，靠的是业务的拉动，对于创业者来说，业务永远是公司的第一要素，没有融资可以，没有业务万万不行。所以，投资人在定位时，最好是资本合伙人，而不是投资人，这种简单的说辞表面看没有什么区别，但是投资人会因为惯性的思维被排斥，毕竟，与合伙人相比，投资人投的钱再多也是个“外人”。

所以，投资人在砍价前或者砍价时，一定要让企业真正感受到投资人的价值和给予的资源。“人心都是肉长的”，如果投资人真的给力，企业估值怎会一直“高高在上”？我一直强调，未来的投资趋势一定是产业投资，站在其背后的产业基础上，投资人一定不能只是投钱，还要将其拥有的有效的产业资源一同投到企业里。

再次，投资人一定要说实话，但“实话”也是需要总结和归纳的。我在 2014 年投资了一家公司，由于 2014 年和 2015 年的业绩暴涨，该公司在 2016 年进行第二轮融资时的估值价格与我投资时相比居然翻了四番，这个四倍的价格源于公司董事会秘书的坚持和董事长对自己未来业绩继续增长的信心。可是在第二轮投资人真的按照这个翻了四番的价格进入后，公司的业绩受到行业大环境的影响，居然没能继续翻番增长。由于这种“把估值顶到嗓子眼”的行为，企业慢慢领略到了高估值的痛苦：在进行第三轮融资的时候，一年也没成功，反思之后才发现，在进行第二轮融资时的估值太高，在业绩匍匐不前的时候进行第三轮融资，三轮投资人要求的价格下降，但是二轮融资的投资人不同意价格低于他们，投资协议上也有相关的限制条款，因此这种焦灼造成了各方的矛盾，加上企业没有及时融到资金，业绩继续受挫，形成了恶性循环……

一味地压低价格不一定就是好事，作为投资人要给企业团队留出更多的空间，很多时候都是投资人一味地压低价格，尤其是在天使投资阶段，结果导致创始团队的股份越来越小，使得团队的积极性不够，甚至出现投资人被迫接手了公司的局面……何必呢?

30. 投资协议防君子，风险控制防小人，谈谈投资方案里的那些“坑”

投资协议到底需要关注哪几点？投资人犯的错误中，至少有三分之一都是在投资协议上。

多年前，我有位同学投资了一家农业科技公司，农业一直受到国家的支持和鼓励，又是良心产业，作为投资人的他有一份责任感和使命感。就这样投资伙伴们兴奋又自豪地毅然决然签订了投资协议。那个时候大部分投资协议都是找模板，真正聘请律师事务所来拟定协议的没有几家，而且那时很多律师对投资协议上的对赌和回购等细节及其他相关的股权投资条款还不是特别熟悉。

其实，这是 *N* 年前行业的乱象。最后他联合了多家顶级的投资机构，直接用了他们的投资模板，签完协议，自觉无比顺利地进行了投资。结果投资两年之后，企业预计的税后利润 4000 万元无法顺利完成，甚至连一半都没有完成。同学闷闷不乐，不知如何是好，最后找到我。

生意就是这样，不出问题时你好我好大家好，出现问题的时候，都会把当时的协议拿出来翻看，而且投资上的每一个字都变得异常重要。当他把协议给我看的时候，有两个要点是我最担心的，也是他当时犯的最大错误。

第一，对赌协议约定“如果投资第二年的税后利润没有完成 4000 万元，投资人可以要求实际控制人按照有证券资质的会计师事务所实际审计后的税后净利润乘以投资时的市盈率重新估值后，赔偿投资人相应的现金。”这一句本身没什么问题，但是，投资协议后面加的一句话让整个投资陷入困境，“如果实际控制人没有能力补偿，则双方可以协商其他解决方式”。什么叫“实际控制人没有能力补偿”？这种模棱两可的话居然是某顶级投资机构律师审核过的协议，什么叫“双方可以协商其他解决方式”？这种不肯定的话语如何约定明确的补偿方式？这种不明确的条款往往是纠纷的导火索。

第二，投资协议中阐述的“争议解决方式”写的是提交北京市仲裁委员会。可能大部分没有经历过诉讼和仲裁的投资人或企业家不明白诉讼和仲裁的区别：如选择了仲裁，就不能到法院进行诉讼，即你自己已放弃诉讼的权利；仲裁委是由人民政府组织有关部门（法制局）和商会统一组建的，其监督机构是中国仲裁协会，其仲裁员大多是律师和政府机构人员兼职从事；法院是国家法律的审判机构；仲裁只能受理民事纠纷，而法院可以受理刑事、行政诉讼的案件；仲裁是一裁终局的，申请撤销时法院不会从实体处理中审查，如程序中有明显错误时可以撤销。诉讼时如对一审不服还可以上诉，二审不服可在两年内申请再审，法院有相关的法定监督机构和救济程序；仲裁庭审理案件具有“保密性”，案情不公开，裁决不公开。人民法院实行案件公开审理原则，但依法不应公开审理的除外；若仲裁费没有特殊规定的则可以减交、缓交、免交，但法院对诉讼费用有相关规定。同时仲裁费相对法院诉讼费会高出不少。

很多投资人天真地以为仲裁的优势是保密性，这是对双方公司最大的保护，而且很多投资协议的模板写的都是仲裁，就按照模板写吧。其实对于投资人来说，如果投资的金额是几千万元或者上亿元，仲裁费用是相当高的，在几百万元都很正常。还有很多人之所以选择仲裁，是因为讲究简单高效，一裁终局。可是投资这么重大的事情，需要更加权威的机构判决。我的一位好友是中国 PE 对赌第一案“海富投资”案的投资方律师代表，经历多年的对赌诉讼最后获得了最高法对对赌协议的认可，当然认可的对赌形式是根据公司业绩等的衡量标准，承认投资人和实际控制人的对赌有效，投资人对公司的对赌无效。

几年过去了，由于这个投资协议签署得太不专业，各方还是陷入纠纷不可自拔，虽然可以打官司，但是请律师或者仲裁费用那么高，谁来垫付呢？或许打官司会赢，但是大多数律师看到条款中写的“如果实际控制人没有能力补偿，则双方可以协商其他的解决方式”，实际控制人有没有能力补偿谁来证明？怎么证明呢？“双方可以协商其他的解决方式”这句话真的让各方不断纠结在协商之中……

除了股权投资，其他的像吉林信托、中诚信托等兑付问题的出现，意味着信托业刚性兑付被打破，诚信问题接踵发生。很多情况下，只是在纸面上约定对赌和回购还是通过更有效的风险控制的手段呢？我之前经历过两单这样的回购投资的风险控制，一个是通过实际控制人拥有的另外资产的股权作为质押，另一个是通过实际控制人的房产作为抵押来担保投资回购条款的有效执行。

2010年，我的一位同乡找到我，希望我帮他出主意，因为投资协议没有签好，他把他的宝贝公司给贱卖了。这个华裔投资人其实是一家美国上市公司的董事长，想要收购我这位同乡的广告公司。当时，广告公司的老板自认为自己的公司是块宝，毕竟从白手起家到小有名气花费很多心血，这些心血不能白费，绝对不同意公司被轻易贱卖。他估值两亿元和这位资本“老炮”谈判。这位投资人十分聪明，他知道公司的实际财务情况不是十分规范，也明白未来的业绩是否可以持续增长有着极大的不确定性。于是投资人想要对赌，但是这个对赌的玩法是“反过来”的，他首先同意公司估值两亿元，但是只同意先付款15%，剩下的85%在公司完成未来三年的业绩增长时及时支付，如果完不成就不再支付。这位同乡看到自己很快要变成亿万富翁了，异常兴奋，完全同意这次对赌，而且对公司的业绩发展也是信心满满。可是行业的发展并不是十分顺利，加上引入国际会计师事务所对公司的审计更加严格，人力成本加大，规范成本增加，税务成本加大……费了九牛二虎之力，他也没有完成业绩对赌，最后公司就被3000万元贱卖了。

这是多么智慧的投资人！投资协议和投资谈判的方式有太多的玩法和创新，但是无外乎就是关注“收益和风险”，投资人和创业者到底谁是小偷谁是警察都不要紧，但是科学地办事，诚信地执行最重要！

31. 揭秘投资人与创业者之间的沟通窍门和技巧

作为投资人，我最担心的就是给企业压力。从跟人沟通的角度来看，有积极的压力和消极的压力。企业家是怎么成长的？不是被打压长大的，而是被捧大的。积极的鼓励才最给力，捧场才能让人成长。

这是一个让人压力最大的时代，也是一个让人最郁闷的时代；这是一个动力最足的时代，也是一个人人需要鼓励的时代。

连孩子都有逆反心理，更何况是创业者，管理众人的企业家的自尊心更是超强，投资人一定不要经常对其产生质疑。因为这些压力不但不能促进企业的健康发展，反倒让投资人和企业之间的沟壑越来越深。真正推动企业积极发展的动力是大家的和谐共处、荣辱与共，其实，每个人最需要做的就是做好自己。

几年前，我联合了一家上市公司和知名投资机构共同投资一家准备上市的轻资产公司。投资后的第一次董事会在董事会秘书的召集下准时召开，我和其他两家公司的负责人作为投资人代表，就公司的发展突破和未来三年的资本战略提出了意见。一上来，上市公司对公司未来发展表示了战略的支持，我也对公司的上市中介机构的选择提出了建议，策划了证券公司招标会。另一家知名的投资公司代表开始大发牢骚，首先质疑公司的管理不规范，认为家族管理过于明显，需要从外面尽快引入现代化的企业管理制度，然后提出了公司下一轮融资的最低估值要求，最后把他们投资的其他公司正在 IPO 排队或者已经被上市公司并购的情况大肆渲染了一番。

被投公司的负责人脸一会儿黄，一会儿白，在董事会秘书在场，并且其他董事、监事和高级管理人员都在场的情况下，受到了劈头盖脸的这样一通“循循教导”，实在和这位企业家平时号令千军万马、雷厉风行、指点江山的气场格格不入。终于，一场“血雨腥风”爆发了，董事长提高嗓门大声宣布：“任何一个投资人担心有风险的告诉我，我随时回购。”“回购不是你的权利，是我们的权利”，那位投资人拍起桌子义正言辞地宣布。一大股火药味就这样蔓延在整个会场。你一言我一语，最后投资人愤怒离席，企业家也闷不做声。董事会秘书开始打圆场说，“各位董事，我们中午移步到某某大酒店共进午餐，继续详谈”。

如果董事会安排到下午该多好，中午来了大家先吃饭，把大致的情况基本沟通好，交流感情、推杯换盏、建立信任，投资人给企业提气，企业给投资人信心。关于公司目前存在的问题可以找单独的场合和公司一把手点到为止。下午开会只是宣传会议的议案和举手表决即可。

我一直强调，一家公司开会的效率，代表了这家公司做事的效率。

不仅在投资之后需要沟通的技巧，在投资之前更需要。一次，一家知名的母婴连锁店的董事长找到我，洽谈公司的融资上市事宜。我身边还有一位朋友，是原知名保险公司的北京部负责人，他自己成立了投资公司，急于投资靠谱的好项目。当见到母婴的董事长时，这位投资朋友很受企业的欢迎，因为他的话语一直是积极的，谈到给予企业的帮助时，他现场就给几个银行的行长打电话，约好了银行来企业推进贷款的事宜，当谈到企业业务的时候，又现场联系了家乡的连锁超市大卖场，初步确定了这家母婴连锁店与连锁超市大卖场的合作。

当晚，母婴董事长甚是激动，在晚宴上喝酒时吐露了心声，他说：“我特别欢迎能相信我们、鼓励我们的投资人，前几天一家国际著名风投也找到我们，两个投资负责人来了之后像面试一样，问这问那，然后高高在上地提出了一大堆他们公司的投资门槛和条件，让我们做好心理准备。其实我已经做好了准备，但这种投资公司的风格我不喜欢，大家讲究的是投缘，是入乡随俗，不是‘装’高大上！”

很多人会问，如果不给企业压力，那么公司跑偏了怎么办？其实，鼓励企业是最好的压力，虽然作为投资人，对于企业出现的问题要“软硬兼施”，但是最终大家会发现：**钱投出去了，被动的不是企业，而是投资人！**在没有出现极端的结果之前，大家友好协商解决是最好的办法。

最后强调：捧人捧出企业家，压人压出大冤家！

32. 做投资不尽凭专业，智商情商善商显区别

情商可以让人造势，让人用好资源；智商可以让人更加聪慧、少走弯路、抓住机遇；善意可以让人付出对社会、对伙伴、对行业的善良、慈善和爱，这可以让人和企业走得更远。

对于做投资来说，感恩和互助非常重要。2011 年我们几家投资机构向一家影视公司增资了 2236.21 万元。其中有好几位投资人是我帮忙引入的，一位来自江浙地区的大佬表示："我将来一定回报给你一个好的项目。"

2012 年 6 月，在这位股东的介绍下，我接触到一家出版公司，这笔投资也成为我投资历程中较为意外的一单。

当时这家公司已与大江健三郎、阎连科、麦家、安妮宝贝等多位作家签约。2012 年 5 月，公司与莫言签约，获得了他所有图书的出版权，包括影视、戏剧改编等其他衍生版权。因为我对这些作家的实力不是特别了解，所以向担任大连作协副主席的一位朋友请教，让他帮忙鉴定这些作家到底行不行。这位朋友告诉我，这家公司签约的都是畅销书作家，尤其是莫言。

2012 年 8 月，这家公司的董事长约我一聚。虽然双方聊得十分投机，对方的思路特别清晰，而且公司的团队特别优秀，但我还是犹豫：一是出版行业相对传统，受盗版、电子书等冲击较大，担心其属于"没落"的夕阳行业；二是双方相互了解需要一个过程，对于民营出版企业的定位和战略布局也需要进一步的考量。

但我很快又发现，这家公司有很多可以挖掘的东西，并不像最初以为的只是一家图书出版公司。它的主营业务分为几个板块：出版传媒，即负责实体出版和电子出版；旅游传媒，负责《北京旅游》《天津旅游》两本杂志的广告招商和运营，在全国各省的旅游景点开展传媒广告等业务；此外还有名家经纪和文化物流业务，其中，文化物流为国内 30 多家出版社提供第三方物流服务。

版权的核心就在于内容，以内容这个大 IP（即知识产权）为核心，传递和联

动其他领域，实现融合促进才是最根本的价值。该公司老板还是很有格局的，要把公司打造成内容提供商。投资就是投人，在与创始人打交道的过程中，我发现其沟通能力很强而且大气，为人处事特别周到：一次交流时外面下着大雨，他知道我要去机场，特别让司机从外面赶过来送我上路；一次我带着一个从山东来的资本高手一起为公司的发展出谋划策，他毫不犹豫地让人订机票、酒店把人接来，并认真听讲问询。虽然是特别小的细节，但是如今能做到的创业者少之又少，不是吗？

后来，我开始“调查”这个企业家，发现他原来在中国人民大学担任学生会副主席，人大学子历来有攒书赚钱的传统，一部分学生更是从编书起步成长为书商。他在大三的时候，跟着师兄们一起编书，他参与策划的第一本畅销书是《清华园的创业启蒙》，销量达到几十万册。之后他在深圳的一家外企工作，一年后考入北京大学，攻读知识产权专业的硕士学位。在校时，他一边读书，一边做出版，2005 年成立了自己的图书工作室。

这位创业者做事风风火火，说干就干。2008 年，贝塔斯曼出售其中国区业务，其出资近 1000 万元现金收购了贝塔斯曼书友会中真正有价值的版权业务，借此获得包括韩寒、安妮宝贝、江南等在内的一批国内畅销书作家的版权资源。

他是那种不怕花钱、花就花在刀刃上的人。2010 年春节，为争夺麦家新作《风语》的首版权，他直接带上 500 万元签约现金去杭州给麦家拜年，最终公司开出 1000 万元天价版税获得了《风语》的出版权。2010 年 9 月，《风语》上市两个月即售出 30 万册。当年 10 月，他又推出了签约作家阎连科的长篇新作《四书》，起印量达到 20 万册。作家性格迥异，有些比较内向，有些比较傲气，这就需要创业者有很强的沟通、磨合能力，能与他们进行思想上的亲密交流。

得知他的这些过往后，我心里依然打鼓，因为之前投过不少轻资产的高成长型公司，对于这种公司控制风险是重中之重。我找了一位银行的行长，先让他看看敢不敢给这家公司贷款。

我当时的顾虑有两点：一是如果企业家没有太多积蓄，万一公司上不了市就没有办法回购股份，所以需要先对资产摸摸底，而且如果企业家没有太多积蓄，也意味着这个企业家还不算成功。这相当于“拿投资人的钱练第一次创业的手”，但谁都不愿意当小白鼠啊，这种谨慎不仅是一种投资风格，也是对股东负责的表现。二是如果银行可以给予贷款，也算是让企业有资本可以更加健康地去扩张、发展。

2012 年 9 月，银行告诉我，公司质量还可以，老板资产也不少，包括一些房产，银行已经授信了。但我认为授信不代表贷款成功了，所以继续等待。过了一阵子，行长告诉我他们已经贷款了，北京别墅抵押贷款加上一些信用贷款，将近 1000 万元。

当月，我抱着谨慎的态度和公司签了投资意向协议，真的希望给自己一个观察期，去确定这笔投资是否可以安全、高收益。同时，我也看一看那时传言的作家莫言有可能成为诺贝尔奖获得者是真是假。

早在 2011 年年末，我们投资了一家影视公司，并开始筹拍知名编剧严歌苓的小说《第九个寡妇》。当时也正值由严歌苓小说改编的电影《金陵十三钗》上映，市场曾大炒严歌苓可能获得诺贝尔文学奖。后来的结果让之前小小激动的我恍然大悟——“诺奖可遇不可求”。

让我没想到的是，**投资该公司不到一个月，天上掉下了馅饼**——2012 年 10 月 11 日，瑞典文学院正式宣布，莫言获得 2012 年度诺贝尔文学奖。消息传来，让我有中彩票的感觉，“这种事怎么可能会发生在我们身上呢？而且实在太幸运了，刚投资完就获奖。”确认莫言获奖的当天，有 19 家投资机构找上门来，想投资这家出版公司。

当时我十分担心投资意向协议，因为该协议说它有效也有效，说它无效也无效，创业者到底能不能信守承诺呢？我战战兢兢地找到了他，要求签署正式的投资协议和打款，他爽快地答应了。

这家公司就是精典博维，他就是陈黎明。

在中国，做投资最关键的问题是沟通。

在创业者和投资人相互选择时，从一开始就要“情投意合”，相互乐于沟通，如果前期沟通时就非常不顺，到后来很可能会两败俱伤。“投资那么多企业，成功是因为沟通，不成功也是因为沟通。投资人对企业不信任、不了解，就是因为信息不对称，没有跟企业共同成长。”

同时，投资人除要提高沟通能力外，还需要选择善于沟通的人进行投资。

企业想获得投资机构的青睐，创始人的魅力是关键。比如创始人做事是否大气，是否善于沟通，是否有很强的团队凝聚力，这些都是投资方关注的重点。而且投资机构也经常会用“靠谱”或“不靠谱”来形容企业的创始人，因此，创始人需要思考如何做到“靠谱”并给投资机构留下“靠谱”的印象。同时企业和创始人的口碑也是投资机构必问的一项，因此创始人在圈内保持良好的口碑尤为重要，任何一个关于企业或领导人的负面评价都可能对投资机构的决策产生不可挽回的影响。

沟通是一门艺术，**“同样是股东，有些人说话老板就愿意听，有些人说话老板就不爱听。”**投资人要能在生活中与企业家称兄道弟，谈工作时又能友好合作。该近则近，该疏则疏，这并不容易做到，而最令人担心的是双方形同陌路。

每个人做事的风格不一样。开股东会时，有的股东会提出一大堆问题，却不能帮企业解决这些问题。“细节上的沟通很重要”，只有帮助企业剖析产生问题的原因，跟企业建立好信任关系，才能更好地提出建议。

虽然项目的成败主要取决于企业老板，但好的投资人应该有意识地多鼓励和支持老板。从战略层面考虑，投资方与被投企业不仅仅是经济利益关系，而是要能够长久合作。有问题不怕，关键是要能解决问题，双方都不能单枪匹马地独来独往，否则显得太单薄，太不合群，太孤立无援，风险太大。

尤其是在经济增长放缓、整个行业处于调整期的时候，双方更要互通有无。“要跟企业沟通，经济形势不好的时候，投资方可以转让一些股份出去，让大家挺过难关。投资方也要降低对企业的预期，因为企业利润还是在增长的，只不过是增长快和慢的问题，此时越是着急，越会让企业团队反感。”

当然，说一千，道一万，最厉害的沟通只有一条，就是提高自己的实力。投资人不断提高自己的专业能力、行业地位、资源聚集力，才是最根本的资本。

33. 企业究竟走多远，股权结构已彰显

一家企业能活多久，一看这个公司的股东结构就知道了……

一些初入社会的创业者，加上同学、伙伴等合作的热情，很容易想到的股权结构就是平均分配。因为他们都不好意思自己提出来当老大，平均分配股权看上去是非常完美的分配比例。有一些由两个合伙人成立的公司，直接就定位各占百分之五十。试问，在如今成功的企业当中，存在多少创始人平均分配股权的公司呢？

《易经》中有一句话，“见群龙无首，吉”。“吉”的基本字义是好、有利的、幸福的，与“凶”相对，代表着“善、贤、美”。也就是说，当你心见“群龙无首”的真义时，便是身处“吉”之境了。但是在企业中，“群龙无首”就是没有人最终承担责任。

投资人最怕的就是这种结构，当年我刚创业的时候，也深受其害！

在我刚刚创业时，与几个朋友成立了一家财经俱乐部，经过几次开会讨论，一位特别有学问的企业家建议“群龙无首便是吉”，五方代表，五个股东，各自出资五分之一。那时候，大家想得过于简单，可其实“群龙无首便是吉”谈的根本不是企业股权架构的事情。就这样，在各方达成一致的基础上，一方做董事长，我做总经理，另一方做副总，其他两位只做股东。一开始团队的热情让这个俱乐部异常红火，每天入会的企业家特别多，每次活动也是越搞越大，企业开始赚钱了……但是即使企业盈利也一直没有解决一个问题，就是公司未来的发展目标，以及团队的激励。其间多次股东开会都会涉及这个问题，但就是没有解决方案，因为当初形成的格局，人与人之间的角色和心理很难改变。大家都是创始人，每个人股份都一样，在会议上怎么投票都无法达成一致。就这样公司的股东之间一直在业绩的增长中不断地激化矛盾。

从第二年开始，团队不断出走，股东不断闹情绪，企业开始入不敷出、出现

亏损，这个导火索让股东们实在坐不住了。如果没有老大的出现，公司的钱很快就会自生自灭，账上的钱也很快就烧完了，步所有的股东都开始看到股权结构的重要性。终于，大家开始妥协和调整，我这一方接管了公司继续运营，其他股东退出，只作为合作伙伴。虽然公司走了两年的弯路，但是这件事情一直提醒我：**没有老大，就是没人负责，没有老大，就都是老大。**

更悲催的局面是大股东不干活只出资，而小股东干活。这种股权结构到最后依然会演变成大股东和总经理之间不可调和的矛盾，对于公司的融资及上市都是最大的阻碍。可能有人会说，“没问题的，我们俩感情好”，可是“感情”是非常微妙的东西。今天关系友好的两个人，明天可能就兵戎相见、老死不相往来，无论是娱乐圈、企业圈还是学界都有先例。

解决办法只有一个，基本原则是要保持干活的人做大股东，一般采取主要投资人以借款的方式借给创业者，让创业者做大股东，创业者最终通过不断的收益来逐渐偿还出资人的借款，并逐渐有权利、有责任地干好企业，并将企业做强做大。

国际上 500 强企业中，大多数董事会都聘请职业经理人来管理，这也是目前中西方企业管理制度上的矛盾和差异。中国的资本市场才刚刚起步，真正的百年企业还很少，目前主流的股权投资基本上以中小型企业为主，这类公司大部分都是由创始人来经营和管理的。

多年前，我带着一家国内知名投资公司的北京区负责人去考查一家公司，被考查的这家公司前一年的税后利润在 6000 多万元，董事长是一家投资公司，是第一大股东，总经理占 20%多的股份。其实原来总经理是公司的创始人和实际控制人，因为公司发展期间特别需要资金扶持，所以引入了投资机构，这家投资机构变成了实际控制人。其实，下面干活的团队都是总经理原来的下属，投资机构不参与管理，只把关财务，让总经理放手去干。随着深入接触，我和投资公司准备联合投资这个标的公司，需要公司实际控制人可以对赌利润和签署回购条款。问题就在那个时候爆发了，因为公司都是总经理和其下属在经营，实际控制人没有能力参与业务经营，这个对赌和回购就转嫁到了这个总经理身上。总经理没有足够的股份驱动，更不愿意搭上身家去签署对赌和回购条款，双方一直僵持不下。最终公司的老大和老二同意共同签署对赌和回购条款，在我们即将和公司签署正式投资协议时，总经理开始提条件了，他要求公司现在的第一大股东把实际控制人的位置给他，通过第一大股东借款给总经理，来实现总经理接手原来第一大股东的股份进而上位成公司的实际控制人。

就这样，我们本来准备签署的投资协议被无限期地搁置，大股东和二股东的矛盾升级，互不让步，总经理的意思是如果不按照他的思路，大股东这辈子都很难完成资本的升值和退出，他要带着他的团队，实现股权激励，带领大家一起往前走。第一大股东的意思是，从之前公司落难时的帮忙进而接手公司，变成债权这种固定利息的模式是绝对不可以接受的，第一大股东的位置也绝不放手……

一晃很多年过去了，这家公司还在这样纠结着……

因此，在投资股权结构不合理的公司时需要加倍小心，在投资人成为第一大股东时，也要做好充足的准备。

34. 有名的公司，有名的企业家，一定是投资人的宠儿吗

很多人都喜欢投资知名企业，但我最害怕投资知名企业。

首先，一家公司之所以有名气，是因为公司在品牌宣传上做得好，但是真实情况往往不得而知，尤其是在财务规范、经营业绩上。同时，很多知名公司，特别容易提高估值，这在无形间增加了投资成本，提高了投资风险。再次，有名气的公司的创业者几乎成为各家投资机构和各类投资人的"宠儿"，他们深谙资本之道，很难重视后来的投资人。

难道投资人应该投资不知名的公司？

其实，投资人的精力和作用应该发挥得更加淋漓尽致，去找到那些即将知名、但还未成为知名公司的企业。这样投资人提供的不仅是资金，最主要的是在各种资源嫁接以及资本方面的专业指导。这样才可以做到买入的成本足够低，将来爆发的时候增长快。而真实情况往往不是这样，一些投资人为了很快在资本市场提升名气，在公共关系的运营和个人品牌的树立上花费不少资金，同时为了提升自己的投资案例，以各种关系和超高价格拿下知名公司作为自己在投资行业的背书。之后开始运作自己成为某十大投资人，然后开始下一期基金的融资等。

试问这样的投资玩法是不是可以持续呢？投资基金的投资人（LP）是怎么看的呢？还是做一个本分的投资人吧。

有一家知名的 IT 公司，创始人是一个连续创业成功者，由于好友的推荐，我们来到了这家如雷贯耳的公司总部。一开始，董事长盛气凌人，一种"要开各种会、天下最忙者舍他其谁"的架势。休闲的聊天变成了匆忙的谈判，交心的畅谈变成了公事公办。在他的嘴里，满是国际各大投资机构的到访，满是各种高大上的战略规划，满是"认可我们就投、价格没商量、对赌不可能、回购想都不用想"的强势。

说实话，我也很矛盾，是该义正言辞地说明"我最不喜欢'装'的人"，还是

该游刃有余、软中带硬地展现我们的实力？最后我对朋友说，等他哪天不忙了，我们一起吃饭再深入交流吧，因为我知道谈话之前彼此的心情、谈话的场景、乃至谈话的时间都是很有讲究的。幸运的是，果然几天之后的晚上我们又约到了一起，这时他的心情平复了很多，而且来的时候已经做好准备，之后不再有别的安排。大家畅谈到很晚，谈了很多对全国经济发展方向、对行业的认识，尤其沟通了双方各种资源在业务上的相互帮助。推杯换盏之后，大家都放下戒备心理，他认可了我们这帮朋友，吐露了公司发展中的很多问题，包括财务、业务、用人等。

公司在所在行业有名，并不代表公司在资本市场有名，他充分认识到了自己的问题，我们非常真诚地提供各种业务上的帮助，他也积极洽谈股权合作。由于他们希望这轮融资在几亿元以上，而我们又希望带着其他投资机构共同进入，进而降低我们的投资风险，同时优化企业的公司治理结构，可是另外几家投资公司都因为该公司资产过轻，且认为该公司业绩发展目标过高、估值过高而搁置，最后投资还是没有谈成，我也只好被逼得“忍痛割爱”。

过了不到一年，这家 IT 公司被另外一家上市公司顺利并购，其他那些投资机构的合伙人们闭口了，我更是又悲又喜。

缘分就是这样，这个世界上，该是你的就是你的，不该是你的怎样都不属于。之前所有不相信缘分或者命运的人，随着时间的推移，随着年龄的增长，反倒更加豁达。很多事情，自己一味追求的未必就能成，而对于不能成的事情也不必懊悔，也许就是因为某件事的不顺利，最后才阴差阳错地达成了另一件事情的顺利进行呢。

35. 警惕：为什么所投资的公司突然不行了

近几年，随着中国经济的下行，权威人士也指出中国经济呈“L型”，各种行业遇到了不少问题，同质化竞争严重，房租成本越来越高，人才越来越不好招……尤其是对于地域型的行业，本来在一个城市做得不错，只要一扩张，就会遇到当地的文化融入问题、政府保护问题、品牌不认同问题、管理不到位及标准化运营等问题。

同时，公司越大就越考验企业领导的管理能力，但是做管理做久了就会发现**“管人不如管动物，管动物不如管植物”**，在这个讲究个性的年代，任何传统的管理方式似乎都要和谐式地让步。

之前投资一家教育公司，董事长很迷恋扩张，一度把公司的规模扩张作为公司发展的考核指标。第一年开股东会时，公司的全国直营分校是40多家，董事长自信满满地表示明年这个时候要达到60多家，果然第二年开股东会时，已经扩张到了68家，那时他又信心满满地承诺明年要扩张到90多家，在第三年的股东会时，全国直营分校居然已经扩张到102家。但在第四年开股东会时，居然锐减到50多家。发生了什么事?

当公司不断扩张时，需要两个条件，一是强有力的资金支持，二是管理人员和基层人员要跟得上。这两点都是需要积累的，而股权融资和债权融资都需要配合公司的资金缺口。当时公司的股权融资并不及时，虽然我通过银行的关系给公司的贷款足够支撑公司的发展，但是贷款一年之后是需要还的，这种对资金铺开之后迅速收回的限制很难及时应付公司的扩张。而当时，大部分的扩张资金其实来自其他学校提前收上来的学生的学费，这笔学费按理说应该是预收账款，而提前使用无疑会让将来学生上课时支付的相应开支捉襟见肘。同时，管理人员和基层人员是最难迅速培养的。管理人员的缺失使得后期分校开张之后入不敷出，不仅盈利困难、运营困难，而且需要总部补给大量的资金。那个时候公司不得不安排更多的总部巡视员，其实就是到地方“辅佐”一个又一个分校的开立。

还有一个特别大的问题。当时公司一味贪大，力争在全国各省建立自己的分校，但好多学校其实是孤立无援的，根本没有形成规模、教学、教务以及市场管理等的协同，这种要命的名字工程，表面上打了品牌，做了规模，变成百家连锁，其实内部伤痕累累、遍体鳞伤，使得公司就像一层窗户纸，说不定哪一个点爆发，一捅就会破！

对于投资人来说，通过对赌条款的设计强迫被投企业一度地扩张是非常危险的，有时无论对于收入、开店数还是用户量的对赌，亦或对企业规模和行业地位的考核指标，都容易让公司一味做大，但并没有做强。

第二个担心就是企业过度的资本运作。随着并购的风潮越刮越猛，真正能安下心来做实业的人越来越少，好不容易有几个优秀的实业企业家刚刚崛起，没等深扎本行业就急于扩张到其他领域“做利润”，这是最大的禁忌。

我一直强调：“成功的创业者需要同时做到三点：诚信守法、改变世界、带动就业”。无论做什么样的公司，守住诚信和法律的底线，用产品和服务提高人们的生活质量，帮助更多的人们就业，稳健和良性的发展是最基本的也是最重要的。为了实现创业梦想和生态布局，创业者做好充分的财务规划和充足的人才储备是非常关键的。

如果企业本身确实不错，创始人也有格局、有能力，唯一的问题只是钱的话，若投资人给得起钱，那就不是问题，反倒是个机会！

说起来太容易，做起来太难！一家公司通向成功特别艰辛，对于投资人只能做到一点——警惕企业的资金流断裂，虽然资金流无法形成对企业估值或市值的绝对影响，但是资金流的问题往往关系到企业生死存亡。投资人在投入到这种快速扩张的企业时，一定要把握好企业的发展节奏，因为无论是做事业还是做人，都需要飞得高，并且平稳落地。

36. 投资人何时退出投资才是对的

股市有句说法叫“会买的是徒弟，会卖的是师傅”，在股权投资界也有句话叫“会投的是徒弟，会退的是师傅”。

由于股权投资时间较长，投资人很容易产生惰性，加上与项目之间产生了一定的感情，到退出的时候依依不舍特别正常，但是“当断不断，必留后患”！

莫言获奖后，我和所投资的出版公司开了一次董事会，讨论公司作为莫言的出版公司，获奖对公司未来利润的影响和未来公司的战略发展目标。当时有人预估，名家经纪这部分的营收在公司总营业额中的占比有望从之前的 15%~20%升至 40%，呈现“几何倍数的综合效应”。我当即否定了这个判断，**“不要这么认为，文化的优点是眼球经济，缺点也是眼球经济。今年莫言是热点，明年的热点就可能是别的人和事，应该客观冷静地看待”。**

见好就收是投资时最不容易做到的。

莫言获奖可以给公司带来利润增长是确定无疑的：首先，在莫言作品延伸的版权售价谈判方面，公司可能会更有话语权；其次，莫言图书的再版印量会有大的提升；再次，莫言之前已经出版但是没有引起市场太高关注度的文论、散文等，会在这次热潮中提高印量；此外，公司的品牌形象也能因此有很大的提升，还可能吸引到更多的好作品、好 IP。

但当时公司毕竟只拿到了 A 轮融资，我最担心的一点是，如果老板的资本意识不足，公司的价值可能无法得到后续资本认可。好在这个担心很快便消除了，隶属于北京市国资委的科桥投资、由首批在创业板上市的 28 家公司董事长发起成立的投资公司“C28 俱乐部”也投资了它。

退出其实是我天天关注和担心的问题，为此，从投资该出版公司的第三年开始，我和公司的创始人把大量的精力放在了并购重组上。真正找到一家合适的可以并购我们的上市公司并不容易。首先，一定需要特别靠谱的朋友引荐，因为如果不熟悉就不会有信任，不会有信任就不会有真正的合作。其次，一定要找到上市公司一把手和实际控制人，如果费了九牛二虎之力，与你沟通的始终只是上市公司的副总或者中间人，则很难形成有效的推进和最后的拍板。

只要坚定了退出这条路，就没什么能够阻挡的，因为“没有不好的企业，只有不好的价格”。终于，华媒控股（000607）公告拟收购我们标的公司35%的股份。根据股权转让协议，华媒控股拟总计受让相关法人和自然人持有的公司87.50%的股权，该股权转让将分三次进行，其中第一次转让35%，第二次转让35%，第三次转让 17.5%。三次股权转让均将在协议约定的条件达成时方可实施。本次为第一次股权转让，华媒控股拟出资 1.075 亿元受让标的 35%的股权，本次交易完成后，华媒控股将成为标的公司的第一大股东。

之所以要和被投的公司签订回购协议，就是力争在投资之前把退出的最晚时间和最差的方式敲定。

当时我们投资了一家公司快满三年，董事长十分担心到了三年整的时候会触发投资回购协议的执行，毕竟融资多了，即使个人再有资产，一时间拿出几亿元的现金回购投资人的本金和利息压力还是很大的，更何况有志气的老板都不希望在圈子里留下“公司最后没有上市或没有让投资人实现高收益地退出，而是相当于借了投资人的钱还了债”这样的名声。那个阶段正好赶上 2012 年和 2013 年的中国 A 股的 IPO 关闸，并购重组成为我们努力的唯一方向，我和创始人一起不断寻找合适的上市公司。最后终于和一家原来做物业运营的上市公司达成了协议。

但是问题来了，在收购协议的安排上，因为担心由于股东太多会导致股东减持时不易控制以致影响上市公司的股价，需要公司的股东安排出当时拿现金走人的，或者换成股份并购锁定一年后可以减持走人的，以及并购锁定两年后可以减持走人的。

有的股东担心二级市场的不确定性，于是选择了全部拿现金走人，还有一些特别看好二级市场的长期持有，选择两年后再走。而我认为在证监会审核通过后 2014 年双方合并后锁定一年应该是股市上市的时期，因为在 2014 年的时候大部分公司的股价和市值还没被特别高估，有足够的上升空间，加上公司利润本身按照对赌的要求不断增长，应该会有不错的收益。但是锁定两年我就担心了，毕竟中国A股跌跌涨涨，长时间拿着其实是对中国A股整合市场的走势和该上市公司的整体情况双重看好才会拥有更高收益。

所以我选择了换成股份一年之后减持。结果证明了一切。如果上市公司收购的时候就换成现金走人，可以拿到将近一倍的收益，锁定一年减持股价正好在高位，获得了将近8倍的收益。悲催的是锁定两年之后减持的，股价赶上了多次股灾，"跌跌"不休，两年后只拿到将近三倍的收益。

没有一直好的公司，只有某一段趋势快速增长的公司，懂得进，更懂得出，不恋战是多么重要！在历史上，确实有太多的坚守十年投资翻百倍以上的案例，如果让我选择，我更愿意在投资三年左右的时间，如果继续看好，则将本金拿回，留下收益和公司长期绑定、一起同行，起码我拿回了本钱，又留下了期待！

最后强调：投时不犹豫，退时更坚决。

37. 投资人应该共享式联手投入，还是低调“吃独食”

投资的两个最基本原则：一是创业者曾经成功过，二是联合其他几方共同投入。

这两点看着简单，却十分重要，曾经成功过说明创业者经历过企业从小到大的过程，可以驾驭资本，也有一定的财富基础，当上市不成时有实力回购。而联合其他几方共同投入就是担心投资人只身投入企业太容易被动，可能一顿午餐就开完了股东会，同时很难形成更好的公司治理和现代化的企业制度。

一家高科技制造公司是朋友的多年好友，公司董事长经营企业十多年，一直稳扎稳打，因为之前没有注重资本，还没有被过多的投资方关注和挖掘。但是因为企业已经筹备了新三板挂牌和员工持股的工作，公司相对来说已经开始逐渐规范和整理，加上董事长的好友和合作伙伴已经投资入股，公司的估值不是很低。看到了上述问题，我找到了介绍我认识这家公司的朋友，同时联系了一家投资公司，准备三方一起联合起来和董事长“谈判”。

首先，谈到了投资的价格，公司原定的价格是要比最后一轮融资的价格溢价30%，可是对这个溢价我是万万不能接受的，因为公司利润毕竟只有几百万元，离上市还有一段距离。其次，既然是公司董事长多年的好友介绍，如果让他这位多年好友共同投进来，怎么会和公司的合作伙伴一个价格？又因为之前都是个人投资并没有签订“反稀释条款”，说得直白些就是公司并没有要求每轮价格只能比上一轮高，不能比上一轮低。再次，我联合其他两个投资方加起来合计投资金额将近5000万元，这对于创业投资时期的金额而言已经非常高，投的钱多一定要有一个合适的价格。然后，我强调了投资公司的作用，过去的投资偏向于个人行为，即使有一个机构也只是员工持股的平台，缺乏上市或者再融资的更漂亮的股东结构。最后，我介绍了一位健康管理公司大量采购公司的产品，让公司看到我们在资本和资源方面的多重力量。

终于，由于巧妙的谈判和产业资源的帮扶，让我们投资标的公司的价格比公司上一轮融资的价格便宜了近 10%。这种多方投资人的共同联合和多角度配合，在投资时至关重要。

谈判事宜也需要多方投资人之间互相配合与呼应，当企业与投资人意见相悖时，站在公司的发展利益考虑，各方投资人需要从中周旋、单聊、传话等。当碰到投资对赌条款或回购条款的执行时，更需要多方协调。同时，公司需要更多有实力的投资人，优秀的投资人往往是不发薪水的高管，他们可以在关键时候接洽关系，在重要业务上建立高层合作，如果所有的事情都是创业者在做，那样的企业管理会更让投资人担心。

但是，**什么样的人都能做股东吗？如果股东选不好，真的有可能“一条鱼腥了一锅汤”。**

是否可以引入有一些国资背景的股东，也是一个需要综合分析企业行业、企业战略方向的问题，毕竟国资和民资在效率、程序、风格、政策要求上都会有一些需要注意的地方。例如，有一家影视公司因为有国有成分，上市前为了搞到国有相关部门对上市的同意和批文一直煞费苦心。如果选择国有成分进入民资，一定要考虑以下几个问题：国有成分是否可以对公司拿到相关资质或准入真的有帮助？国有成分是否会存在效率问题？一旦具有国有成分背景的负责人不在原位应该如何合作？……

对于那些钱少事多的股东，创业者一定要小心，投资人寻找合作伙伴共同投资时也要规避。钱少事多的股东往往是让创业者最费心的。一旦这样的股东进来，创业者无疑要更加谨慎、小心地和这样的股东沟通。因为他们已经把大部分的资金投过来，企业的每一次“上窜”或者“下跳”都在牵引着他们脆弱的神经。如果这样的股东无主业，问题会更严重，他会逐渐提出共同管理的要求，而投资人和管理人职责不分是企业最终被毁掉的常见因素。

有一些机构的基金由于其设立的时候有清算时间的要求，可能投资两三年后就要清算或者强制分配投资收益，对于这样的投资方，创业者一定要采取谨慎态度或者干脆禁入。

还有一些出资人的背景太复杂，钱来得不明不白，例如可能有腐败的因素或者洗钱的因素，这样的股东绝对禁入，创业者更需冷静，越是在极度缺钱的时候，就越不能“有奶就是娘”。

成功需要一群人，失败只需要一个人。做成一个成功的企业，或者说与一个优秀的企业一起同行，需要一群可以成事的人，这群人就要投资人使用多年熬成的“火眼金睛”来认真甄选了！

最后强调：孤身投入不可取，多方联手一盘棋！

38. 游刃有余贯穿牛熊，以逸待劳并购重组

2013—2015 年，上市公司并购重组的市场非常活跃，主要缘于两方面：首先是上市公司有并购重组的需求。上市公司为了占领市场、提高盈利能力，完成整个产业链的整合和创新，提高上市公司的市值，有强烈的并购重组需求。其次，从 2012 年开始，中国 A 股经历了漫长的 IPO 关闸，之后 IPO 审核严格，周期比较长，不确定性比较大，宏观环境对实体企业的支撑也不足，很多中小企业融资比较难，直接融资和间接融资都出现困难，并购重组就是这些企业实现资产证券化的一个非常好的途径，也消除了企业发展和证券化的不确定性。

基于以上两方面的因素，2013—2015 年并购市场越来越大。

2013 年上市公司并购的案例共计 1189 起，规模达 5023 亿元，2014 年并购案例 4450 起，规模达到 1.56 万亿元。截至 2015 年中旬，并购的案例 3933 起。从证监会审核的角度来看，2013 年证监会审核并购重组的项目有 83 个，成功的有 76 个。2014 年证监会审核并购重组的项目有 194 个，成功的有 185 个。到 2015 年的 10 月 30 号，证监会审核的并购重组项目有 277 个，成功的有 260 个。

2016—2017 年，证监会逐渐加快了 IPO 的发审速度，日渐解决 IPO 堰塞湖的问题，由于 IPO 节奏的加快，并购重组的热度从原来的沸腾逐渐降温……即使是这样，并购重组依然是需要不断做大、做强的上市公司和希望被上市公司整合的被并购公司“两情相悦”的最佳武器。

究竟如何理解并购重组呢?

并购在国际上通常被称为“M&A”，英文全称是 Merger & Acquisition。并购的意义体现在谋求企业经济实力的增长，促进企业扩张，或者追求规模经济和获取垄断利润，或者获取先进技术与人才，跨入新的行业，或者收购低价资产从中谋利或转手倒卖，或者为了买壳上市，而本书从实质上剖析了并购重组的实际动因，即实现企业市值的增长。

关于上市公司重大资产重组涉及的法规有《公司法》和《证券法》，这些都是基础法规，上市公司并购重组涉及最重要的两个法规是**《上市公司收购管理办法》**和**《上市公司重大资产重组管理办法》**。**《上市公司收购管理办法》**是规范股东收购上市公司的控制权的，**《上市公司重大资产重组管理办法》**是规范上市公司通过并购或者重组，来整合上市公司的资产和负债，以及各项业务的。同时这两个法规也有配套的披露准则。

关于回购有**《上市公司回购社会公众股份管理办法》**，交易所还有配套的上市规则、规范运作指引，登记公司也有相应的登记规则。如果涉及外资、国资或者特殊行业，也需要符合这些特殊的规定。

在上市公司重大资产重组过程中要注意信息披露，因为在重大资产重组的过程中信息披露也是一个非常重要的环节，证监会关于信息披露专门制定了一个法规，叫**《上市公司信息披露管理办法》**。在此基础上，上交所和深交所对于重大资产重组的停复牌以及如何做好信息披露都有相应的规范指引。

2015 年 11 月 6 日，证监会通过新闻发布会发布了《进一步优化审核流程，提高审核效率，推动并购重组市场快速发展》文件，与原来的并购重组的流程相比顺序没变，但对流程做了大幅度的简化。也规定了一个明确的审核时间，不超过五天或者十天，大幅度地加快了审核的速度。新的流程主要从六个方面提高了审核的效率，对于一个项目来说是非常大的变化和影响。

第一，审核模式的改变。之前是由法律和财务各出一名预审员，然后这两名预审员来审核项目，他们给出反馈意见时是独立的。在反馈意见汇总后，会议审核通过就发给中介机构和上市公司。

现在改进为由三个人组成一个审核小组：一个财务人员，一个法律人员，一个行业专家。这个审核小组负责很多个行业的审核，也就是说同一个行业都是由一个小组来审核的，这个小组会对这个小组的市场环境、政策法规，以及财务的特征都非常熟悉，会更有审核的连贯性，也有利于审核效率的提高，降低沟通成本。

第二，调整了审核重心。这与 IPO 发行的注册制相匹配，从实质判断往信息披露转移。之前证监会审核非常关注这两个行业到底有没有协同性，上市公司收购了标的公司之后是否能为股东带来实际利益，能不能完成未来三年的盈利预测，如果不能完成则需要可行的补偿措施。

现在主要是实质判断，因为上市公司并购是一个市场行为，股东大会通过了，买卖双方也都同意，证监会也就没有必要在这个环节去做业务、行业和市场的实质判断，未来比较注重信息披露。信息披露的力度会加强，如果披露的信息存在虚假记载或误导性陈述，对中介机构和上市公司的处罚力度也会加大。

虽然证监会逐渐对跨界并购实行了越来越多的限制，但是我认为，**大行业内的小跨界是未来并购整合发展的核心，因为同质化的并购无意义，大跨界受到监管，而大行业内的小跨界正是上市公司生态圈打造和建设的关键。**

第三，优化内部审核流程。分交易类型进行审核，非关联交易的项目不超过五个工作日就可以审核完，如果三个预审员判断以后没有重大问题可不再提交重组委员会，证监会可以直接下发批文。

如果是借壳或是项目构成关联交易，审核的周期不超过 10 个工作日，需要重组委员会审核，证监会才会发批文。

关联交易包括两个方面：一是向关联方购买资产或者出售资产，二是如果涉及发行股份，那么发行股份的认购对象里面有关联方。

优化流程的方式增加了会议次数。以前专题会是每周开一次，如果错过某次专题会就只能等下周了。现在调整为随时召开，不固定时间，根据项目的需要随时都可以召集专题会。

除借壳的项目以外，重组委可以安排集中审议，开一次重组委的会议，每个组可审核 4~6 家，甚至会有一些项目不用去聆讯就可以通过。

第四，加强中介机构的责任。因为证监会要求聘请中介机构的目的，就是要加强信息披露，将其作为上市公司和监管机构之间的一个纽带，如果上市公司信息披露有误，或者是有不完整、有重大遗漏，中介机构要承担很大责任。通常情况下，中介机构的处罚比上市公司还要严重。这几年证监会对中介机构处罚的案例越来越多。

第五，强化对事中、事后的监管。这里是指加大内幕交易的查处力度，实际上对内幕交易的查处力度一直没有放松过，基本上 60%的并购重组项目都会审查是否存在内幕交易，证监会或者证监局审查的手段非常先进，包括现金流程、通信记录，还有操作过股票交易的终端，他们都不用征得本人的同意，就可以调取到这些数据。企业不要抱侥幸心理，主管部门目前查处技术非常先进。

第六，严格审核纪律。证监会鼓励无论是中介机构还是发行人，都可以去约见审核人员，有问题都可以和审核人员沟通。但是必须通过官方的渠道，然后到证监会的办公室去拜访，不可以私下接触审核人员。

对于重要的项目还是有并购重组委员会进行最后一关的审核。并购重组委是一个专家池，这个池子里面有 35 个人，证监会的人员不超过 7 个，在每一次进行审核的时候，参加并购重组委会议的委员总共有 5 名，每个项目都会有 5 名委员，这些委员来自于证监会、交易所、证监局、证券公司、律师、会计师、行业专家和资产评估师。

在股权投资中，一大半都是通过并购重组实现投资项目的退出。因此作为投资人，多交往上市公司的朋友是非常有必要的，因为往往这些人是保证你的投资可以变现的关键因素。在真实的并购案例中，并购方和投资人的思路往往非常相像，他们都需要寻找值得信任的、业绩可以持续增长的优质项目和优质投资人。

2017 年最火爆的资本暴富神话非顺丰控股（002352）莫属。过去壳资源在中国 A 股一直稀缺，而壳的价值在不断上涨，2015 年不少趁着股灾时大举杀入的资本开始布局顺丰控股，随之股东大会的动作频繁，多次审核确认资产，之后高管更换频繁，然后开始有资金埋伏逐渐上涨，之后停牌，再借壳，最后重组进来的这家公司借壳上市，实际控制人的身价一度超过马化腾和马云，直逼中国首富的位置。而曾几何时，他一直强调躲避媒体，称公司用不着上市。他就是王卫。

这个世界除了变化，没有什么是不变的。

当投资人把并购重组的规则和资源摸透的时候，就可以特别游刃有余地在一级市场的投资中“玩耍”了。**通则不痛，痛则不通，先把退出这个后路提前解决了，很多事情都会豁然开朗。**

39. 投资人务必先想好退路再去投资

不少投资人都是先投项目，再去想办法退出。其实真正的高手，应该在投资之前就已经把退路想好并做好准备，之后再投资。这种形式就是我经常提到的：过去是先找到项目 A，再确定上市公司 B 来收购，未来发展的方向是先确定上市公司 B，再找到项目 A。

2010 年，一个偶然的机会，我接触到一家电视剧公司，这家公司以每年两部电视剧的发展速度小步快跑，制作出《鲜花朵朵》《我的糟糠之妻》《咱家那些事》等优质电视剧，可是起初，达晨创投、深创投、中科招商、浙商创投等投资公司都与该公司洽谈过投资事宜，最终因为它不是行业的一流公司而没有达成合作，说心里话，我也非常担心影视剧企业上市的可能性、财务的透明性、核心团队的稳定性、管理层对资金的驾驭性等。

首先还是要了解公司的创始人，因为他的老家在安徽亳州，我只能寻求在安徽的投资朋友帮忙打探。后来得知他曾经是安徽亳州电视台的台长，具有多年的广告招商和管理经验。虽然他做影视是个外行，但是通过多种管理机制和股权激励，请了不少行业高手来合作。

但我还是不放心，要求公司多找一些投资公司，让几方投资人共同进入。毕竟对于影视公司，过于轻资产，还是让人着实不放心。于是我找来了两家银行的行长朋友，看他们的意见。他们居然和公司的创始人一见如故，很快敲定了贷款事宜。很快中植集团旗下嘉诚资本也十分看好该企业。这是我确定投资的主要原因，因为中植集团旗下的中融信托和嘉诚资本参股了很多上市公司，成为不少上市公司在资本运作方面的智囊。

最终，财务制度和人事体系的规范健全、管理团队市场敏锐力和发行能力的突出等成为之后吸引各投资机构的关键因素。我们一众投资人于 2011 年成为公司的第一轮投资人。

2014 年，作为中南重工（002445）大股东之一的中植集团旗下的基金果然成为这次投资退出的关键角色。中南重工（002445）原是传统的制造业，整个行业的下降趋势十分明显，提升公司的市值、发展双主业是其主要的目标。而我们投资的电视剧公司由于团队的优秀和资本的帮忙，早已经由行业的三流公司冲刺为一流企业！

这家公司就是大唐辉煌。

通过这次并购，随着大唐辉煌不断的发展，它很有可能成为将来上市公司中南重工（002445）的唯一主营业务。这样也才会让上市公司的未来市值有很多向上发展的空间，只有真的转型才有希望，只有业绩真的增长才会带来市值的提升。跨界并购也会有很多黑马出现，虽然很多人不断质疑跨界并购的种种污点，但有一点必须要强调。企业的不断转型和升级一直是未来发展的热点话题，做水泥的公司不能永远做水泥，做重工的公司不能永远做重工。最后即使上市公司的股价经历了 2015 年多轮股灾的洗礼，我们也收到了将近 10 倍的收益。

果不其然，几年之后，中南重工（002445）更名为中南文化（002445）。

对于这种跨行业的并购，从某一方面来讲是非常有意义的，因为不懂新行业，又因为原有业务的萎缩导致其非常重视被收购企业，所以原有的传统企业不会太多地干涉被收购企业。相反，很多行业内的并购，约束的条件除了业绩达标，还有非常多的管理融合、发展战略调整等，而这些又是很难处理好的。

跨界是另一种机会的探寻，互联网与化妆品的跨界形成了化妆品电商，互联网金融和文化的跨界形成了文化众筹，做大数据的和健康跨界形成了疾病的大数据预测……作为创业者，既要谨慎又要乐观地看待跨界，在每个领域都不缺精英的年代，跨界精英就变得缺乏了。

虽然从 2016 年上半年起，中国证监会逐渐限制了所谓的跨界并购，但是，在大行业内的细分子行业之间的小跨界重组也会是未来发展的重点。监管层的意思是担心上市公司讲概念、难落实，又难协同发展，可是在大行业内的细分子行业之间的小跨界重组可以更好地协同并生态式地做好企业业务的多角度整合。

一级市场和二级市场的联动就像是一个围城。

在一级市场做的时间长了，就会羡慕二级市场的流动性，开始建立二级市场的生态；相反，在二级市场做的时间长了，就会佩服一级市场的高收益，开始布局一级市场的投资。其实，企业投资的未来就是一级市场和二级市场联动的时代，想要成为投资的主流，就要两手都要抓，两手都要硬。

40. 别投故事张，盯准业绩王

“幻想，必须超越现实，因为在你目标到手的一刹那，没办法再想要它。为了继续存在，欲望的客体必须永远无法达成，因为你要的不是它本身，而是对它的幻想，欲望与疯狂幻想相辅相成”。

这正是帕斯卡所谓的“真正的快乐”，其实，欲望是支撑着疯狂幻想的存在。

为什么这么说？因为不能否认，概念和想象空间永远是最吊投资人胃口的，但也是最危险的。故事之后还是故事，概念背后还是概念，企业画饼可以，但是画完的饼无法变成真正的饼是最大的危险。

1998 年，重庆啤酒（600132）宣称要研究乙肝疫苗，因此，公司前景被大为看好，公司股票被基金增持，散户跟风炒作，股价被炒至一个又一个新高。但是 13 年之后，公司于 2011 年 12 月宣布公司的乙肝疫苗研究无成果，由此导致股价九连跌，几个月内公司股价由 80 多元跌至 10 多元。投机重庆啤酒的投资基金、散户的发财梦如重庆啤酒的疫苗梦一样轰然崩塌、瞬间破灭。

曾经有一家体育英语教育公司找到我，他们的英语教学方式很有特点，通过老外教孩子打篮球来身临其境地教孩子学英语。他们的核心竞争力是美国某篮球的独家授权，其第一轮投资人是我一位投资圈的好友。我们和公司的 CEO 聊得甚欢，谈篮球、谈英语、谈教育、谈管理、谈市场……对方唯一闪烁其词的就是财务。

后来我了解到，虽然公司成立多年，但是由于扩张乏力，公司的业务没有在全国顺利铺开，更没有聚集足够多的客户，他们的市场水平始终让公司不温不火。而结果是虽然财务规范清晰，但是一直处于亏损状态。

亏损的公司如何估值？如果是互联网公司，可以对比同行业的用户数，如果是收入特别大的公司，可以对比同行业的市销率。可对于这种亏损的中小企业，估值太高的风险是相当大的。为此我把这个项目转入了观察模式。就这样，一年、两年……公司仍旧处于亏损状态，营业收入也没有太大的增长。

2016 年，一家在新三板挂牌的医疗器械公司找到我，希望我可以参与它们的定向增发。对于健康产业，我是非常关注的，因为抓住健康，就抓住了永远的朝阳行业。来到公司，我看到了一个明显的问题，公司的创始人是专业的医生出身，专业的出身让他在行业中的资源特别多、权威性特别高，可是最大的问题是市场营销和销售总是不给力。虽然他下面招了一波又一波的销售高管、布局了一个又一个的营销渠道，但是一把手玩不好营销，怎么都很难驾驭这些销售高手。

经过调查得知，这家公司在 2015 年时做了一轮定向增发，但是由于利润没有完成承诺的业绩，因而触发了对赌协议条款，需要补偿投资人大量资金。2016 年的定向增发是否一定会做到承诺的业绩？其实，这家公司的创始人已经年近 60 岁，把太多的业绩压力给他不是很现实。但是，这个创业者却多次强调了健康产业的高大上，以及国家对康复理疗行业的重大支持和可预见的巨大发展空间。

虽然故事、概念对于公司资本运作来说非常重要，但是故事能否顺利完成需要看到公司实际控制人的基本情况，公司之前一步一步发展的历程和业绩体现情况，尤其是整个公司的气势。综合判断之后我放弃参与该公司的定向增发，其他投资方也都放弃了对其的投资，这轮定向增发居然以失败告终。其实这家公司也不符合我投资的基本标准，我的标准是：创始人过去成功过；联合其他投资方共同进入。

众所周知，华为是让人非常尊敬的公司。其下面有三大业务板块，运营商业务板块、企业业务板块和消费者业务板块。而华为之所以让人尊敬，主要原因有两个：一是其在行业内技术超级领先的地位；二是其并不是瞎炒概念、华而不实，它靠的是踏踏实实的业绩增长。

从 2000 年开始的 15 年，华为累计营业收入 2.3 万亿元，70%以上来自海外。2014 年，华为营业收入 2882 亿元，腾讯营业收入 789 亿元，阿里巴巴营业收入 708 亿元，百度营业收入 490.5 亿元；华为营业收入比 BAT（百度、阿里巴巴和腾讯）营业收入的总和还多 800 亿元；同年在纳税方面，华为纳税 337 亿元，阿里巴巴纳税 109 亿元，百度纳税 22 亿元，腾讯纳税 70 多亿元，华为纳税比 BAT 纳税总和还多 130 亿元。

2016 年，华为的销售收入居然达到 5200 亿元人民币，如此庞大的企业，同比增长仍然高达 32%。

对于企业或者投资人来说，**只有数据才是最好的说服力。**

投资特别容易被太多因素左右，感情、冲动、幻想、贪婪、恐惧……因此，重要的事情需要说三遍：不投故事张，只投业绩王！不投故事张，只投业绩王！不投故事张，只投业绩王！

41. 自信人生二百年，会当击水三千里

“自信人生二百年，会当击水三千里”，这是毛主席于1916年冬所作的一首诗中的句子。它体现了诗人对生命的渴望、对生活的渴望、对未来斗争的渴望，其实也与毛主席提到的“与天斗、与地斗、与人斗，其乐无穷”不谋而合。

“不服输”是一个可以成功的公司的CEO最关键的素质！

如果要问我在投资领域曾经的心结，莫过于下面这家公司，由于双方在投资条款的一些小细节上没有达成一致，没有赶上它的PreIPO的投资和收益的暴涨……

2010年，通过一个偶然的机会我认识了这家公司的团队，他们给我的印象是一个在网络安全做了十几年的、基本功非常扎实的团队。而随着互联网的高速发展，网络安全行业的发展速度应该越来越快。

可是冷静分析后问题也很明显，这个领域目前的主要客户集中于政府、军队、事业单位、金融企业等大型的或者注重网络安全保护的单位。同时，虽然行业朝阳，但是网络安全行业从某种角度上看，类似于健康领域中的防病领域，防病是最重要的，但这也是病人最不重视、最不愿意花钱的。因此在2010年接触到这个企业的时候，从投资领域看虽然团队在技术和市场中的能力较强，业绩也增长稳健，但是很难看到太多的爆点。

投资人不仅需要不断反思，还需要逐渐学会接受和包容，尤其是不能轻易否定任何一个项目，当经历得越来越多之后，就会发现：每天的机会和陷阱都很多，但是被我们轻易浪费的机会更多，走进的陷阱也更多。

两年之后，这家公司在2012年9月登陆中国A股创业板。那个时候市场对创业板很不看好。我多次在微博和媒体上呼吁，如果真正支持创新、创业、创意，一定要支持创业板，尤其是支持那些具备激情、能力的上市公司团队。而这家公司正是这样的团队。它的股价从2012年开始，一直稳健上涨，经历了2015年的

牛市，也经历了其后的“股灾”，即使是这样，在上市之后4年，它的股价涨幅还是超过了6倍。

为什么它的股价会有如此大的涨幅呢?

因为这是互联网时代，互联网越发达，网络安全越受到重视。

这是一个英雄辈出的时代，一群三四十岁的技术人员和市场兼备型的高手才可以鹤立鸡群。

这是一个投资成长的时代，从10亿元涨到100亿元，会比从100亿元涨到1000亿元容易得多!

那么它的创始人究竟是何许人也?他毕业于杭州电子科技大学，曾就职于原电子工业部南京第十四研究所，开发了具有自主知识产权的杀毒专家、违规联网监控、内网安全及补丁分发管理系统、主机监控强审计系统、网络安全管理平台、网络准入控制系统、可移动存储管理系统、存储介质信息消除系统、信息安全通告平台等多个创新性信息安全产品。

和他在一起，对理工男的固有印象会一扫而光，他健谈、乐观、魅力十足。这也是我看待创始人的最关键一点，一定要有强大的市场能力，而市场能力往往离不开沟通能力。无论是投资一级市场还是二级市场，对于实际控制人的这点把握是最核心的。

时间一晃到了2016年，他的未来会是什么样的呢?对于一家市值80亿元左右的公司，市值增长到200亿元或者300亿元靠什么呢?如果我们看到它的公告就会发现，这家软件公司不仅在做网络安全软件，还有一个重大的突破，从原来的信息安全转为三大战略：信息安全、大数据、互联网。

首先，信息安全已经上升到国家战略，受益于政策支持和推动，我国信息安全行业领域景气度高企。从2006年起，它已连续十年在国内终端安全管理产品市场占有率排名第一。

其次，从这次战略转型来看，能否形成爆点呢?对每一次投资来说，尤其是二级市场，可以赚得盆满钵满的投资，大多数和企业的重组或者转型相关。Linkdood 是其推出的即时通信产品，即时通信本身就是互联网行业的必争之地，进军这个市场可见它已经拟定了未来几年打造互联网产品的决心。随着移动云联网的蓬勃发展和智能手机的普及，即时通信工具正逐渐取代传统的短信、电话等，微信就是一个非常成功的即时通信的例子。现在的即时通信已经不仅是在生活方面普及，在工作方面也逐渐受到了广泛的应用。但是即时通信工具的开放性，使得企业和个人在通信时面临很大的安全威胁。而它推出的 Linkdood 将通过各类安全加密技术，保障通信数据安全传输与存储，并且通过提供用户私有服务器及安全策略定制接口，提升用户对信息的自主安全管控能力。Linkdood 安全可信的特点在同类产品中具有比较明显的差异化优势。换句话说，这是一个“安全的微信”。未来它在移动云联网服务平台领域将占据一席之地，这也成为公司未来又一新的业绩增长点。

其次，从外延成长来看，自 2015 年开始它展开了一系列投资并购。2015 年 6 月，它参股深圳金城，拓展涉密信息安全业务；2015 年 9 月，它又收购了国内服务器安全领域领先企业中软华泰，构建终端服务器安全整体解决方案，从终端安全进一步延伸到服务器端安全；2016 年 7 月，它与启明星辰（002439）等公司合作成立合资公司，共同打造网络防病毒第一品牌，这将有利于其进一步提升终端入口的市场占有率。随后，它开始成立并购基金……

这家公司就是北信源（300352）。

谈起这次它和启明星辰（002439）的合作，我们来比较这两个网络安全领域中的竞争对手。启明星辰上市比北信源早两年，于 2010 年在 A 股的中小板上市，启明星辰的市值目前是北信源的两倍，在 180 亿元左右。自 2002 年起，启明星辰就持续保持国内入侵检测、漏洞扫描市场占有率第一。近年来，发展成为国内统一威胁管理、安全管理平台国内市场第一位。在各自的领域里，这两家公司一直冲在信息安全技术的前列。

另外一个强悍的信息安全领域的上市公司是绿盟科技（300369），比北信源晚上市两年，于 2014 年登陆 A 股创业板，市值 100 多亿元。绿盟科技在检测防御类、安全评估类、安全监管类等领域，为客户提供入侵检测/防护、抗拒绝服务攻击、远程安全评估以及 Web 安全防护等产品以及专业安全服务。

从登陆资本市场的年限来看，一个是“大哥”，一个是“老弟”，都比北信源的市值高出一头，再加上奇虎 360 的 A 股回购，将来的发展差距是会越来越大，还是会勇猛直追呢？不管怎样，竞争越激烈越激发它们的发展，我们拭目以待……

42. 干货：如何做好投后管理

做投资最容易走偏的是什么事？就是分不清什么是投资人想要的，什么是老板想要的！

如果某公司的老板不是自发想要将公司打造成为一家具有使命感的公司，而是投资人需要这家公司具有使命感，那么投资人绝对是失败的！如果老板不是自发想要将公司努力发展成为行业领袖，而是投资人痴心妄想让公司成为行业领袖，那么投资人更是失败的！如果老板不是自发想要从一个专业人才或者项目经理成为一个企业家，而是投资人需要这个老板成为一个大 BOSS，那么投资人是最失败的！

一件件投资往事历历在目，每次回忆起来都会感慨：做投资真的不容易。很多人说，万事开头难，其实，**万事开头难、中间难、结尾难。**所以，投资是募资难、投资难、管理难、退出难！

之前投资了一家公司，因为担心当时的估值被高估，特意签订了对赌协议。果然，在其经营一年之后，业绩增长不是很理想，触发了对赌条款。我先是给同一轮进来的另外两个投资人打电话，希望我们大家一起去与找企业老板谈一下股份补偿的事。另两个投资人担心这会影响企业老板的积极性，不想进行太正式的谈判，托我先“一探口风”，但他们答应我“将和我一起里应外合”，形成合力。

我被硬推到了前面，决定“大干一把”。我把老板约出来后，首先回忆了当初投资时的情景，“在那个融资不太容易的时代，我们毅然决然地投资了你们，当时之所以投资你们，是因为你诚信、厚道”“你要理解我，我也有压力，我的压力来自于基金的投资人，他们都来找我问业绩，问报表出来情况怎么样？”“另外两个股东认为这是按照协议办事，相信你会很快执行，他们非常相信你”……

第一句是夸奖和信任对方，第二句是让对方对你的压力感同身受，第三句是为了表明这不是我的个人问题，是另外两个人投资人都委派我把压力传导给对方。

老板也很无奈，“那怎么办？反正账上是没有钱的”。

“没有钱但是可以有一个态度，先把股份补偿一下。”在有意无意之间，我说出了自己的想法。

过了一段时间，我又找了一个机会跟老板沟通，“我知道你现在经济上比较困难，所以帮你介绍了其他投资人”。

我给这家企业找了一些银行贷款，一方面表明自己在尽力为企业着想，另一方面也希望尽快推进股份补偿事宜。

“现在补偿还不算晚，回头等其他投资人进来的时候，你还要让其他股东签字，如果这些股东不签字，会影响你的融资。不如先把股份补偿给我们。”最终，老板答应了。

很多事情是一种投资人和创业者之间的博弈，到关键节点，既要给他压力，又要帮他，这是相辅相成的。要是光给压力，他会觉得你们投资人只会锦上添花，而不会雪中送炭。

我会选择在帮助创业者的同时再提出要求，并希望其配合，在这个过程中往往可以完成很多事情的沟通。毕竟，投后管理往往是处理双方之间棘手的事，这更是一种艺术！

投资后期出现的很多问题与起初投资的那个阶段息息相关。如果投资时选择项目错误，尤其是盲目跟从所谓的知名投资机构，或者在投资协议、投资打款条件、对赌回购、投资谈判等细节问题上没有很好地控制风险，都会给后期造成不断的麻烦。

因果，即种什么因，结什么果；也指原因和结果，即有什么结果就会有什么原因。在投资方面更是这样。

讲另一个给我印象比较深刻的故事：一个朋友联合北京几个很有背景的土豪成立了一只股权投资基金，投资了山东的一家企业，签定了投资协议、回购协议等。本来企业预期要冲刺主板上市，但是遇到了 2012 年和 2013 年中国 A 股的 IPO

关闸，加上下一轮融资的不顺利，公司的业绩掉头向下，这样连续 3 年增长的形势已经被破坏，企业再想上市需要重新做好 3 年的增长，这也意味着之前和投资人签署的 3 年不上市的回购协议已经触发。

北京的投资人陆续得知此事，都联系了实际控制人即董事长。但是董事长的态度十分坚决，要求投资人必须要理解企业、理解他，他自己也没钱，钱都投进公司了。最后董事长直接说了简单的一句话："要钱没有，要命一条"。之后北京这些投资人再打电话就不接了。

这可怎么办？现在面临两个选择，要么就是长期做股东，等 3 年之后再说，要么就是打官司，按照回购协议走。所有投资人开始找关系、找人去调查企业的真实情况和董事长的个人资产现状。调查结果一出来才知道，原来虽然公司业绩受了很大影响，但是董事长投资的另外几个产业包括房地产、餐饮等还是赚钱的，还给投资人所投资的几千万元绰绰有余。投资人纷纷来到山东与董事长交涉，虽然董事长后来承认自己有钱去回购，但依旧表示，公司是公司，个人是个人，希望股东们不要再逼他，如果投资人再找他，他就把公司直接破产清算，投资人直接等着清算资产算了。

什么叫"大跌眼镜"？之前看似仗义的老板，突然之间撒泼起来无人能敌。就这样双方你来我往半年过去……

投后是一个充满着酸甜苦辣的过程，一软一硬，需要根据不同的人和事，但我们不难看出，做投资真的需要各种综合能力、综合资源、综合技巧。

43. 投资时如何避免站错队

投资无外乎两种，战略投资和财务投资。但是未来的发展方向应该是你中有我、我中有你的，即战略投资以产业投资为主，同时发展相关产业的布局进行某行业的财务投资，而财务投资逐渐绑定上市公司或相关产业形成产业投资基金，进而进行相关产业链或者生态的战略投资。

“BAT”三巨头分别规划了自己的互联网布局，涉及电子商务、媒体游戏、社交媒体、搜索门户和基于地理位置服务、人工智能等多个领域。每个巨头旗下都有数家小公司与其有着紧密的联系。

阿里巴巴旗下有美团（与大众点评网合并）、58 到家、银泰商业、苏宁云商、圆通快递、穷游网、高德、华谊兄弟、第一财经、光线传媒、优酷土豆、华数传媒、阿里影业、微鲸科技、天天动听、魅族、超级课程表、VIPABC、阿里云、快的打车（已被滴滴出行合并）、陌陌等。

腾讯旗下包括饿了么、大众点评网（与美团合并）、58 同城、京东、美丽说、楚楚街、四维图新、刚泰控股、滴滴、华南城、滴滴出行（已合并快的）、华谊兄弟、微票、引力影视、龙珠直播、富途证券、人人贷、同城旅游、艺龙旅行、知乎等。

百度旗下有荣昌 e 袋洗、百姓网、糯米网、安居客、沪江网、51 用车、爱奇艺、PPS、去哪儿等。可以看出站队现象特别明显，但同一家公司获得两家以上“BAT”投资的可能性特别小。

“有人的地方就是江湖，战略投资进入后就意味着创业者站了队，其他很多人很难去帮你”。其实，初创企业应该尽量少拿战略投资的钱，对于产业资本，最重要的不是保值增值，而是整体的产业链战略。真实投资的时候，投资人也是讲究志同道合的，不是“一路人”的天使们是不愿意被撮合在一起的。

投资人在募资的过程中就应该把握整个基金 LP（有限合伙人）的组成结构，

往往这其中会形成一种合伙人的生态、战略甚至是站队。投资人在投资的时候更需要谨慎看待被投企业的股东构成以及未来的潜在投资人。而这也往往与投资之后的退出息息相关。

不少公司之所以愿意选择站队，主要有三个原因，第一是获得足够的背书，其他财务投资方会更加认可进而投资；第二是相关的战略合作、流量共享分配及相关产业和人才的支撑会提升很多；第三是为了作为将来被并购或者被整合的其中一个退出渠道做好准备。

有些创业者对于天使投资人和天使投资机构还不够了解，而天使投资人和天使投资机构的本质区别也要求他们对项目具有不同的偏好。但是投资人凭借在资本市场的专业和经验，应该在投资之后给企业足够的建议和方案，避免公司因为站队错误而影响了未来的长期发展。

之前我投资浙江的一家公司，这家公司创始人的人脉非常广泛。在我们投资之后，创始人的一个朋友找到他，说是某个知名投资公司要投资他们，随后双方谈得热火朝天，不久就把相关的条款和方案做好提交给董事会，我作为董事知道这件事时非常担心，因为这家投资公司在业内的口碑比较激进，尤其是在投资之后对企业的干预较大，基本的玩法就是装入到他们控制的其他上市公司里面，虽然让一家上市公司的实际控制人间接成为企业的股东会为企业将来的并购整合提供很多便利，但是他们控制的上市公司与企业的行业风马牛不相及。最主要一点是这家投资公司的要求非常简单，就是要低价投资，进而完成企业的顺利并购上市获得暴利，因此其给予的投资价格与我们一年前投资的价格相比十分相近。

为此我在董事会上否决了该次投资合作。我认为公司利润已经翻倍，不应该以如此低的估值价格并入，同时公司现在不是缺少上市公司来并购的时期，标的公司利润近亿元，争先恐后来并购的上市公司有很多，不能让公司把希望寄托在一个篮子里面。最主要的是在这家公司投资之后会拒绝未来所有其他投资资源向公司注资，只能按照他们既定的玩法去做，这种孤注一掷的风险过大。果然标的公司拒绝了该次入资，但很快就被另一家上市公司以更高的价格并购了。

投资就是站队，其实说到根本都是站在不同的人的后面，物以类聚、人以群分，投资人考查的就是人，因此把人的分类区分好，形成一个巩固的、积极的生态才可以形成一种合力。

成功需要一群人，失败只需要一个人。长远来看，一家高格局的公司，一个大气、宽容的人，可融合性会更高，这个世界既存在竞争关系又存在合作关系，合作是永远的前提，在站队的同时，保持良好的合作和格局才能走得更远、更长久。

44. 优秀投资人一定生活在主流投资圈里

做投资不能选择只顾低头拉车而不抬头看路的人。只有具备高格局、主流业务才是投资人应该关注的。

一些公司的商业模式和做事手法着实有问题。比如上网时，时不时就有小窗弹出来，有时一不留神就会误点进去，不仅浪费时间，还有可能使电脑中毒；点开新闻标题，弹出的却是广告页面或者是其他不相关商业网站的链接。这种都是违背道德底线的行为，即网络流量背后的灰色地带。一些商业网站的流量只是意味着网站的关注度，其背后可解读的东西不能定论。关注度很重要，关注度是一切商业价值的基础。但是如果关注度是企业通过违背正常游戏规则的违规方式取得的，则是最不可取的。流量高低只是参考，无论是 PV、UV 还是 IP。流量高不一定会得到投资方或者广告方的青睐，非正常渠道造成的流量骤升是很多网站发展过程中存在的一个畸形行为，其目的是吸引眼球，无论是通过病毒链接还是高关注度的图片、内容，这种行为都是道德问题，是主流投资人最大的忌讳，主流投资人最担心投资的企业没有道德底线。

我曾经看过一家互联网视频方面的公司，每天的流量很大，广告也不少，但是其内容中有三分之一的部分，是吸引客户观看新上映的影片、流行片等，且都是以盗版为主的。当我向其创始人问询时，收到的答复居然是："流量就是爷，广告才是主，打官司我不怕，罚款没多少我交得起"。更有甚者，他说"我已经专门聘请了法务团队，到时如何规避责任，如何拖延打官司时间，如何可以少罚款甚至不罚款，我都有全盘的计划和技巧，放心吧"。

放心吧？我怎能放心。其实投资就是一个惺惺相惜、人以群分的磁场，如果投资人可以投到这种本身非主流、又投机取巧的企业上，那么投资人本身也一定不是主流的投资人。现在各种非法的传销销售模式，虚假的虚拟货币项目特别多，在各种项目充斥的今天，更需要投资人直奔主题，寻找主流的创业者。其实，在选择主流和非主流之间，本身就是一种站队！

美国前任总统贝拉克·奥巴马的夫人米歇尔·奥巴马说的一句名言，每一个投资人、企业家都需要铭记："When they go low, we go high."，即当别人往道德的低处走时，我们要继续向高处前行。

其实，每个行业都有主流的人，他们对彼此之间非常了解，甚至懂得行业或者各家的八卦……

懂得行业的八卦是非常重要的主流考核标准。所谓八卦，就是指小道消息或新闻。懂得八卦不是要去八卦，懂得行业的八卦说明是行业的圈里人，说明深入和清晰地了解所在行业的人和事。懂得行业的八卦说明经常对行业的现状和未来进行思考和研究。如果不懂得行业八卦，试问，对行业的真实内部信息了解得是否到位？又怎能做到知己知彼呢？

作为一个主流的投资人，需要主流的投资方式，投到主流的企业。所谓主流的投资方式，就是在募资、投资、管理和退出等充分使用主流律师出具的相关协议，使用主流的渠道、机构以及方法进行募资，使用主流的投后管理方法和手段管理项目，以及使用主流的方式进行项目的退出等。

其实，真实的投资江湖不是这样的。

不少投资机构和投资人用固定回报的方式进行募资，用股权投资的方式进行投资。这样虽然在募资方式上比较容易募集资金，但是给予固定回报的方式却有非法集资的嫌疑，同时如果投资的项目没有顺利如期退出，那样募资到期 LP（有限合伙人）催款时，投资公司的现金流会非常吃紧。更有甚者，很多投资人和投资机构打着股权投资的旗号，做的是投资房地产的事，这都是非主流的玩法，这样的投资人也无法进入主流的投资圈子。

投资到主流的企业是非常考验投资人的，每天各种项目充斥在耳边，在真正投资之后能够顺利退出，或者该企业可以成为伟大的企业或者有明星的项目，才考验投资人的主流性。主流不代表有名，不代表就需要花钱做广告、做公共关系。

世界上最远的距离，是圈子的距离。

有些圈子很多人一辈子也很难打进去，有些圈子在里面一辈子都无法摆脱。而真正决定圈子的是自己。把自己逐渐打造成主流的人，做主流的事，主动隔绝一些非主流的项目或者非主流的人，是极其重要的。

45. 问题升级：投资到底需要低调还是高调

《周易·乾》写道："上九，亢龙有悔。"意为居高位的人要戒骄，否则会失败而后悔。也形容倨傲者不免招祸。乾卦爻位到了上九，以六爻的爻位而言，已位至极点，再无更高的位置可占，孤高在上，犹如一条乘云升高的龙，它升到了最高亢、最极端的地方，四顾茫然，既无再上进的位置，又不能下降，所以它反而有了忧郁悔闷。

这一爻，在物理而言，便将物极必反，在人事而言，便将乐极生悲。

"作为投资人，可以中调，也可以低调。中调是为了募资方便，投项目更容易，毕竟若有一些名气会被很多人认可；低调是了为少惹是非，谨小慎微。但是，高调是不行的，高调是很容易有悔的。"这是记者采访我关于投资人是否要做公共关系时，我重复强调的话。

虽然监管层对并购重组开始趋严管理，但是我们不能否认名人投资受到社会关注后形成的舆论压力。2016年上半年，中国证监会对于跨界并购重组收购影视、互联网金融、游戏、虚拟与现实管制之前，正是舆论对于唐德影视（300426）收购范冰冰工作室，暴风集团（300431）收购吴奇隆控股公司时的最大争议。

胡润研究院《中国富豪特别报告》为什么一度被看作是"杀猪榜"？数据显示，在从1999—2013年的15年里，一共有2188位富豪登上胡润研究院的百富榜，但其中仅98.5%的上榜企业家在带领企业健康发展，有34位成为问题富豪，有的因触犯法律身陷狱中，有的已经出狱，还有的尚未宣判。已经被判刑的27位企业家（包括已出狱和未出狱的）共有罪名65条，平均每人2.5条。其中，贪污贿赂罪和侵犯财产罪是上榜富豪入狱的主要原因，共有16位问题富豪因贪污受贿罪入狱，14位富豪因侵犯财产罪入狱，9位富豪因妨害对公司、企业的管理秩序罪入狱，9位富豪因破坏金融管理秩序罪入狱，6位富豪因扰乱市场秩序罪入狱……

投资与资本沾边、与财富沾边，财富再与关注度沾边就特别容易让人关注财富获取的方式，同时各种小人、是非都会接踵而来。虽然有时名气很重要，因为这可以减少沟通成本，受到合作伙伴的足够尊重，利于各地方争相给予政策红利，利于募资时的明星效应，但是，做事高调/做人低调是一直需要强调的准则！

李嘉诚既是知名企业家又是知名投资家，虽然他已经尽量避免高调，但是华人首富的地位让他一直成为舆论的风口。

某私募大佬，其实已经很清楚低调的重要性，从来不面对媒体，之前和企业家或投资人之间沟通一些资本市场的情况和信息，也基本上是由中间人协调。即使是这样，他旗下的某基金定期披露的净值还是让他自然而然地成为私募一哥，这个身份不是想低调就可以低调的。媒体不断的疯炒让越来越多的人关注到他的业绩、动向、手法和问题。最后，他成为阶下囚。

水能载舟，亦能覆舟。不是吗？

从本质上我们要看到，投资人不仅要提高自己的专业能力，更需要提高自己的德与行。现在是一个自媒体的时代，每个人的一言一行都受到无数双眼睛的关注，即使不出名，但只要有人出问题，出事是迟早的。之所以有很多名人出问题，本质上还是因为他们犯了错误、犯了法。谨慎交友、谨言慎行、踏踏实实地做一个守法的公民是做好所有投资的最基本前提。

当然，**低调不代表没有棱角、没有个性、没有野心！**

股票投资篇

1. 该不该全职做投资？揭底做投资的时间管理

2017年年中，有一个对中国资本市场来说意义重大的消息，即中国A股成功加入MSCI，对于要在中国股市赚大钱的投资者，这是千载难逢的机会。

首先介绍一下什么是MSCI指数。Morgan Stanley Capital International，即摩根士丹利资本国际指数，是指投资银行摩根士丹利所编制的一系列股价指数，涵盖不同的行业、国家及区域。MSCI指数是在投资界广泛使用的用以代表各国家、地区资本市场表现的参考指数。

中国资本市场何时开始？上海交易所成立1990年，深圳交易所正式营业在1991年。过去的20多年里，中国资本市场一直流传着“七输、二平、一赚”的说法。很多人经常说，要进行股票投资，专业和时间非常重要，边工作边炒股是不行的，炒股应该全职才够专心，全职才可以摸透很多技巧，只有全职才能紧盯时局变化，快买快卖。

赚钱需要条件，而投资也是如此。投资需要几个成功的要素：

一是心性。有5点是投资心性的通病，即贪、怕、躁、悔、急。心性的修养和调整是成为投资之大成者的关键，如何达到最好的心性呢？在实践中不断玩味并重读本书，应该可以达到一种游刃有余的境界！

二是培养基本的投资技巧和投资习惯。这需要提升学习能力并需要非常高的悟性，取百家之长！**但重中之重，是最终形成适合自己的投资风格。**不少投资者到最后，迷失了自我，投资风格不断转换，不断自我否定……

三是圈子。这指的绝对不是简单的股民之间的群，更不是几个炒股朋友的“小饭桌”，而是在企业界、金融界、政界的各方面朋友，目的不是为了“小道消息”，而是为了对未来宏观政策、创新事物、发展趋势等更加透彻理解并做出正确的判断。

四是运气。提到运气，不得不提到清朝文康先生所撰的《儿女英雄传》小说中写的“一命二运三风水，四积阴德五读书”，后人逐渐加上了“六名七相八敬神，九交贵人十养生，十一择人与择偶，十二趋吉要避凶”。

一命：先天命数；二运：成长运势；三风水：环境堪舆；四积阴德：积德行善；五读书：开悟修心；六名：名称声誉；七相：心相仪表；八敬神：敬神求愿；九交贵人：良师益友；十养生：养生之道；十一择人与择偶：慎选配偶；十二趋吉要避凶：多向吉多避凶。当然这种说法从一定角度看可能有些偏颇，这种宿命论的说法否定了很多努力的结果。但不得不说，对于人生尤其是投资而言，运气也是十分重要的。也因此，全力以赴地作为全职股民等待投资的增值，难免会有更多的冒险性及不确定性。

股神沃伦·巴菲特也不是全职炒股的人，作为伯克希尔·哈撒韦的CEO，一直都在管理着自己和他人的财产。尤其巴菲特进行的是一级市场和二级市场打通的投资，而不是天天在家里盯盘看线！

巴菲特的全职是指全职管理投资公司，投资公司的全职是募资之后做投资及投资管理。

巴菲特的全职投资是让自己更加专注和专业，进而提升对公司价值的判断和领悟，从而不断提升其管理的资产价值！其整个投资生活和中国式的全职股民大相径庭，他没有全天盯盘，少了太多的技术分析，同时也失去更多的交易行为。

做投资，尤其是在做股票投资时，建议不要当全职股民，最主要的原因就是成功的投资由很多因素组成，天时、地利、人和，缺一不可，如果全职等待最终的盈利，只会忍受过多的煎熬，破坏原有良好的心态。

更重要的是，如果投资者天天宅在家里“上班”，就必然失去在工作和做事中建立的各方面资源的整合，以及在实践中对做企业的真正了解和感悟。

需要说明的是，全职股民不同于全职投资管理人。做股票基金管理是可以全职的，做股权投资是可以全职的。全职股民是把全部工作和精力集中于炒股和盯盘上，而全职投资者是在做金融和资产管理，更多的是将工作和精力放在募集和管理受托人资产上，这里的资产可以包括股票、股权、债券和衍生产品等。

可是，每一轮上涨的牛市都诱惑着不少刚毕业的大学生、小“白领”撇下工作全职炒股，无论是 2007 年还是 2015 年时都是这样的。

可是，**每一次牛市之后的股灾都会让这些改行做全职股民的人后悔不已。**

做一个全职投资者，行不行呢？周围有很多“白领”，攒些钱后不想打工，又不想管事，特别愿意这里投资一点，那里投资一点，做了不少项目，投资了不少钱。

其实，这种“全职”会有很大的风险。因为缺乏足够的社会历练和前线感觉，缺少投资必备要素的心性和圈子的培养，换句话说，心性和圈子的培养都是在实践中凝聚的，空对空地做个全职的各个项目的“财务股东”，会让自己更加脱离社会。

请大家铭记：大部分投资机会不是去特意寻找而找到的，而是在实践工作和社交活动中发掘的。这个实践工作和社交活动的融入度更需要考验的，是投资者本身所在的领域、行业、圈子，而不仅仅是做一个全职投资者的身份。

最后强调：誓死不当全职股民！

2. 99%的亏本是因为心态不对，究竟怎样培养出对的心态

烟对肺不好，咖啡对胃不好，投资对心脏不好。**投资心态是做投资最难的一课。**

很多投资者无法体会但是历经沧桑的投资者感同身受的就是“投资一定要好玩”。

对于投资而言，想要具备“好玩”的心态，却不是那么容易。如果投资的每个环节充斥着无穷的压力，团队里面牢骚不断，合作伙伴天天尔虞我诈，这样的企业绝对无法走得长远，也不会有活力。

如果投资让你“不舒服”，那么一定是哪一块出了问题，或者是投资标的，或者是投资的期限、风格、能力、配置、动机，或者是做事的节奏。

在投资中要时刻做到“谨慎”二字，“生于忧患，死于安乐”，成功的投资者都是表面不失乐观、内心又十分谨慎的，也就是所谓的“战略上藐视敌人，战术上重视敌人”。

想要“投资好玩”需要具备很多条件，真的做到“投资好玩”则需要有非常高的境界，并且需要坚守一个原则：“忙而不累”。这也是一家A股上市公司创始人常说的一句话。该创始人从表及里、由里及表的乐观，以及自信、淡然的微笑，给人非常深的印象，也是艰苦投资过程中最需要的。

从初创小公司到上市公司掌门人，他始终笑言“忙而不累”。如何才能忙而不累？他一直坚持不搞“玄乎事”。所谓“玄乎事”就是投资“貌似”很有前景的事情：如果搞得好，一下就起来了，万一搞不好，就会一败涂地。这种事情是最劳心的，万一某个因素没有考虑周全，则可能前功尽弃。

他认为，“累”往往是心累，而之所以心累，是因为投资的过程充满了各种“超

出预期”的考验。“看米下锅”也是“忙而不累”、“投资好玩”的秘诀，也就是在做投资时，如果项目资金条件不好、回收期慢或者现金流有风险，那就干脆不做。如果做了事却无法回收资金，那就是“踩雷”的投资，又怎么会好玩？

他就是东华软件（002065）创始人薛向东。

请牢记：成功的人，都会用幽默感来对付挫折！

投资，就是不断修身、修心的过程。

最后强调：心不动，万物皆不动！

3. 商场如战场，揭秘《孙子兵法》中关于股票投资的不二法门

买股票有时像买二手房，什么样的二手房更容易买成呢？

首先是买家真买，卖家真卖，因为有很多卖家只是为了试探市场的价格，并不是真想卖或者着急出手。最舒服的购买经验就是，当买家得知卖家为了改善性住房，卖两室一厅是为了买三室一厅，尤其是在卖家已经支付了准备购买三室一厅的购房意向款的时候，卖家的卖出主动性是特别强的，讲价也相对容易。很多人认为知道一些彼此的细节、状况、心理无关紧要，但实际上成功的谈判和交易往往都是知己知彼的结果。

很多人买二手房，谈的多，下手的少。买卖双方的谈判往往很纠结、无效，也浪费时间，但关键都是想探寻各自的底线。其实，很多卖家只是为了试探市场的价格，并不是真想卖或者着急出手。如果买家不真买，卖家累死也谈不成；卖家不真卖，买家给的价再高也无用。

做投资时，该如何探知对方的真正心理呢？

《孙子·谋攻篇》写道："知彼知己，百战不殆；不知彼而知己，一胜一负；不知彼，不知己，每战必殆。"在军事纷争中，既了解敌人，又了解自己，百战都不会有危险；不了解敌人而只了解自己，胜败的可能性各占一半；既不了解敌人，又不了解自己，那只会每战都有危险。

《孙子兵法》的英文名为 *The Art of War*，可见孙子兵法在军事战争中的特色、角色和地位。同时他提倡的谋略也是建立在了解敌我双方力量的基础上的，因此，**"知彼知己"**始终贯穿于《孙子兵法》之中。

何谓"知己"？知己即对自身条件的严格审查和分析，这样才能做好客观的分析，才能知道我方的军事优势何在，从而进行谋略和战术安排。

何谓“知彼”？知彼即对敌方的力量能进行深入的了解，分析敌人的优势和劣势，以做到避强击弱。所谓“知己知彼”，就是为了“运筹于帷幄之中”，以“决胜千里之外”。

对于股票投资更是如此，**从个人的性格、投资目的、投资能力、投资风格、投资的期限、投资风险承受能力**等考虑，考虑自己到底适合不适合做股票投资。

性格过急的投资者是不适合投资股权的，因为股权投资周期较长。如果你的投资目的是资产配置，合理优化投资配比，投资的品类不能过于集中，房产、黄金、股票、股权都可以适当配置。如果你的投资风格比较激进，往往适合创业板或者中小板的股票带来的波动和快感，是无法忍受银行股的缓慢和稳健的。如果你的投资期限很长，则不适合投资期货、外汇等波动较大、较快的产品。如果你的投资风险承受力较弱，则不适合投资高风险的股权或者股票等产品，房产、理财才是不错的选择。不善于学习研究、财务知识有限、投资本金不足或者本身对股票投资不感兴趣的人，不做股票投资是明智的选择。

记住：人生有太多事，做不如不做。

每个人在证券公司开户的时候，都会被要求填写一个风险评估报告。这是认识投资者自身情况的重要环节，关于投资者的年龄、收入水平、学习水平、投资经验、投资期限、投资目的、风险承受能力、投资品种等，表面看是一个走过场的环节，实则不然，如果没有深入分析并有针对性地对以上几点提出应对方案就贸然进入股市，很容易输得倾家荡产。**股市如战场，“新兵”和“菜鸟”不少，“老警察”和“老司令”更多**。股票是二级市场，二级市场本身就是零和游戏，有人赚钱就有人赔钱，绝不能打无准备之仗。

谈到知彼，首先一定要对中国的资本市场有充分了解。

1990 年、1991 年上海证券交易所和深圳证券交易所的正式营业，标志着我国证券市场正式建立。

这几年，中国一直在建立多层次资本市场。中国一直在发展壮大主板、中小板市场。同时主管部门一直在持续强化创业板服务创新创业的使命，大力支持科技含量高、创新能力强的企业成长壮大。在创业板 600 多家公司中，高新技术企业占九成以上，战略性新兴产业企业占七成以上。中国深化改革新三板，即全国中小企业股份转让系统，更好地服务创新创业活动。国家进一步规范区域性股权市场健康发展，即所谓的“四板”市场，目前基本形成“一省一市场”的格局，对于促进中小微企业股权交易和融资、鼓励科技创新和激活民间资本具有积极作用。

另外，投资者需要真正了解所投资的公司！对于股票投资者，就需要深入了解自己所投的上市公司，可是，实际情况非常可悲，大多数股票投资者听消息就买的居多，看新闻买股的也不少，看别人买什么自己就跟着买什么的更多。

往往等买入的股票开始不断下跌之后，投资者才开始后悔，为什么当初没有研究明白就一时头热把钱砸进去，而且**当时买入时充满激情，谁说也说不动，拦也拦不住……**

更加可悲的是，虽然这种没有了解清楚就贸然投资的情况层出不穷，可是每每听说有新的股票，很多投资者还是控制不住自己的手，因为总是觉得已经没有充分的时间给自己去了解了。很多人后悔之前没有听所谓的“专家”买入，结果某股票大涨自己却错过了，之后只要“专家”说什么就买什么，生怕错过牛股。

不先搞懂拟投项目的运作团队、行业、资本实力、资源情况、产品、销售、风险控制、盈利模式、财务情况，就投资跟进，是对自己最大的不负责！

知己知彼甚为重要，而究其内在，往往取决于投资思路、原则和心态！

最后强调：知己知彼，天下第一！

4. 暴富和破产，秘密在于真正搞懂一级市场和二级市场的“精髓”……

有位资深股民朋友，我问他，你被套过没？他说：被套过很多次，但最后都会解套。有的一年解套了，有的三年解套了，有一只股票被套了十年，最后终于解套。这位朋友这么多年一边上班当白领，一边靠股票赚了1000万元，又用股票赚的钱投了一些创业项目，项目上市后，继续做股票、做股权，目前身家上亿元，成为流行的“天使投资人”。他的成长就像草根标准发展史一样，从白手起家到财务自由。

他认为，把股票当股票的人都赔了，把股票当公司的人都赚了！

本书的精髓，就是这句**笔者强调*N*次的“拿一级市场思维，做二级市场投资”。**

股市为什么让人欢喜让人忧呢？因为股市自身的特征比较明显，**它的流动性既是优点又是缺点，因为流动性强，让很多短期配置的投资资金偏爱股市；也正是因为流动性强，让很多本想做好中长线投资的投资者，变成了惊弓之鸟，崇尚落袋为安。**

这里提到的一级市场，主要是指股权投资市场，是在创业投资的基础上，对目标企业，包括增资和转让等方式进行股权投资，即通过投资取得被投资单位的股份。

为什么要**拿一级市场思维，搞二级市场投资**呢？这是一个拨开迷雾看本质的过程。二级市场里面充满虚假的流动性，充斥着各种各样的交易行为，但本质是什么呢？是股票的价格围绕着股票的价值上下波动。也正因如此，股票的价值才是投资在本质上需要追求的。

说起来简单，做起来太难。各种思想、各种学派、各种心态，都曾经在股票市场上赚到钱，**而各类曾经赚到钱的经验往往欺骗人们：不要相信别的，用曾经的方法还能赚到钱。**

列夫·托尔斯泰在其小说《安娜·卡列尼娜》中说到：幸福的人都是相似的，不幸的人各有各的不幸。在股市中则是**“输钱的人都是相似的，赚钱的人各有各的不同”**，具体是什么意思呢？

在中国资本市场，输钱的人往往特别相似，具有如下“本事”：

- 偏爱快进快出；
- 消息重于泰山；
- 技术分析天天看，今日应验明日盼；
- 苦海无涯伤无尽，自得其乐钱无进；
- 曾经赚过小钱，也曾经赔过大钱；
- 越陷越深，然后心灰意冷，牛市来临又兴奋杀人，直到又越陷越深，然后又心灰意冷……

条条大路通罗马，赚钱的人各有各的不同！从投资品种上看，有的靠房产，有的靠黄金，有的靠实业，有的靠股票。

即便是同样靠股票发家的人也大有不同，有的靠大额资金的游资炒作，有的靠对所熟悉公司股票的一直持有，有的靠投资分析的逢低买入。那么，真正靠股票赚大钱的人具有怎样的投资思维呢？

在中国股票市场初始阶段，由于有太多的规则漏洞，投资理念不完善，那时很多的“牛散”赢利都是靠爆炒和投机。但是随着中国资本市场的监管越来越严、各方参与者不断成长，在中国的股票市场，真要赚到钱的“牛散”，往往都是股权投资市场的高手。

本书另一部分讲述关于股权投资的思路、方法等，而股权投资是中国未来发展的方向，特点是持有时间相对偏长，流动性相对差，然而收益率可能会非常高，且有很多的对赌回购等风险控制措施。

其实，**无论是一级市场还是二级市场，要想真正做好，需要双重经验**：一是企业经营管理的实战经验，二是投资企业股权并成功退出的投资经验。

做投资就是要抓住未来，那么未来是什么样子呢？首先看一下过去，过去中国资本市场的发展特点是金融高速发展，促进实体产业快速发展，但是如果预测未来，未来的金融不再只是金融，产业不再只是产业，未来的资本市场的格局是“你中有我，我中有你”，也就是说，**未来的主流投资不可能只是财务投资，未来的主流投资是产业投资，而产业投资正是把一级市场和二级市场有效结合，形成上下打通的产业链。**这种投资既是为了战略，也是为了赢利。

二级市场上的投资者如果能够抓住产业和金融整合的浪潮，如果能够跟住产业投资和实业融合带来的上市公司市值的进一步提升，就是抓住了未来！

5. 抓龙头还是抓成长：如何定位投资标的

我们先来谈《孙子兵法》中的一句话："激水之疾，至于漂石者，势也；鸷鸟之疾，至于毁折者，节也。"急流迅疾，以致能够漂走石头，是因为它的气势；鸷鸟高飞猛击，以致能捕杀鸟雀，是因为它的节奏。因此善于指挥作战的人，他的态势逼人，节奏短促有力，态势就像张满的弓弩，节奏就像击发的弩机。

做好企业一定要做好气势，掌握节奏。有这种气势、气质、气场才能兵来将挡，水来土掩！但是气势、气质、气场不是表面的虚张声势，而是脚踏实地和稳健成长。

做好投资也就是要找到这样的公司。投资者需要不断扪心自问，哪家公司成长得快？哪家公司在细分领域是龙头？只有这样，才能抓住气势，掌握节奏，才能增长。

中国的股票充斥着各种各样赚钱的手段和方式，也不乏各式各样的投资神话，这势必会让本来坚守"正道"的投资者迷失方向。

之所以有越来越多的人迷失在中国的股市里，就是因为被周围的各种故事、各种投资方式、各种投资者影响了！因此**真正能存活于中国股市里的投资者一定要保持一个"相对稳定"，但不失"与时俱进"的投资风格。**

有好的公司，更要有好的价格！

什么样的上市公司才是投资者真正关心的？如果真的想做到投资贯穿牛熊，靠内幕消息肯定是不行的；完全靠历史数据总结出来的技术分析也难以站住脚；靠股评更不可能赚大钱。

本书一再强调的是可以靠投资不断积累并获得财富稳健增长甚至暴涨的方式，那么要靠什么样的投资风格，选择投资什么样的标的呢？

"成长才是硬道理"，强调了"成长性"是关键。成长型股票通常是指收益增长速度快、未来发展潜力大的股票，其市盈率、市净率通常较高。在国内经济增长转型的主要方式就是大力发展新兴高增长行业。

成长型企业分为两种增长模式：内生性增长和外延式扩张。两者都是企业成长的动力来源。其中内生性增长来源于企业内部财务资源的积累，特点是稳定可持续的，后劲较足；外延式扩张是企业采用并购等资本运作手段，利用外部资源快速成长，特点是利润暴增或者企业转型想象空间更大。

有一家上市公司，是每年都可以保持持续成长的一个老牌白酒企业。它的股价截止到 2016 年年末已经接近 400 元。2017 年，其股价剑指 500 元高峰。

2015 年上半年，牛市滚滚而来，很多创业板个股股价曾先后成功赶超它的股价。可是多场暴风雨之后，它还是那个“股王”，那些曾超越它的“妖股”却成了过眼云烟，不是腰斩就是膝斩，甚至踝斩……

无论净利润还是营业收入，过去 8 年，它一直持续增长。2014 年、2015 年、2016 年其白酒供应量分别达 1.8 万吨、2.3 万吨、2.5 万吨，量率复合增长 10%，平均批发价为 850 元、850 元、920 元，价率复合增长 5%。可见它没有想象的那样飞速增长，但是，反倒是这种稳扎稳打的稳健增长及从涨价到提升供、产、销综合能力的发展思路，让投资者真真切切感受到了何为“慢、长才是生产力”。

当地省政府对它的重视程度、支持力度前所未有，公司做大做强的动力充足。新建直营、年底提价、政府支持等将支撑公司未来的稳健增长。假如有人在 2001 年 8 月份花 1 万元买入，15 年之后，这 1 万元就会奇迹般地变成近 60 万元。

与其他“股王”因概念、次新股、流通市值低而易于被市场短时间热炒、在高股价时或多或少出现泡沫不同的是，它有着强有力的业绩后盾作为支撑。从业绩来看，它是全行业基本面最稳健的公司。自上市以来，哪怕是在“限酒令”之后的 2013—2015 年，它所归属的上市公司股东净利润也是逐年增长。尤其是在 2014 年，白酒行业一片哀鸿，五粮液当年所归属的上市公司股东净利润下滑超过 20%，泸州老窖当年所归属的上市公司股东净利润的跌幅更是超过 70%，它仍一枝独秀，出现了难得的同比微幅正增长。

当然，最重要的是，它一直就是这个领域的龙头，而且不断成长，老大的地位因此越来越巩固！

即使大多数上市公司股价受股灾 1.0、2.0、3.0 的冲击跌宕起伏，但它居然不断刷新历史新高。**成长才是未来，而不断的、一直的慢涨才是贯穿牛熊的生产力。**

它就是贵州茅台（600519）。

最后强调：龙头与成长，两手都要抓，两手都要硬！

6. 价值投资务必知道的七大原则

价值投资有三大基本概念即价值投资的基石：**正确的态度、安全边际和内在价值**。格雷厄姆注重以财务报表和安全边际为核心的定量分析；菲利普·费雪重视企业业务类型和管理能力的定性分析，是关注潜力股的先驱；彼得·林奇更看重好公司配好价格，更喜欢潜力股和爆涨股。

巴菲特把定量分析和定性分析有机地结合，形成价值潜力投资法。价值投资旨在指出股票投资和实业投资的一致性，以做实业的精神来做股票投资，买股票就是要当股东，还要当长期股东。

那么究竟什么是价值投资呢？在中国应该怎么做好价值投资？

搞懂价值投资之前，我们先看看什么是股票。

股票是股份公司发行的所有权凭证，是股份公司为筹集资金而发行给各个股东作为持股凭证并借以取得股息和红利的一种有价证券。每股股票都代表股东对企业拥有一个基本单位的所有权。每只股票背后都有一家上市公司；每家上市公司都会发行股票。

什么是价值投资？

价值投资就是实业投资思维在股市中的应用。它强调股票投资和实业投资的一致性。股票投资、股权投资、风险投资、天使投资等投资方式的内核都是一致的。价值投资最早可以追溯到20世纪30年代，由本杰明·格雷厄姆创立，经过沃伦·巴菲特的使用和发扬光大，价值投资战略在20世纪70年代到80年代的美国备受推崇。

价值投资理论认为：**股票价格围绕“内在价值”上下波动**，而内在价值可以用一定方法测定；股票价格长期来看有向“内在价值”回归的趋势；当股票价格低于内在价值时，就出现投资机会。价值投资的核心就是公司分析，前提是对标的公司真正足够了解，一旦发现价格大大低于价值，投资的机会就会降临。

《证券分析》一书被价值投资者奉为圣经，书中指出：**“投资是基于详尽的分析、本金的安全和满意回报有保证的操作。不符合这一标准的操作就是投机。”**

虽然是这样，但**巴菲特的投资风格也在**“与时俱进”。历史数据很清晰地显示，以可口可乐、宝洁为代表的消费行业在巴菲特的重仓股中占有绝对领先的地位。其次是运通、富国为代表的金融业。可是从 2016 年第 4 季度的持仓看，巴菲特旗下的伯克希尔·哈撒韦持有苹果公司 5736 万股，占整个投资组合的比例为 4.48%，是伯克希尔第 7 大重仓股。而这样的决策，却与巴菲特多年前宣称的“不碰科技股”相悖。巴菲特曾表示，是因为科技企业相对短寿，寿命长的公司又难以识别。可以说，巴菲特在其相对稳定的投资风格下，也在调整自己的投资策略，以适应经济发展和市场的变化。

价值投资者认为，投资自己所认同的企业；而技术投资者认为，投资价格形态和走势让自己认同的股票；指数化的投资价值观是，此投资作为组合的一部分。

从价值投资的角度看 A 股，**贵州茅台（600519）一直是 A 股“最有良心”的企业**，2001 年在 A 股上市，募集资金 22 亿元，但在上市后的 15 年时间里，累计分红 345 亿元。

除了贵州茅台（600519），我们来看一下格力电器（000651）。有位律师朋友，也是一个此前从来没有买过股票的投资者，在三年前拿出了仅有的 200 万元买了格力电器股票，他坚信：在中国买股票怎么会不赚钱呢？买格力电器就行了。而这笔投资他准备一直持有到老。

价值投资有七种原则，对应格力电器的投资，是下面的玩法。

一、竞争优势原则。即寻找管理层正直诚信、有能力的公司。如今，董明珠是格力电器的最好代表，她的强势、自信及女强人的形象早已家喻户晓。

二、现金流量原则。即考查公司的时候注意现金流，这是识破造假的关键。格力电器的经营性现金流从十年前的 20 多亿元到如今的 200 多亿元，一直在大幅度增长。

三、市场至上原则。即利用市场而不是被市场利用。其实这是非常大的学问，“市场永远是对的”，如何在这个充斥着各种妖魔鬼怪的市场中找到自己的投资方式并利用市场是价值投资中的大学问。

四、安全边际原则。面对再好的公司，都不要出价过高，要做一个“吝啬鬼”。买入格力电器更需要等待一个波动中带来的机会。

五、集中投资原则。本质上只投资熟悉的公司。如果投资过多一定会无暇顾及。真正靠投资股票赚到大钱的人，带他致富的主要还是最熟悉的几只股票。

六、长期持有原则。买股票不是为了卖出，是为了踏踏实实创造财富。当然，10 年前买入格力电器的股票并一直持有至今的话，应该有近十倍的回报。

七、买入原则。以低于价值的价格买入，这更加考量等待时的耐心及对价值的判断。

所以大家要记住价值投资的三大基本概念——正确的态度、安全边际和内在价值。做价值投资，不仅要找到那些相对便宜的公司，还要看透其投资的未来，这需要真正地做好调研和投资分析。一切经典的投资原则和方法，都需要很长时间的体会、实践、再体会、再实践……

7. 在股市中，只有两种方法一直赚钱，你应该学哪一种

股票是炒出来的吗？在谈这个问题之前，先看看中国股市近几年的走势。

如果要问这几年资本市场最让人振奋的资本事件，无疑，就是A股的大“牛市”；如果要问这几年最让人悲伤的资本事件，无疑，就是A股的“暴跌”。从2015年的6月15日，到2015年8月18日，再到2016年1月4日，从股灾1.0到股灾3.0，足以让所有做股票投资的人深深敬畏这个冷酷的市场。股市如人生，有多少人爱死这个市场，就有多少人恨死这个市场。

投资这门学问一直提倡的就是抓住热点、抓住趋势、抓住行情：2007年，房地产投资异常火爆；2010年，全民PE蔓延神州大地；2014年下半年，如火如荼的牛市真的来了。散户们陆续躁动起来，僵尸账户开始复活，过去的股神们也卷土从来……2014年A股沪指涨幅52.87%，“牛”冠全球，2015年的中国股市也是再创新高。A股单日成交记录不断被改写，甚至创出了连续多日破万亿元的世界纪录，可是这轮牛市行情的巨量资金主要来自于散户的券商融资和场外配资，这次牛市也被称为“杠杆上的牛市”，与此同时，不难看出，散户一直是中国证券市场的最主要力量，而散户主要集中于企业主、公司白领及“大爷大妈”等。

杠杆上的牛市带来了杠杆上的暴跌，自2015年6月15日开始，A股上证指数三周内下跌30%多，已经制造了“世界罕见”，而跨市场的恶意做空、融资客的不断被强平、基金不断的遭遇大量赎回等更造成了连续跌停板的流动性危机。而让这种“病牛”起死回生只能靠三种药：政府、相信政府和投资者自己。

人生有多少计较就有多少痛苦，有多少宽容就有多少欢乐，不少股民一直在各种感悟的过程中不断调整自己的投资哲学，而这种感悟不仅是对投资思路的感悟，更加是对人生或者甚至是人性的感悟。

2015年6月之前，几乎所有股民都认为**“实业不好做，还是炒股爽”**，6月下旬就变成了**“别跟我提股票，死的心都有”**。

其实，休息几个月再看股票，也许涨上来了呢，谁说这轮牛市一定不能超过6000 点？梦想总是要有的，万一实现了呢？**如果说一些散户曾经因为贪婪而没卖，之后又因为恐惧而没买，更没有因为价值投资而中长线持有，为了家人，请这些散户安静地离开资本市场，因为这种心态不适合做投资，更不适合创业。**

市场在国家政策的撼动和扶持下不断告知人们：政治一定是经济的基础。过去不信行政力量的现在一定要信，国企改革、经济增长、大众创业和万众创新等都离不开资本市场的健康发展，政府全力以赴这样大手笔地力挺资本市场是历史的机遇，从某种角度上看，更是对投资者最好的契机。所有的市场参与者都应该牢记：只要不死，就有春天！

2015 年由国家资本发起、机构力挺、上市公司自救以及散户配合的全民护盘的历史性事件，直到 7 月 9 日那天大部分的跌停板被多个涨停板打破后，一种置之死地而后生的乐观态度又一次被证明是正确的。

几次股灾让上证指数从 5178 点直接下杀到了 2638 点，但随着中国资本市场的企稳、养老金入市、经济的稳健发展及中国资本市场慢牛格局的逐渐形成，截至 2018 年年初，上证指数已经逐渐接近了 3600 点关口，不少业绩大涨的好股票早已超过了牛市时的高点。

很多投资者不缺精明，缺的是耐心。说白了，看着别人的股票涨而自己的不涨就忍不住了，结果去换别人的股票，换完就跌，回过头却发现之前自己刚卖出的股票反倒涨起来。

在股市只有两种人赚钱，赚跌一点马上割的（炒），和选好团队一直不动中长线持有的（投资）。前者可以拿股市自娱自乐感受人生，后者可以苦尽甘来赚大钱。但这两种人都太少。

会买的是徒弟，会卖的是师傅，会中长线持有的或者会空仓的是祖师爷。可又有多少人真的可以做到？

首先，需要分清“炒”与“投资”的区别。炒往往是短线、投机的行为，而投资，是相对融入更多的科学和价值分析，且一般是中长线的行为。从 2014 年下半年开始，尤其在 2015 年，身边“炒股”的人多了起来，但这里面绝大多数的投资者是盲从、赌运气的。不难发现，从做实业逐渐转向做投资的人比从投资逐渐转向做实业的人，要多很多。一般来说，创业出来的成功人士往往会把创业的经验融合到投资业务中去，而做过投资的或者金融专业人士，已经经历了太多的资本融通和虚拟经济的玩法，安心主攻具体的某一个项目是很难的。

从另外一个角度看，我们一直提倡从做企业的角度培养出资本意识和资本能力，这需要实业出身的人具备足够的资本感觉和资本头脑，股票其实是一个很好的让投资者充分了解宏观经济、产业热点、竞争形势、员工激励、股权融资、并购重组、市值管理、舆情管理及生态圈整合的工具。

因此，**合格的投资者进行股票投资的前提，是运用科学的价值分析、人性分析、公司成长性分析等方式，而不是过于使用技术面或者靠听消息的方式不断快进快出！**

最后强调：投资是“苦”药，炒股非正道！

8. 从今天起，请和技术分析保持微妙距离

近些年技术型股票投资圈里流行一个版本：早上大跌要买，早上大涨要卖，下午大涨不追，下午大跌次日买，早上大跌不割，不涨不跌睡觉！

之后又衍生出来一个新版本：早上下跌不卖票，逢低加仓 T+0；下午拉高不买票，逢高减仓 T+1 上午拉高看十点，股票卖在最高点；下午拉高看两点，股票卖在最高点；你若强势十点封，你若不强两点封。

其实，**技术分析从来都不是最重要的，技术分析永远是辅助性的参考指标。**技术分析预测对的时候让投资者奉为圣经，技术分析的及时性和有效性受到质疑的时候又被投资者嗤之以鼻，可是之后技术分析又一次被验证正确的时候，之前嗤之以鼻的投资者又会认为之前是因为没有正确地运用技术分析，这样周而复始……非常悲惨的是，**大部分投资者都陷在了无限循环的技术分析里面。**

何为技术分析？

它以股票价格涨跌的直观行为表现作为主要研究对象，以预测股价波动形态和趋势为主要目的，从股价变化的 K 线图表及技术指标入手。对股票市场波动规律进行分析的方法总和。技术分析有三个假设前提，**市场行为包容消化一切；价格以趋势方式波动；历史会重演**。

比较流行的技术分析方法包括**道氏理论、波浪理论、江恩理论**等。

技术分析是重要的，因为资本市场太多的人会使用技术分析，最终会形成所谓的“干扰”和“心理因素”，让股价走势在短期或者形态上不断受技术分析影响。

美国经济学家尤金·法玛、拉尔斯·皮特·汉森及罗伯特·席勒在 2013 年度诺贝尔经济学奖颁奖时指出：**几乎没有什么方法能准确预测未来几天或几周股市债市的走向，但也许可以通过研究对三年以上的价格进行预测。**

技术分析的指标有哪些呢？K 线，均线，MACD（平滑异同移动平均线），KDJ（随机指数），BOLL（布林线），BIAS（乖离率），RSI（相对强弱指数）等，

同时配以成交量、周期（分钟，小时，日，周，季，年）以及各种画线、压力位的辅助等多角度判断。技术分析本身可以造假，不少主力在建仓清理浮筹时让技术分析做出卖出信号，而希望散户、游资等配合拉升时，利用技术分析做出买入信号。**相对来说，应用比较多的是均线、成交量、MACD，而周线相对来说具有更强的可参考性。**

首先必须承认这些技术分析指标的优点，在很多情况下，技术指标往往可以预测出一些情况，对于短期市场的交易波动和人心的指引，确实有一定的影响和作用。

谈到技术分析，对应的就是最重要的基本分析法。

基本分析法是以传统经济学理论为基础，主要研究企业价值，对决定企业内在价值和影响股票价格等因素的宏观经济分析、行业发展分析和企业经营分析来测算上市公司的投资价值和安全边际。基本分析法认为股价波动不可能被准确预测，只能在有足够安全边际的情况下买入并长期持有。

也有不少投资者崇尚**量化分析**，量化分析就是将一些不具体、模糊的因素用具体的数据量化来表示，用一定的模型和算法进行分析比较，以此来指导决策。量化投资技术几乎覆盖了投资全过程，包括量化选股、量化择时、股指期货套利、商品期货套利、统计套利、算法交易，资产配置，风险控制等。

经济学家罗伯特·席勒在《非理性繁荣》一书中指出："我们应当牢记，股市定价并未形成一门完美的科学"。尚没有任何一种理论、方法、技术分析、量化分析等能够令人信服并且经得起时间检验，而投资的科学绝非因为数据的完美就能总结出完美的判断，即使是最优秀的投资家，靠的更多的也是多年不断调整适应市场、但始终保持初心的投资原则。

主力往往会利用大部分的技术分析者的认知，通过图形配合他们的拉升和每一次的节奏。不幸的是，当主力赚得盆满钵满开始离场的时候，又会利用技术分析去让无数崇尚技术分析的投资者开始大量接盘，直到庄家撤离，留下他们站岗。

最后强调：技术分析太玄妙，从来不是最重要！

9. 如何做到“搞熟股性，人股合一”

在一次饭局中，一位股民请教一位靠股票投资发家的亿万富翁朋友：“请帮我看看 XX 股票怎么样？现在是不是可以买入建仓？”这位朋友打开股票软件看了一阵刚才提到的那只股票，斩钉截铁地说：“不好意思，我还没有了解这只股票的股性，我需要一定时间的了解才能回答你”！一句很简单的对话，里面蕴含了一个非常微妙的投资哲学。

什么是股性呢？

一般来说，股性又称“股票的市场表现”，是指个股价格对市场整体变动的敏感程度，即股票的活跃程度、弹性程度。**而本书提到的股性，集中强调股票波动的特点，二级市场各主力操作手法，上市公司做事的风格，行业特点带来的股价波动特点等。**

在股市上有一句，叫“强势股永远强势”，虽然说得偏激，但反映了主力资金在某一只股票上的风格凸显。例如创业板的某一只股票，每次在大幅拉升之前的一两个月的时间里，在集合竞价阶段，总是有大单不断挂涨停的位置试盘，持续两三分钟后迅速撤单。这种行为可以理解为主力在尝试其他大资金对这只股票的干预程度，这个功课表面上是在对其他资金的一探虚实，其实也暗含着主力随时准备拉升的可能性。

如果大家关注华夏幸福（600340）这只股票，可以看出在 2014 年 2 月末，以及 2014 年 10 月末两个位置都是由前期的高点一路下探 30%左右，充分清洗浮动筹码之后，开始大幅拉升。**如果不熟悉股性，恐怕投资者早就沉沦在主力的“操盘”里**，更不会抓住华夏幸福 2014 年到 2015 年的那一年半的近 5 倍涨幅。

了解股性，往往可以使投资者在真正熟悉股票走势的基础上，赚到很多“小钱”。博深工具（002282）自 2015 年下半年至本书写作时，市值一直在 35 亿元左右波动，投资者至少有 4 次机会，可以在 10 元以下买入，在 13 元以上卖出。

什么是人股合一呢？这是操盘的最高境界，是将正确的模式通过心理编程输进潜意识，形成本能。就像影视片中神枪手一样，不用过分瞄准，而是凭一种感觉，恰恰是这种感觉让其射击十分精准，百发百中。

股市的投资者往往也需要这样，即使学了太多、读了太多或者经历了太多，最后的买卖都是凭借一种潜意识，而这种潜意识不仅要站在对投资大彻大悟的投资者角度，更要站在对某个股性充分理解和掌握的基础之上。

这种正确的、合理的潜意识才是投资者最需要修炼的。

10. 如何摆脱股市中的“冲动魔鬼”

冲动是魔鬼，这种魔鬼在股市上更多。

买时冲动，大多“听风就是雨”，亦或过于贪婪担心“过这村没这店”；卖时冲动，大多是“上次涨了没卖这次涨点就卖”，亦或被主力大幅下杀、清理浮筹吓破胆。

之所以要避免这种冲动，是因为往往在冷静之后，这种买卖的欲望都会有所下降，可是当时**无论是买或卖都会让人处于无限的自我否定和恶性循环。**上次买错了，这次是否一定不能买了？上次卖早了，这次是否一定要忍？

唯一能够摆脱这种恶性循环的方法是总结出一条可以坚守的、适合自己的、可以盈利的投资习惯。

投资习惯是每一个投资者最应该逐渐建立和打磨的，它包括：投资目的、品类、期限、标的类型、配置比例、风险控制方式、调研方式、建仓方式、增二成持原则、持有期习惯、减仓方式和退出方式等。

随着投资的经验增多及投资金额的增大，投资习惯的很多细节子项在风格上会由偏激（绝对激进型或者绝对保守型）向中庸发展，也因此最终的投资习惯应该是由投资激进到投资保守再到中庸，或者由投资保守到投资激进再到中庸。实践中，这种中庸体现在建仓时的分批买入、减仓时的分批卖出，以及投资品类样式由单一向繁多，投资期限中短长期配置分配越发平均等。

尤其是股票投资，面临着巨大的不确定性，确定性的投资习惯越来越重要。如果投资者在 2007 年以 48 元买入中国石油，即使 10 年后跌到了 10 元以下，但是如果只投入了少量金额或者很小比例，将来翻身的机会还是很多。当然如果以少量资金进入了一个翻倍的大牛股，收益也是非常有限的。真正赚钱的方式只有一个：**投资者必须保持在投资比例相对都不集中的基础上，大部分的决策是正确的。**

在投资股票上犯错误的人，大部分犯的都是重复性的错误。

对于任何一个投资者，无论成功者还是失败者，都会经历非常多的失败。而这种失败的好处就是不断提醒投资者，尤其是在冲动买入或者贸然卖出的时候。

有些虚假的内幕消息在变成以讹传讹的程度时，是非常“吸引”投资者疯狂进入的。过去几年，一直有一些投资者不断买入某制造机器人的上市公司，因为他们听说的所谓的“内幕”是“市值 1500 亿元是公司管理层下的死命令，必须要达到”。当时只有 150 亿元市值的这家公司与 1500 亿元市值增长空间比起来，异常吸引听到这种谣传的投资者。

结果可想而知，不断涌入的投资者最后都站在了高岗上。

投资时的冲动往往是很难被拦住的，要想拦住这种冲动，需要使用“伤疤疗法”。**虽然伤疤应该不碰为好，但对于投资而言，忘记伤疤就意味着对投资的不负责。**

中国有句古话，“好了伤疤忘了疼”。因此，经常性地列出伤疤、总结伤疤、回忆伤疤、分析伤疤、审视伤疤，会让投资者在再次投资时更加“中庸”。

失败是成功之母，可经历无数次的失败并不等于一次成功。对某一伤疤的总结绝对不是一成不变的，需要从多角度分析失败并在不同条件下分析失败的关键是什么。2010 年 10 月 30 日，第一批总计 28 家创业板公司上市，当时不少投资者虽然一开始警惕创业板的风险，但是被创业板充斥的概念及创业板中的明星公司所吸引。

有家上市公司是互联网业务平台服务提供商，当投资者 2009 年年末、2010 年、2011 年、2012 年买入它的股票后，他们之前期望的创业板概念的快速增长迟迟不曾到来，不少在 2011 年的持续阴跌中抄底的投资者更是一度怀疑自己的投资思路，它的市值一直在 80 亿元以下不断阴跌。如果把上述案例看成投资失败的案例，错误地分析它，就会让投资者在之后的 2012 年年末开启的创业板小牛市中错过了它的 *N* 波行情，这只股票市值更是在 2016 年一度超过 500 亿元。

除了它自身的收入和利润大幅增长之外，互联网和 IT 产业在中国的备受重视及高速增长，创业板板块整体的定向增发的开启，投资者对创业板的偏见逐渐减少，上市公司壳价值的上涨以及整个中国 A 股市值的重估等，都是这波创业板优秀企业股票在 2012 年年末大涨的原因。

这家公司就是网宿科技（300017）。

做投资比较高的境界是一种“凌波微步”的状态，不会把自己陷入麻烦之中，若危若安，游刃有余，不踩坑，不心烦，脚随心走，自由取舍！

因此，对投资失败伤疤的多角度和正确的分析是至关重要的，否则又会陷入不断自我否定的恶性循环。

最后强调：避免冲动走火入魔，铭记伤疤凌波微步。

11. 投资最难的是预测，教你应对“黑天鹅”

投资者最关键的能力是什么呢？归结为一句，还是预测和判断。当然，最难的也是预测和判断。所有投资者穷极一生都希望实现预测和判断，可往往这是不可能实现的！真正的股神如沃伦·巴菲特也难以百战百胜，也不可能准确预测，也错过了亚马逊和阿里巴巴两只大牛股。

真正能预测股市的或许只有两种人，一种是天才，另一种是疯子。而这两种人都不是本书的主要读者对象。

虽然投资最难的是预测，可是难上加难的是应对。因为应对更加千变万化，更加实际和有用。

股市不缺黑天鹅。黑天鹅事件（即 Black Swan Event，指非常难以预测，且不寻常的事件）通常会引起市场连锁负面反应甚至颠覆。某化工染料制造企业主要从事纺织染料、印染助剂和化工原料的研发、生产和销售，公司跻身 2006 年度中国石油和化工经营业绩前百家企业。2010 年上市的它，从 2012 年年末开始在二级市场上发力，股价从 3 元多一下涨到 2014 年上半年的 20 多元，7 倍的增长让很多二级市场的游资、散户们开始关注这个生产染料的公司。与排行第一的浙江龙盛相比，这家公司成了市值弹性强、盘子相对小、游资更加偏好的投资品种。

可是黑天鹅就这样突如其来：该公司董事长意外去世，一时间，这家公司的投资者们慌了阵脚，是买还是卖？当年的 9 月 30 日开盘后它的股价应声下跌，临近收盘，一度几乎跌停的公司股票，停留在跌幅 6.15%的位置上。为什么没有跌停呢？

因为 A 股市场，大资金若真想出货，是要想办法边拉升边出货的，因为一旦跌停是没多少人敢接盘的。

这种突然的黑天鹅屡见不鲜，比如公司突然被媒体曝光，亦或国际环境骤然恶化，亦或披露重大诉讼或者被监管部门重罚等，开盘之后的走势或者几个跌停然后打开，或者不走跌停，而是不断阴跌。但不管怎样，**“长痛不如短痛”**，宁愿卖了从低处再抓也不能死守。

但是说起来简单做起来太难，一遇到这种黑天鹅事件的时候还是有太多投资者不愿意割肉，而究其原因是因为总是期盼“明天会反弹”，于是最后跌到了深渊，而我们往往身处二级市场的背后又无法看清真相，应该如何应对呢？

这时往往需要“转变观念”，这是投资者自己和自己战斗的过程。

“必须卖，此刻卖虽然损失几个点，但是不卖明天损失会更多”这种观念是否有效呢？实践当中往往是无效的，因为投资者往往会有所期待，认为“万一明天涨了呢”。

有一家全国性综合类证券公司，主要业务有证券经纪业务、投资银行业务、证券投资业务等，是中国证券市场第7家上市证券公司。自从2008年上市后，股价一路下跌，到2012年，市值不到刚上市时的20%，2012年到2014年期间它的市值一直保持在100多亿元，不少投资者被套在了这只股票上，因为其盘子相对不大，很多人期待一次券商的整体板块上涨让他们解套或者迎来暴涨。

可是最难的是应对，机会来的时候，考验也来了，2014年下半年开始，之前上下波动的股价一次大涨冲破了两年间盘整的最高点。说起来轻松，当局者紧张，之前几次小涨都回落了，这次是不是也会回落呢？要不要落袋为安呢？特别是那些套牢的投资者在想，要不要现金为王，再另寻“他欢”呢？

这种应对说起来简单做起来难，“谁知道它还会涨多高呢”？其实，这只股票从2014年下半年开始，半年间股价涨了3到4倍，本来准备等来牛市翻倍的那些投资者在面对几次大涨之后，否定了自己原来的判断，在股价突破前期小高点之后便套现出局。

这只股票就是太平洋（601099）。

这种应对考验的是投资者对券商行业的看法，券商股的大涨往往和牛市有直接关系，更多的交易佣金、更多的开户投资者。同时在判断无法非常精准的时候，分批减仓远比清仓要合理得多。

12. 到底该投“风口上的猪”还是“飞翔的鹰”

板块热点是残酷的，因为这是资本市场的显著特点，“风口上的猪”即使再臃肿，资本市场投机的风潮也总能让它们飞翔起来。

谈到风口上的猪，就要提到投资的取向。有两种动物是投资界一直争论的焦点，**到底应该投资“风口上的猪”还是“飞翔的鹰”呢？**

从字面意思不难看出，风口指的是热点，风来了猪都可以上天，就是说，投资抓住热点，即使是很难扶起的企业都可以被热点、概念一捧上天。

“飞翔的鹰”也是一种投资的取向。鹰本身是敏锐的，不管是否有风都会一直翱翔。就是说，投资就要找那些自身素质比较好的企业，可以贯穿牛熊。

那在A股市场应该如何“玩耍”呢？

A股的板块特点特别明显，寻找“飞翔的鹰”虽然合理，但在当下资本市场如果生不逢时，需要熬上多年。

2017年，针对几个大的概念，如果可以在低位建仓，足以让投资者赚得盆满钵满：2017年4月提出的国家千年大计助生的“雄安新区”概念股、2015年提出的国家级顶层战略掀起的“一带一路”概念股、2017年5月国际黑客携勒索病毒席卷全球引起的“网络安全”概念股等。

可是，概念炒作是否与这几年中国资本市场监管部门一直提倡的价值投资背道而驰呢？其实，投资就是投预期，而未来的概念炒作的行为会更加贴合概念所引发的相关上市公司业绩的真实提升，也就是相关政策和利好是否真的可以对上市公司的价值起到实质作用是关注概念的最关键因素。

中国A股的房地产股票的涨跌几乎与中国楼市的疯狂是相一致的。2005年起，神州大地的楼价就像坐上了直升飞机一发不可收拾。**错过楼市，就抓住地产股。**A股从2005年到2007年的这波地产股的上涨简直让“坐上车”的投资者们笑开了颜。万科A从市值100亿元一路飙升到了2000多亿元。虽然A股的大牛市让所有板块都雨露均沾，但对地产板块更是偏爱有加。

2013年，中关村管委会组织部分投资人开会，主要探讨大力支持和投资互联网金融行业的话题。当时互联网金融还是非常新鲜的概念。至于互联网金融包括的第三方支付，P2P网贷，众筹，数字货币，大数据金融，信息化金融机构，金融门户等。那个时候，在风没有来的时候，真的是一个布局的最佳时点……

2014年开始，各种互联网金融概念股开始飙升，原来做烟花的一家上市公司，提供烟花鞭炮的出口、内销及燃放服务，其主要产品集中在烟花鞭炮和焰火燃放，经过30多年的发展已成为中国最大的出口鞭炮烟花公司，也是国际烟花行业唯一的上市公司。随着近些年烟花行业的不景气，其烟花收入增速下降。2013年它的市值只维持在10多亿元，这时候公司开始转型，在收购华语时代影视终止后，开始把重心放到了互联网金融上。公司改名突出金控字样，之后自建P2P平台银湖网，注册人数突破35万，理财产品包括小额信用贷、抵押贷、供应链以及机构合作四大类；同时其线下金融公司融信通，负责借款、风控、催收等工作；另外，旗下的小贷公司、众筹公司和大数据公司等也陆续建立；内生的同时，外延也没有停歇，投资莱商银行，占其5%股权。

这家公司的逆势转型正像风口上的猪，使其市值从10多亿元一下在两年间冲到了90亿元。

可是，成也萧何败也萧何，风口最大的优点是风足够大，最大的缺点是风不够久。2015年开始，随着2015年6月15日开始的股灾1.0，救市更加看到了网络配资的风险，先是开出了天价罚单处罚了当时红极一时的配资HOMS系统的开放运营商恒生电子（600570），恒生电子是互联网金融的主要概念股。打击恒生电子拉开了互联网金融风潮退潮的大幕，加上越来越多的P2P网贷出现了到期无法兑付、跑路等敏感问题，国家和各地方金融办开始严加看管互联网金融产业。这家从烟花转金控公司的市值也是那时起翻滚直落到了腰斩。

这家公司就是熊猫金控（600599），也就是原来的熊猫烟花（600599）。

风停了，风口上的猪突然轰然落地，因此不少投资者损失惨重，不仅之前的获利荡然无存，本金也折损了大半。

风口，概念，板块，在中国是必须考虑的。但是，**仅限于投资者在低价埋伏，以及合理地逢高落袋为安。**

13. 宏观看悟性，微观比资源：教你提高悟性，搞到资源

一次，某位富豪小A谈自己的发家史时，回忆起十多年前的事情。那个时候他只是个小的包工头，30多岁的他一直抱着能跨入富翁行列的欲望。但是他知道，想要成为富翁，一定要知道那些成为富翁的人在想什么。

他的朋友告诉他乔治·索罗斯要来到上海，他眼睛一亮，因为他知道乔治·索罗斯是宏观经济的高手，决心见他，所以他准备了一个三个人近万元的饭局来招待索罗斯。

乔治·索罗斯是宏观经济的高手，这个被称为金融巨鳄的犹太人与沃伦·巴菲特等人的价值投资思路截然不同。他关注羊群效应，注重市场的不平衡，主张引导市场，他打赌英镑贬值，狙击港元和泰铢，做空日元等，当然他还是一位慈善家，他将亿万身家投入慈善……

小A当年正是看到了索罗斯的能量，所以不惜一切要请他吃一顿饭，可是吃饭时到底发生了什么，可以让这个当时还是包工头的他，让这个全部身家只有一千万元的他一跃成为当地的首富呢?

乔治·索罗斯只是让他关注了一个东西，他说："你知道你们中国的M2正在飞速增长吗？"当然那时还是包工头的小A根本不知道什么是M2。其实，M1反映着经济中的现实购买力；M2 同时反映现实和潜在购买力。A 那时一头雾水，临到饭局结束时问索罗斯："那我到底应该怎么做呢？我的钱应该投什么呢？"

乔治·索罗斯说："随着M2的不断增长，通货膨胀是显而易见的，而这时最应该关注的是大宗商品，如果你认识一些开矿的朋友就多收一些，等M2的增速开始放缓了你卖就行了"。

小A反复玩味索罗斯的话，如获至宝，换做别人可能听了也就听了，不会反复思考和坚定执行。2005年中国M2的增速超过15%，小A那时将手中全部的现金，即1000万元，收了身边所有认识的朋友的矿，那时煤矿、金矿等不超过100

万元，就这样很快收到了20个矿，这个时候他做的只有一件事，看M2何时增速放缓。2006年M2的增速是15.68%，2007年是16.73%，2008年是17.77%，2009年是27.58%，2010年突然降到了19.73%……A严格实施索罗斯告诉他的话，即等M2的增速开始放缓时就开始卖。以他其中一个矿为例，买的时候花了40万元，卖的时候价格是20亿元。这就是资产价值的增长。

宏观经济看悟性，没有强于他人的研究和觉悟，没有义无反顾的坚持执行，不可能抓到如此财富暴涨的机会，而人的一辈子，往往只需要一件做对的投资就可以奠定财富趋势。

谈到投资，不得不谈到中国最典型的投资产品——房地产，即我们经常说的楼市。

房地产投资是指将资本投入房地产经济活动，以获得利润的经济行为。对于普通的投资者，房地产投资指的是简单的买入和卖出；而对于经营房地产的投资者，房地产投资是指房地产开发经营活动中，以预期收益或社会效益为目的的资金投入及其运作过程，也指国家、企业或个人为达到某种目的，投入房地产开发经营、管理和服务的资金。

股市和楼市的关系是怎样的呢？2013年年初，沉寂几年的楼市开始日益爆发，2013年4月限购令后，之前认为绝不会降的楼市成交价回落；3年之后的2015年年初，楼市又一次启航，一些房产中介的高管都很惊诧，他们原来判断的从年初涨到7月，实际居然一直暴涨到了九月，而阴阳变化就在一瞬间，国庆期间及前后，中国的20多个城市推出了房产新政，多在限制楼市价格的大涨大跌。

在股市低点且楼市涨幅让人忍无可忍之际，未来中国股市会怎样发展？养老金开始中国A股的投资后，中国A股会有怎样的走势？美元不断升值，中国急需更多资产来抗通胀的时候，什么才会不断上涨？这些问题都在考验投资者的宏观经济分析和判断能力。

其实，在分析具体股票的时候，光有对宏观经济的判断是不够的，还需要对具体标的做出选择，尤其选择出那些可以超过市场平均增长率的股票。

微观经济的分析更加考查投资者的资源能力，这种资源比的不是内幕消息，而是真正“接触到”一些上市公司。因为没有调研，没有考查，没有更加深入的了解，这种投资股票或者投资标的公司的态度都是不负责任的。但是这种资源能力需要的更多的是圈子，这种圈子建立的前提是需要不断提高自己的能力。

为什么要提高投资者自身的能力呢？本部分开篇第一法则就强调，绝不能做全职股民，尤其是全职坐在电脑前的股民。真正的投资者应该在自己本身工作的基础上不断提高自己的投资地位、投资人脉及投资口碑。

为什么非上市公司董事长有 80%交际时间在和其他非上市公司董事长在一起？为什么新三板公司董事长有 80%交际时间在和其他新三板公司董事长在一起？为什么上市公司董事长有 80%交际时间在和其他上市公司董事长在一起？这就是答案。

走进上市公司的圈子，面对面地判断上市公司董事长和团队做事的能力、接人待物的风格、对人生和未来的职业规划或者愿景等，往往能帮助投资者更加有效地判断公司的未来。

14. 千万别被骗，揭露上市公司研报和公告的秘密

不少投资者购买股票主要看研报，即来自于中国各家证券公司对上市公司的研究报告，证券公司的研究人员对证券及相关产品的价值，或者影响其市场价格的因素进行分析，得出的研究报告。券商研报，一般会以事实、数据、调研信息等作为依据，对具体证券的价值进行综合分析，总结出关于上市公司、行业或宏观政策的看法，并对相关股票进行投资评级。

根据内容的不同，可将券商研报分为公司研究、行业分析、投资策略、宏观策略等各种报告，很多第一时间或者具有一定深度的券商研报需要私募或者公募证券基金购买。网络上获取的相对来说有些滞后，并且深度不一定够。

投资者根据四处挖寻得到研究报告来买股票靠谱吗？试想，假设研报准确并且可实操性极高，如果中国每个股民都通过看研报来买股票的话，那又有谁会在股市赔钱呢？当然研报也有质量，有些券商对行业分析能力较强，有些券商对宏观策略把握较准等。

对于研报，投资者务必把握如下 6 点。

第一，给自己一个信息，提示自己应该关注哪家上市公司。同时，研报可以让投资者更多地了解公司，从多个维度去思考。

第二，研报的分析逻辑和思考方式是每一个投资者需要借鉴和了解的，毕竟真正行业专家或者财务金融专业的投资者较少，需要各种信息的积累、学习，尤其是通过阅读和分析研报来指导自己的投资思路和投资行为。

第三，大部分研报缺少对上市公司团队和一把手的实际分析，更缺少面对面地对企业做事风格、内部实际问题的剖析，而这些往往需要通过实际调研或者多渠道的探究来实现。

第四，研报有时带有一定的欺骗性，不排除有一些券商和公司股东勾结在一

起，在股东准备减持和找买家接盘的时候，一些虚假的研报在某些利益集团的操纵下让投资者成了最终的接盘侠。

第五，有一些分析师的能力和人品较强，有一些分析师的能力或者人品较差，这是一个沙里淘金的过程。作为投资者，把研报意见作为投资判断的唯一方式，盲目跟随研报进行投资一定是不可取的，一旦踩中乌龙必将损失惨重。阅读研报，既是“路遥知马力，日久见人心”的过程，也是培养投资者分析能力和锻炼火眼金睛的过程。

第六，聪明的投资者应该多交一些分析师朋友，与他们就所调研的第一手的真实资料进行交流和探讨。聪明的人往往会借力比自己更聪明的人或者与他们一道工作。这样当投资者需要建议的时候，或者从投资者的角度去问一些问题的时候，才会得到更加专业和直接的答案。

2011 年年中，国内某知名券商发布了攀钢钒钛（000629）的研究报告，报告指出其股价严重被低估，目标价是当前价格的 15 倍左右。受此研报影响，第二天该公司股价涨停，随后该证券即刻发布声明，由于计算错误，将原本应该放到分母的数字放到了分子上，但更改数据并不影响推荐攀钢钒钛的结论。6 年过去了，攀钢钒钛（000629）的股价从未超越该券商发布研究报告的那个月。

在 2015 年的 6 月股市暴跌之后，2015 年 7 月，某证券公司推荐赢时胜（300377），研报强调公司是老牌的金融机构资产管理和托管业务的软件服务商，客户广泛遍及 240 多家金融机构，定增 30 亿元全面进军互联网金融。可是赢时胜（300377）复盘后一路走低，股价从 102 元下降到 24 元多，大跌近 80%。券商的研报根本没有考虑到股灾后补跌造成的影响，也没有考虑到互联网金融受到政府的严厉监管以及严查互联网金融公司恒生电子（600570）带来的蔓延性后果。

公告，对于所有投资者来说特别的重要，例如股东大会的公告，签订重大合同的公告，成立并购基金的公告，计划定向增发的公告，员工股权激励的公告，公司业绩预告，重大事项信息披露等。

其实，上市公司发布的媒体是三报一刊:《中国证券报》、《上海证券报》、《证券时报》、《证券市场周刊》。

哪些事项必须公告呢？重大事件必须公告。重大事件是指“可能对上市公司股票的市场价格产生较大影响，而投资者尚未得知的”事件。发生此类重大事件时，上市公司应当立即将有关该重大事件的报告提交证券交易所和证监会，并向社会公布，说明事件的实质。

“重大事件”包括但不限于以下事项：

（1）公司订立重要合同，而该合同可能对公司的资产、负债、权益和经营成果中的一项或者多项产生显著影响；

（2）公司的经营政策或者经营项目发生重大变化；

（3）公司发生了重大投资行为或者购置金额较大的长期资产的行为；

（4）公司发生重大债务；

（5）公司未能归还到期重大债务的违约情况；

（6）公司发生重大经营性或者非经营性亏损；

（7）公司资产遭受重大损失；

（8）公司生产经营环境发生重要变化；

（9）新颁布的法律、法规、规章等，可能对公司的经营有显著影响；

（10）董事长、30%以上的董事或者总经理发生变动；

（11）持有公司5%以上的发行在外的普通股的股东，其持有该种股票的增减变化达到该种股票发行在外总额的2%以上的事实；

（12）涉及公司的重大诉讼事项；

（13）公司进入清算、破产状态；

（14）公司章程变更，注册资金和注册地址的变更；

（15）发生大额银行退票；

（16）公司更换为其审计的会计师事务所；

（17）公司公开发行的债券或者已发行债券的数额变更或增减；

（18）公司增资发行股票，或者其可转换公司债券依规定转为股份；

（19）公司营业用主要资产的抵押、出售或者报废一次超过其资产的 30%；

（20）发起人或者董事的行为可能依法负有重大损害赔偿责任；

（21）股东大会或监事会议的决定被法院依法撤销；

（22）法院做出裁定禁止对公司有控股权的大股东转让其股份；

（23）公司发生合并或者分立事件。

除重大事项以外，上市公司的信息披露也是公告的内容之一。上市公司信息披露的内容很庞杂，包括定期报告和临时报告两种。

定期报告包括年度报告、中期报告和季度报告。

- 上市公司和公司债券上市交易的公司，应当在每一会计年度结束之日起 4 个月内，向国务院证券监督管理机构和证券交易所报送年度报告，并予公告；
- 上市公司和公司债券上市交易的公司，应当在每一会计年度的上半年结束之日起两个月内，向国务院证券监督管理机构和证券交易所报送中期报告，并予公告。

发生可能对上市公司股票交易价格产生较大影响的重大事件，投资者尚未得知时，上市公司应当立即将有关该重大事件的情况向国务院证券监督管理机构和证券交易所报送临时报告，并予公告，说明事件的起因、目前的状态和可能产生的法律后果。

下列情况为应当报送临时报告的重大事件：

（1）公司的经营方针和经营范围的重大变化；

（2）公司的重大投资行为和重大的购置财产的决定；

（3）公司订立重要合同，可能对公司的资产、负债、权益和经营成果产生重要影响；

（4）公司发生重大债务和未能清偿到期重大债务的违约情况，或者发生大额赔偿责任；

（5）公司发生重大亏损或者重大损失；

（6）公司生产经营的外部条件发生的重大变化；

（7）公司的董事、1/3 以上监事或者经理发生变动；董事长或者经理无法履行职责；

（8）持有公司 5%以上股份的股东或者实际控制人，其持有股份或者控制公司的情况发生较大变化；

（9）公司减资、合并、分立、解散及申请破产的决定；或者依法进入破产程序、被责令关闭；

（10）涉及公司的重大诉讼、仲裁，股东大会、董事会决议被依法撤销或者宣告无效；

（11）公司涉嫌违法违规被有权机关调查，或者受到刑事处罚、重大行政处罚；公司董事、监事、高级管理人员涉嫌违法违纪被有权机关调查或者采取强制措施；

（12）新公布的法律、法规、规章、行业政策可能对公司产生重大影响；

（13）董事会就发行新股或者其他再融资方案、股权激励方案形成相关决议；

（14）法院裁决禁止控股股东转让其所持股份；任一股东所持公司 5%以上股份被质押、冻结、司法拍卖、托管、设定信托或者被依法限制表决权；

（15）主要资产被查封、扣押、冻结或者被抵押、质押；

（16）主要或者全部业务陷入停顿；

（17）对外提供重大担保；

（18）获得大额政府补贴等可能对公司资产、负债、权益或者经营成果产生重大影响的额外收益；

（19）变更会计政策、会计估计；

（20）因前期已披露的信息存在差错、未按规定披露或者虚假记载，被有关机关责令改正或者经董事会决定进行更正；

（21）中国证监会规定的其他情形。

可见上市公司需要公告的内容还是比较多的。面对大量的公告信息，投资者如何利用呢？其实，**真正成功的投资者只需要做好三件事：收集有用的信息，处理和敲定这些信息，以及严格执行。**

2016 年 1 月 22 日，匹凸匹（600696）披露 2015 年业绩预亏公告称预计 2015 年将亏损；3 月 1 日，公司年报显示，2015 年净利润为-10242 万元。前期预告的 2015 年业绩与实际业绩差异巨大，亏损幅度超出预告业绩 412%……

ST 狮头（600539）的控股子公司太原狮头中联水泥有限公司（下称"狮头中联"）于 2016 年 6 月 20 日收到山西省太原市中级人民法院《民事裁定书》。太原市中级人民法院裁定如下：冻结狮头中联银行存款 7500 万元或查封、扣押相应价值的财产。2016 年 6 月 16 日，狮头中联 4 个主要银行账户被冻结，冻结金额为 255.64 万元。

ST 狮头于 2016 年 7 月 14 日对以上信息进行了披露，但未及时披露公司涉及的重大诉讼信息。

而公司的公告虽然对于投资者非常重要，但投资者要从中挖掘出公司的运行情况以及未来的成长空间，则需要非常强的功力。也正因如此，上市公司的公告是需要投资者再三确认的，否则太多公告只是肤浅的表面，投资者因为一个重大订单或者重要信息就上了“贼船”，之后往往非常被动。

看公司和识人，在很多时候都特别相似。**不断观察上市公司公告、承诺、行动、战略布局以及业绩落实情况等综合信息，去判断上市公司的品德和能力，是投资者心中最重要的一把投资天平。**

最后强调：研报只可兼听，公告只看执行。

15. 想要靠投资翻身，该不该听内幕消息

“成也萧何，败也萧何”是一句谚语，为民间对西汉建国功臣韩信一生的经典概括，说的是不论是成功还是败亡都是因为同一个人。

何为内幕消息？其泛指所有非公开的公司消息，而只有部分内部人士获得的消息。所谓“内幕信息”必须具备三个条件：一是该信息未向社会公开；二是该信息是否有实质价值，即一旦公开，将对证券价格产生重大影响；三是符合我国法律对内幕信息所做的列举式或概括性规定。

A 股早些年是一个内幕消息漫天飞的时代，随着近些年的严厉监管逐渐变少。

内幕消息相关的利好信息包括但不限于：公司即将停牌并购重组；公司即将被其他公司借壳；公司的第一大股东即将易主，且这个新的第一大股东要不断往里装优质资产等；公司即将公布重大利好，不乏重大订单、重要投资事项等；公司年报非常好看；公司的几个大主力即将拉升，且目标价位为**；公司的董事监事高管等马上增持，且伴随后期的一系列市值管理的动作配合等；公司即将公布高送转预案（指送红股或者转增股票的比例很大）等。

内幕信息与小道消息之间的界限模糊，关键在于该消息是否明确、敏感、重大到“足以影响投资判断的信息”。如两家公司刚刚开始接洽合作或者合并事宜，目标公司完全可能拒绝合并，另一方介入不深，可能随时取消合并计划，双方并没有因此签署任何重要文件，则该消息本身没有过多实质价值，则该消息尚不能成为内幕信息；如果两家公司合并事宜被双方董事会开会多次磋商，并明确合并计划表，该消息就具有实质内容，足以影响投资判断。

需要强调的是，靠内幕消息炒股是违法的，监管机构会要求违法行为人承担行政、民事及刑事责任。

有些投资者本来并不理会各种各样的消息，尤其是那些很相信自己、不相信别人的投资者，无法接受自己还没有分析就完全听别人的。可是问题就在于当投

资者看到自己曾经不信的消息股开始拉升并大幅上涨后，心理防线逐渐崩塌，不仅很容易地否定了自己之前的投资原则和投资理念，而且开始主动询问各种内幕消息。当投资者抱着侥幸的心态，四处搜寻内幕消息时，各种各样的消息充斥着投资者的股票池，而其中的大部分消息是不可靠的，亏损是必然的。虽然有时可以赚到一些，但往往就是因为这一时的盈利，让投资者继续相信消息，并主动联络各个上市公司的朋友们。

身边曾经一个非常有投资理念的专业投资者最终也没能抵制住各种内幕消息的诱惑，最终受到了监管的处罚。

内幕消息与消息也是有区别的。很多消息不一定是公司的内幕消息，往往是投资者之间以讹传讹的产物，将这种消息看成是一种提醒投资者关注并加以分析和学习的信息就可以了。

所以，要想安全地赚钱，请守住贪念，避而不听、不想、不靠内幕消息。

16. 科学搞懂成与败，深入解读戴维斯双击

正因为理想和现实有差距，人们才会珍惜理想。

A 股投资者都有一种理想，叫一夜暴富，有一种现实，叫耗费青春。

靠股市一夜变富是正常的，因为命运的眷顾；靠股市"一夜回到解放前"也是很多的，因为能力的问题。有股带你冲上天，有股带你冲下地，中国的股市就像"故事"，经常成为人们的谈资。

其实，很多投资者赚钱之后没有进行仔细的分析，妄自以为是因为自己的正确分析和判断，所以才获利，这样就为之后的赔钱埋下了隐患。

其实，**错误地赚钱，才会赔钱。**

哪只股票是 2013 年的牛股？

有一家上市公司的主营业务为游戏的开发、发行与运营，目前主要包括移动终端游戏、互联网页面游戏及其周边产品的产品开发、发行推广和运营维护等。它在中国移动的游戏业务上评级名列前三，它及其全资子公司多次被中国移动评为优秀级游戏业务合作伙伴。它应该是 2013 年的中国 A 股十大牛股之首，全年暴涨近 5 倍。

这里面有很多投资者半路上车的依然赚得盆满钵满，已然忘记了它为什么会有如此的涨幅，也忘记了其涨幅的主要背景，更忽略了投资的重要法则——"错误地赚钱，才会赔钱"。

其实，2013 年是一个熊市中牛股迭出的年代，尤其是手游概念受到了异常的追捧，这家上市公司股票及中青宝（300052）等都是手机游戏概念股。不少投资者错误地把它的上涨归结为"强者恒强"，还有更多投资者一直认为"它的庄或者主力比较猛"，也因此不少投资者等待它回调后大量重仓买入。可是，即使是截止到 2017 年上半年，它的股价比 2013 年的高点还要低至少 20%。

我们科学地分析一下这家上市公司股价为什么会暴涨。这种相对科学的分析才会让投资者明白到底赚钱是怎么赚的，下一个赚钱不能只靠运气，更不能靠历史的成功，而是靠科学的投资方法才能贯穿牛熊。

这里先介绍一个概念——戴维斯双击。戴维斯双击实际上就是格雷厄姆的安全边际理论、费雪的成长股理论、芒格的绩优股理论等三者的综合，即等待“好的时机”以“好的价格”买入“好的股票”，实现完美一击，然后耐心持有，坐收上市公司业绩增长和“市场先生”的双重馈赠。说得直白些，戴维斯双击既考虑价值投资，又注重成长性投资，是二者的有效结合。根据基础定价公式：**股价=市盈率×每股收益=PE×EPS**，股价变动由市盈率 PE 和每股收益 EPS 决定，戴维斯将 PE 和 EPS 同步变动为双击。其逻辑是：当市场低迷时，PE 和 EPS 都在下滑，都处于低位，乘数效应使股价剧烈下滑；当市场好转后，PE 和 EPS 都在增长，其乘积就使股价出现了急剧的变动。这就是“戴维斯双击”理论（即熊市中，股价下跌超过业绩下滑，牛市中股价上涨超过业绩增长）。

戴维斯通过投资世界各地的股票，用了 47 年时间将 5 万美元滚成了 9 亿美元的大雪球，其间的年复合回报率高达 23.18%。也正因如此，戴维斯双击的投资思路值得很多投资者深入借鉴。

在 2012 年底创业板比较低迷的时候，游戏股的市盈率定位是 35 倍，当时这家上市公司的每股收益是 0.7 元，说明它的合理价格是 20 多元。当时创业板从 2009 年年末开始一路暴跌到 2012 年，所谓的实际控制人三年解禁期满，而且创业板的定增即再融资开始逐渐开闸，各项利好开始显现。那时它跌到 20 元上方就逐渐开始盘整企稳。到了 2013 年，它的每股收益翻了一倍，从 0.7 元涨到 1.4 元左右，由于创业板的热捧和手机游戏的火热，市场那时给予的市盈率则从 35 倍涨到 80 到 100 倍，初步估计合理价格从 20 多元涨到 140 多元，涨了六七倍。业绩增长加上市场的热捧，这是典型的戴维斯双击。

而随着移动互联终端的普及以及 3G、4G 技术的运用，市场预期手机游戏的玩家将爆发式增长。移动互联国家开始大力支持，手机游戏突然一股脑地走入了大众生活，比端游或者页游流行得多，苹果的 iPhone 手机席卷了中国大地，让手机游戏的体验更加完美。

除此之外，它之所以会大幅暴涨，从内生因素来说，虽然一年业绩翻番已经难能可贵，但 140 元的价格、100 倍的市盈率按传统价值框架来看早已是泡沫了，而其不断的外延并购之后，其股价的涨幅让更多投资者可以接受。2013 年 2 月 5 日，它公告拟采用定向增发加现金支付相结合的方式收购海南动网先锋 100%的股权，交易金额 8.1 亿元。此后 2013 年 10 月 15 日，它又公告拟用定向增发加现金支付相结合的方式以 17.39 亿元收购玩蟹科技 100%的股权，同时以 8.14 亿元收购上游信息 70%的股权，并购总金额达到 25.53 亿元。这两次收购又让它在业务规模、盈利水平等方面得到非常大的提升。

看了上面的分析后，投资者还会像之前那样，在 2014 年后依旧期待它的股价每年暴涨近 5 倍吗？

聊了这么久，这家上市公司其实就是掌趣科技（300315）。

17. 投资股票时机最重要，揭秘“一年两次，八成上涨”

在中国资本市场游荡过多年的投资者一定会发现，中国的股市虽然表面鱼龙混杂，但是知道一些潜在的规律是在中国资本市场存活的关键。

什么是一年两次，八成上涨？如果要研究这个问题，说明了投资者应该进一步看到，在中国做股票，除了要用一级市场的思路做二级市场之外，还要关注到二级市场的短期或者中期的波段，适当的高抛低吸是合情合理的，不仅锻炼投资者的市场敏感度，时刻保持警惕和风险控制的基本投资思维。

戴维斯双击理论多次提过“好的时机，好的价格，买好的股票”，**时机往往是在做一切重大投资时最重要的原因，在 A 股更是这样。**

股市上有一句老话：“一平二扬三震荡四略降，五穷六绝七翻身，七上八下九十开花，十一十二延续震荡”。这种说法不可能非常准确，但是每一个月份确实有它的特殊之处。

一月，也是元月，往往市场上对于当年是否是开门红总要议论一阵。一月是一个机遇与挑战并存的月份，因为年报和分红预案会在随后几个月公布，因此很多对市场预判的行为会让一月份成为整个股市相对盘整的月份。对于那些上一年过分炒作但是没有实际业绩增长的股票，主力的拉高大多为了派发，中小投资者的跟进往往会成为接盘侠。对于那些预期业绩不错的白马股，一般会是震荡向上的走势。如果从全年来看，一月份如果呈现下跌走势，相对来说是一个全年布局较好的时机。

二月，这个时候往往是在春节前后，而春节前的走势一般偏震荡，尤其是在节前一些资金被抽走的可能性较大，因此行情不会特别好。可是春节后的走势会逐渐拨开迷雾，亦或是一些业绩增长股票的逐渐上升，亦或是垃圾股在业绩公布前的遭人嫌弃。其实，二月份尤其是春节后如果整个大盘走势是震荡向下的话，关注并出手投资那些业绩较好的公司，是投资者全年布局的较好时机。

三月，上半年的吃饭行情一般会逐渐拉开序幕，对于增长预期强烈的上市公司，其股价往往会开始快速拉升，逐渐离开底部区域。如果说一年之计在于春的话，三月份往往是一个投资者的春天，春季行情或短或长，但总比没有好。

四月，四月是年报开始公布的月份，每年这个时候其股票市场也是最危险的时候。买股买到清明节是中国股市很重要的潜规则，清明节后的所有上涨和持续的拉升有可能是为了更好的拉高出货。即使再好的年报出来，这时候的上涨都是需要警惕的，因为中国的资本市场总是有种“利好兑现，利好变利空”的滋味。说得简单做起来难，因为看着自己的股票依然强劲而且沉浸在周围无尽的各种利好声音里，很难舍得卖出，可这才是真正的考验。

五月，提到五月就会想到“五一九”行情，中国股市历史上非常重要的日子。1999 年 5 月 19 日，在网络科技股热潮带领下，中国股市飙升，上证指数从 1100 点之下开始飙到 1725 点，两个月不到涨幅超过 50%，之后开启了持续两年的大牛市。当然，中国股市一句老话叫“五空六绝七反弹”，也叫“五穷六绝七翻身”，五月份即使大幅上涨，也是应该非常警惕的。离六月份近了，中期的下跌或者震荡就不远了。

六月，尤其是上半年年末，银行吸收存款压力增大，往往是股市被抽资的时候。当然，也是主力需要尽快落袋为安的时候，可是这个时候主力往往通过一些所谓的上涨预期或者拉升派发的形式吸引散户跟风。因此六月有时上半月的上涨会让很多投资者忍不住跟风，而下半月往往突然下杀，因为各路主力减仓动作加快。2015 年的股灾的开始是在 6 月 15 日，这一天是投资者的天堂和地狱的分界线。

七月，下半年的第一个月。既然是五空六绝七反弹，那七月一定会反弹吗？其实，如果六月份刚刚经历大幅下杀的话，七月即使上涨也是短暂的，因为下跌的动能不会很快消散，且各种技术上指标需要逐渐的修复才会吸引那些技术派的大资金开始布局。

八月，一般是半年报开始陆续公布的月份，这时期的绩优股会有一定的显现，如果七月没有反弹的话，八月反弹的概率会加大。如果八月在震荡中逐渐下跌，下半年开始逢低减仓的时机也是不容错过。

九月，是一个下半年非常重要季节，中国特别流行的“金九银十”往往会让投资者非常关注。可是九月下杀的过往案例也不少，尤其九月末也是季度末，季度末又是资金面偏紧的时间段。相对来说，八月和九月是一个深跌后可以逐渐建仓的时节，因为十月份的前后的上涨很多时候是值得期待的。

十月，国庆节前后是主力短期拉升的关键时期，如果下半年会有吃饭行情的话，十月是不容错过的。

十一月，是下半年吃饭行情拉升和伴随尾声的月份，不少情况是上半月上涨下半月下杀。十一月也是重组和保壳的关键时间段。上市公司卖房保壳的月份经常在这段时间左右。

十二月，这是年度的最后一月，年末一般来说资金面是吃紧的，震荡是非常明显的，大幅上涨的概率较小。私募或者公募证券基金的排名是相关基金投资者非常关注的，为了争夺这个排名，各路基金的逢高减仓、落袋为安也是相当明显的。

其实，一年有两个时间段是相对安全或者说是股价的低迷期，利于短期的建仓，那就是下半年的年末到上半年的年初，以及每年的年中前后。

因此，比较适合短线高抛低吸的时间段是年初到清明，以及年中到国庆。投资者既要看清中国的资本市场，也要懂得投资时机的重要性，真正懂得买卖的时机！

最后强调：一年两次，八成上涨！

18. 位置选不对，心血全白费：揭秘投资的买点与卖点

股市里，赔钱的都是相似的，赚钱的却各有不同。

为什么股市中，很多投资者会赔钱呢？其实这个问句应该改一下：为什么股市中很多散户投资者会赔钱呢？因为散户投资者的资金有限，信息量有限，资源有限，专业能力有限，风险控制手段有限等。但最主要的原因是散户投资的理念和专业程度有限。中国股市何时才会迎来牛市呢？中国的牛市短、熊市长与美国的牛市长、熊市短不同，中国的牛市过去一直与实际的中国经济发展不一致，往往是在大资金集合进入后，各方形成一个理念和逻辑的认同后，将建仓和拉升形成默契，然后主力资金在所谓牛市刚刚来的烟雾弹中逐渐派发落袋为安，之后等待充分下跌后的另一个安全建仓点位。

如果买入的位置高了，那么上市公司再强的基本面分析都无济于事；如果买入的位置低了，那么上市公司判断得再不对，损失也有限。可见，买入位置是投资者赚赔的关键。

虽然低点买入是一个非常简单的道理，但是很多投资者难以抵抗诱惑，看到周围股友很多敢干的都赚得盆满钵满，之前的谨慎和低价买入的理念被自己断然否定，然后毅然买入已经涨起来的股票，于是惨烈被套。当然其他所谓“敢干的”那些炫耀的股友往往是报喜不报忧的。

被牢牢套在高岗上的投资者是否后悔过呢？肯定后悔过，不过最关键的是一定要记住这次被套的教训，千万别买已经涨起来的股票，虽然涨起来的股票还是有可能继续大涨的，但要切记以不变应万变的正确投资习惯！

那么，什么样的位置才算是合理的位置呢？

首先，如果公司是一个绩优股、白马股，低于大股东或高管大金额增持的价位可以被看成是合理的低位。和一群比较正直的人在一起，他们对企业的了解以及他们做人做事的态度如果基本上是可以信赖的，由于短期市场向下波动带来的

股价低于他们的增持价，这个位置是相对合理的。

其次，技术分析有用吗？是不是在周线或者月线的某个均线位置算是低点呢？前面一直强调，技术分析虽然重要，但只是辅助手段。仅仅通过技术分析就认为某点是一个相对低点是非常危险的。即使投资者感觉股价已经非常低或者技术面已经走到了低位，那也只建议小试牛刀。

纵然有多种买入价格的分析方式，但“安全第一”的前提还是需要多加考虑，因为投资者不妨假设如果你管理着几亿元或者几百亿元的大额资金，会因为别人的一个投资建议或者技术上的一个买入信号就大幅买入吗？

当然，如果整个大盘指数是一个相对的低位，而且盘整震荡了很久，而即将买入的公司的行业和业绩的成长性非常不错，那么也可以算得上一个相对合理的买入低位。

千叮咛万嘱咐，涨起来的股票，暂时要远离。

最后强调：位置选不对，心血全白费。

19. 买卖看缘，成交看天：揭示股票买入和卖出时应该坚守的心态

截止到 2017 年 9 月，贵州茅台（600519）的股票已经突破 500 元了，市值突破 6000 多亿元，距离 2015 年年中的高点又翻了一倍多。

已经涨成这个样子了，投资者要不要高位杀入呢？茅台酒的龙头地位和销量增长是毋庸置疑的，是不是现在买入也是一个不错的选择呢？

缘分本是一个佛教的概念，儒家和道家没有缘分之说。后世将“缘”喻为命运纠缠的丝线，是一种人与人之间无形的连接；它是某种必然存在的相遇的机会和可能。

缘在天定，分靠人为；逻辑上：先有缘才有份。“缘”，让不约而同的人邂逅相逢、相识，二者发生联系。“分”是发自人的意愿，需要有联络的途径紧紧相连。

缘分尽了即表示二者由于某种原因而分开了，再也没有转圜的余地；缘分未尽即表示二者经历万千考验后最终团圆。

时刻保持从容淡定，一笑了之！所有的事情，十年后都只是下酒菜，你只需要活得精彩，剩下交给老天去安排，买卖更是这样。

扪心自问，多少人在买的时候总担心买晚了“无法上车”？

本节主要让投资者提高悟性，少一些执拗，多一些觉悟，其实这是一些方法论的根本。为什么成功的企业家或者投资者都是大智慧的人，这些所谓“大脑袋”的人不仅刻苦、好学，他们对人生、对事业、对未来的判断和悟性往往高人一筹。

做投资，讲到底，只有两个大的动作：买和卖。但是往往就是这两个大动作让无数的投资者一辈子捉摸不透。何时该买？何时该卖？从本质上讲，世界上根本没有纯粹不犯错误的股神，但是这一买一卖的动作里面则体现出了人与人的大不同。

买卖看缘分，有些股票投资者应是想要买、想要成为那家上市公司的股东，可是结果未必很好，不是价格很高地被挂在山岗上，亦或熬了多久都涨不起来。卖也是一样，很多投资者一定要卖出某只股票，可是发现委托的价格就是成交不了。还有很多投资者买了太久的股票就是无法解套，一气之下全部清仓，可刚清仓之后该股票就大涨。

命运就是这么捉弄人，但是命运不会一直捉弄人！如果把握得当，投资者依然可以赚到大钱。

北京有家以地方旅游为主导产业，涵盖旅游景点、宾馆饭店、旅游产品、百货批发和建筑装饰等不同行业的综合性上市公司。从2001年开始，它的股价一路下跌，市值跌了近90%，这时也是不少投资者在逢低建仓的时点，因为至少还有壳的价值，A股上市公司的市值跌到10亿元几乎形成了价值的底部。投资者逐渐布局等待拉升，可是从2004年到2006年上半年的一年半的时间里，它一直没有迎来所谓的上涨，不少投资者在2006年下半年看到这只股票价格回升实在熬不住，看到已经逐渐回本就大幅减仓。

但是，投资者的投资情结是非常浓重的，看见它的股价一飞冲天，投资者们一直等待的回调即刻买入的操作思路难以实现。本来可以在安全价格或者底部区域再度建仓的投资者，因为担心如此拉升再也跟不上车，结果在2008年的牛市转熊市的过渡中，这只股票套进了不少投资者。就这样，从2008年熬到了2012年，已经被套4年的投资者实在忍受不住这种煎熬，在2013年股价回升期间就各自庆幸地离开了这个“难民营”。

可是，从2013年开始，它开始转型影视娱乐，并在名字中加入文化字样，这只股票从2013年到2015年涨了近10倍，显然大部分的投资者根本没有跟紧这次大涨的脚步。

这家上市公司就是北京文化（000802），原名为北京旅游（000802）。

其实，“买卖看缘分，成交看天道”讲究的是投资和退出时的心态，这种心态和投资的专业和理念一并应用才更加有效。有了这种心态，才会看淡股市的大涨大跌，更加自信。

毛主席在 1916 年冬所作一首诗中的诗句写道：**“自信人生二百年，会当水击三千里”。**但这需要时间，更需要自信。而投资者在股市中不可能百战百胜，更不可能一切顺遂，但乐观、积极、豁达的心态却是最重要的。

对于贵州茅台（600519）这样的基本面、行业地位及增长性都可以信赖的公司，买入并长期持有是无可厚非的。但即使是这样，在一个调整或者相对低点的时机陆续建仓，远比那些“就是想买入这只股票，不管多少钱都要买上”要重要得多。没有好的公司，只有好的价格，既然合适的价格错过了，就等待下一次的缘分，即等待下一个相对的价值低估点，远比立刻拥有、立刻买入的执念要强得多。因此，请牢记，即使是再好的股票，如果错过好的时机、好的买点就不要买进，不要为了买而买，因为那不是你的菜。

所以，做一个潇洒的投资者，没买上的不追高，涨起来了不后悔，因为，那是缘分！这样投资才能游刃有余。

最后强调，买卖看缘，成交看天。

20. 如何设定买卖中的仓位

股市是瞬息万变的，尤其是短期的波段没有任何一个人或者专业机构可以一直准确地预测。影响股市价格的因素很多，即使短如一天，也会因为宏观环境、微观变动、突发事件或交易因素等有所不同。

所以股市中应该避免的就是“后悔”，如果是由于买错价格或者卖错价格而后悔，那么没有一个投资者不后悔。如果投资者看中某只股票，可能什么时间买入都后悔，不买可能也会后悔；卖出也是一样，不管是多少钱卖出的，都很难卖到最合适的那个位置。“马后炮”更是无济于事，因为股市最难的是预测。

避免后悔，需要在把握一定原则的基础上，不反反复复、犹犹豫豫，也不去纠结。股市中但凡会后悔的操作，只有两个原因，一个是期初的操盘原则没有确定，另一个就是反反复复、犹犹豫豫不坚定的操作。

想要建仓某只股票时，除非有十足的把握否则不建议满仓操作。因为没有一个投资者的每一次交易都可以做到零风险。稳健的方式是在大致相对安全的位置进行分批逐渐建仓。如果此时股价下跌，再专业地分析下跌的原因是因为交易带来的波动，还是短期的宏观消息因素。如果大势行情不好，或者企业基本面出现了明显的恶化，这时不仅应该停止买入，还应该冷静分析是否该果断清仓。

如果刚刚加仓一部分，股价就直飞冲天，这就遇到了之前讲到的“买卖看缘分，成交看天道”，警惕那些已经涨起来的股票，因为它们随时有可能回到起点。当然分批建仓可以一天完成，也可以在一段时间内完成。但是一般来说，一段时间里相对是一个平均的价位，比较适中。

卖出也需要分批。当投资者认为该股票达到一定的高点或行情会向下变化时，可以分批逐步减仓卖出好价；当价格下跌到投资者认为达到一定低位的程度时再分批买入。

但是，减仓时的高度是非常有技巧的。主力完成一次建仓、拉升、派发的整个过程，一般来说至少要赚 50%~100%，赚几倍也是有可能的。不少投资者建仓完毕后看到涨了 20%没有卖出，结果股价回到了建仓的位置，熬了许久后股价又一次冲到 20%涨幅的时候，投资者开始以为“吃一堑、长一智”，结果刚一大量减仓，股价像坐了火箭一直拉升不再回来。

其实，如果真的要买在低位，而且对上市公司的发展非常看好，大幅的仓位应该是等到公司的业绩或者利好已经反映在股价上的时候，即大量的减仓应该是在股价涨起来的时候。当然小量的逢高减仓是非常赞同的，因为投资者对市场的敏感度和操作感需要这种小量的尝试。

有一家专注于反光材料、反光服装及反光制品的研发、设计及生产的上市公司，其主要产品包括各规格、各等级的反光膜、反光布及以反光膜和反光布为原材料的反光服装和反光制品。

这家于 2011 年年末上市的中小板公司，在上市之后的一年里股价一直下跌，2012 年 9 月 19 日公司接到公司两位实际控制人及其配偶的通知，两位实际控制人的一致行动人于 2012 年 8 月 24 日至 9 月 19 日期间通过二级市场购入本公司的部分股票，实际上他们一共增持了将近整个公司股份的 1%。

那个时候，它的基本面并没有发生恶劣的变化，下跌反倒可以看成是实际控制人等待较低价格增持公司的手段。但是如果这时候投资者全仓进去，会被套，因为市场下跌的惯性并不是实际控制人可以决定的。

市值在 2012 年年末跌到近 10 亿元的时候，股价才逐渐走稳并有反弹的架势。这个时候是买入它的最好时机。前面已经说过，10 亿元的估值在 A 股市场上来看，即使不考虑公司的基本面，上市公司“壳”的价值就已经超过 10 亿元。

但是，会买的是徒弟，会卖的才是师傅！何时该卖出它呢？涨 20%就卖，还是不翻倍不走？其实如果从中期来看，具备一定技术分析水平的投资者会发现它的月线做出了一个左高右低的“半碗型”。如果它的基本面一直向好，技术派的大量资金会逐渐拉升，直到把这个“碗型”的另一半走完。事实也是如此，在一年半多的时间里，这只股票跌跌撞撞，最后还是把这个“碗型”走完了。投资者即使从实际控制人增持价附近买入，或者是越跌越买，然后一直持有到另一半“碗型”的右上边附近点，应该是净赚150%以上的收益。

“逐一减仓看高度”，因此，在“碗型”的右上边开始逐渐减仓是相对合理的。即使它迎来了2014年年末短暂的两个月下跌，而这个时候也恰巧迎来了2015年上半年的大牛市，逐一减仓更是获利颇丰。

这家上市公司就是道明光学（002632）。

最后强调：分批建仓盯价格，逐一减仓看高度。

21. 一买就跌，一卖就涨，该怎么办

很多投资者一直游荡和迷茫在投资与投机之间，尤其是在 A 股用一级市场的思路做二级市场投资时，很容易受到各种“交易行为”或者“交易型投资者”的干扰。那该怎么办呢？

其实，顺应市场就要知己知彼，去了解交易型对手的玩法，这样可以在使用一级市场的思路做投资的时候，更好地执行。**但是所有的对交易型对手的了解，仅限于在保持相对稳定的投资思路的同时适度灵活，切不可常常否定自己，这也是很多投资者迷茫在 A 股的重要原因。**

有一家专业从事电网节能、环保及电能质量优化解决方案的电力装备供应商，在 2011 年年末上市的时候，公司主要产品是高压并联无功补偿装置、高压滤波成套装置、MSVC 及核心器件等。

2012 年年末，实际控制人开始增持这只股票。2011—2013 年，其每年的净利润不超过 6000 万元，但是从 2013 年开始，随着公司战略方向的调整，公司主营业务调整为六大板块，公司逐步转变为集绿色节能电网整体解决方案设计与建设，电力基础设施建设及能源投资开发运营，特种有色金属矿产运营及产业链整合，工业园区投资开发与运营，特许经营权投资开发与运营以及金融投资控股的多层次综合性跨国民营企业集团。

从 2014 年开始不少投资者开始对其进行投资，这只股票一路上涨，在一年半的时间里股价翻了近 15 倍，很多在上涨过程中卖出过这只股票的投资者，看着其直上云霄不回头的趋势也忍受不住诱惑，又一次更大仓位地杀了进去。可是，从 2015 年 5 月中旬开始，从最高点一路下跌，股价跌去了近 70%，不少之前获利的投资者由于后期的重仓进入而损失惨重。

这家上市公司就是：恒顺纵昇（300208）。

“涨上加涨拉高出货”是需要时刻警惕的。从交易的角度看，主力建仓拉升在

赚取相对合适的利润时，除非后期交由其他主力接盘，否则需要靠各种技术和交易的行为让散户大量接盘。投资者要记住，任何主力要想顺利出货，一定要“边拉边出”，也就是如果是阴跌或者猛跌的话，大多散户跟风的可能性不太大。

所以已经获得合理收益的投资者，千万不要被主力出货行为蒙骗。要做到“不赚最后一分钱”“赚每个人该赚的那部分钱”。

有一家专业生产非接触式智能卡、智能电子标签、RFID读卡设备的上市公司。公司主要产品包括非接触IC卡和电子标签两个系列，产品型号几百种，产品覆盖低频、高频和超高频等各个频率段。2010年就在中小板上市的这家公司股票，直到2013年，股价一直没有太多的波动。

随后，实际控制人逐渐在原有实业上进行积极的转型，逐渐形成了物联网产业（基础）、OTT（入口）、创新型互联网金融（入口）三大核心业务体系，互联网金融是未来公司战略发展的重点方向。在即将扩大发展的2014年的前两个月，其股价突然大跌了近25%。

这导致看好其发展空间的不少投资者，第一时间清空了手中的股票。但从2014年5月开始的一年半的时间里，股价就像坐了火箭，即使遇到2015年6月和8月的两次股灾也不改其上升本色，股价翻了近5倍。

其实，在上市公司基本面没有实际利空，反倒预期会有很多基础面的改观的情况下，宏观环境没有明显走坏，股价一直在底部不断盘整的股票，突然下杀并不足以让投资者轻言放弃。不少主力在每一次上升平台之前及过程中都需要不断清理浮筹，这些筹码持有者是相对比较不坚定的投资者。从主力角度看，这些投资者如果不被清理，会成为股价上升中的阻力，进而浪费过多的资金。

2015年，它已经成为以三方支付、供应链金融、保理、小额贷、金融租赁等为主要业务的创新型互联网金融的公司，其整体的布局和爆点部分已经布局完成。这个时候其再次暴涨的可能性已经不是很大。投资者反倒应该适时减仓。

这家公司就是：达华智能（002512）。

可见，“买”和“卖”这两个字对于投资者是永远的主题，在使用**一级市场思维，搞二级市场投资**的同时，对于交易行为的大资金的各种欺骗和诱惑，也是应该警惕的。

最后强调：涨上加涨拉高出货，跌上急跌清理浮筹。

22. “会买的是徒弟，会卖的是师傅”，告诉你该如何卖

投资这件事表面看着非常简单，就是买和卖，但是何时买、何时卖里有很大的学问。有太多人在股票跌了很多没有买，结果涨起来刚买就被套的例子。

其实，真的可以一直赚到钱的投资者并不是可以保证每次都正确，但是他一定大部分时候是正确的，而且这种正确是建立在比较确定的投资理念基础上的。有时候，大部分投资者总想一次赚个大的，而实际上即使每次赚的都不多，但是能够在每一个回合的“买和卖”大部分时候都赚到就可以了。**这就是我们一直强调的每一回合的重要性。**

有一家生产有色金属及合金的上市公司，是全球规模最大的镁合金专业生产企业。公司主要从事镁合金、金属锶、铝合金及中间合金等产品的研发、生产和销售。这家公司在2007年登陆深圳中小板，但过去10年其市值一直没有超过100亿元。过去的10年里有四五次股价由低走高的大波段，其市值在30亿元以下的区间有三四次。如果投资者如果能够在其下方盘整即30亿元市值以下介入，赚到50%左右就陆续卖出，然后等待30亿元市值以下逢低进入，之后再逢高卖出，是可以赚到四个左右回合的。

当然说起来容易，这种马后炮只会是继续像吸铁石一样让投资者埋头于股市，并无数次被陷入其中无法自拔。

具体应该怎么操作呢？首先买点是任何人不知道何时最低的，但是2014年年末它的定增价格在11.46元，也就是一些投资机构认为它36亿元左右的估值相对合理，在这之后A股的大牛市让它的股价冲了翻了一倍，但是接下来的股灾让它的股价跌到了7元多，而10元左右它的实际控制人一直在增持，而且随着整个中国股市借壳上市壳费和壳的价值的上涨，以及整体市值的提升，30亿元以下的公司非常少见。因此投资者在10元及以下建仓这只股票是合理的。

卖点又是一个问题，没有人准确知道何时是适当的高点。但是当所谓的“液

态金属机器人”概念充斥着小金属行业，又加上其切入镁铝深加工和镁价的上涨，和利润上涨等预期，在股价涨到 50%左右开始陆续减仓，先把本金赚回，之后越涨越卖的操作思路是不会赔钱的。其实际控制人增持之后的一年左右时间，股价已经翻了一倍多。

这家上市公司就是：云海金属（002182）。

很多人会质疑，到底涨到多少开始把本金卖回？其实对市值增长进行预期是非常困难的，无论是考查企业的业绩增长情况，还是整个股票指数和宏观市场的基本情况，还是具体到这个股票的各方主体和散户之间的博弈情况等。这个本金卖回前的收益可以是 20%，可以是 30%，可以是 50%，但是无论多少，只要在低点买入后，一部分先期回本，另一部分“听天由命”的逢高减仓，起码是不会太后悔的。

有一家国内知名的航空业上市公司，在国际航线上占据垄断地位。其控股参股了货运公司、飞机维修工程公司等多家企业，近些年其品牌价值不断扩大，2007 至 2011 年其连续五年入选世界品牌 500 强，成为中国民航唯一一家进入“世界品牌 500 强”的企业。经过四年的阴跌，2014 年下半年开始，随着石油价格的下降，航空业迎来了新一轮的业绩增长预期，这个时候，不少投资者于 2014 年投资进了这家市值 400 多亿元的上市公司，很多人随涨随卖，然后边卖边买，最后，牢牢地被 2015 年的股灾套在了市值 1600 亿元的上方。

结果很多投资者会发现：中国的牛市不应该期待赚多钱，而是做到不被之后的疯牛套住。一买一卖在每段行情中只做到一个回合就可以了！

这只股票上涨的这一年里，如果投资者建仓后，等待一定时机的回本的机会，尤其在看到牛市来到，在 50%或者翻倍卖出本金后，剩下的陆续卖出而坚决不再重仓进入，这样的牛市，一定不会让投资者被套，而且无论有没有牛市，都会贯穿牛熊。

这家上市公司就是：中国国航（601111）。

最后强调：卖时先回本，永远不亏本。

23. 大揭秘："牛散"是怎么炒股的

互联网上有个叫《有一种牛散叫别人家老公，建平10年从470万炒到7亿!》的帖子火了。贴子中的建平就是赵建平，赵建平牛到什么程度？多家媒体一致的描述是："2006年以来的十多年间，A股不断经历牛熊转换。在这十多年，一些牛散的财富像滚雪球一样越滚越大，比如赵建平，2006年第二季度末，其仅现身一家上市公司的前十大流通股东，持股市值约470万元；到2015年第三季度末，其现身的上市公司已达14家，持股市值超过7亿元。按上述两个时期简单计算，赵建平的持股市值增长达150倍，而沪指同期涨幅不足一倍。"

对于十年150倍的财富增长，与做天使投资的高手或者民营上市公司的创始人的财富暴增比较起来可能不算什么，但是在股市里面做到贯穿牛熊、真金白银地赚到几百倍的回报已是非常了不起了，这里面除了运气，更重要的是他实实在在的投资门道。

从2006年到2007年的资本牛市，赵建平从400多万元的投资升值到了最高峰的近8000万元，到了2008年的股灾，虽然赵建平大部分资金已经撤出，但还是降到了2000多万元。之后的5年，中国资本市场虽然上演的是熊途漫漫，但是赵建平的股票资产从2000万元升值到了1亿多元。到了2013年，创业板和中小板的市值暴涨让赵建平又一次抓住了机会，其股票资产从1亿多元上升到了7亿多元。

公开资料显示，赵建平的持股市值在2013年突破4亿元，2014年年末仍为4亿多元，2015年上半年则暴增并突破10亿元。随后受股市大跌影响，赵建平的持股市值在2015年第三季度末降至7亿多元。

赵建平的投资哲学是什么呢？表面上看，这个"牛散"并不是真的可以买到最低点，或者说卖在最高点。在和赵建平探讨投资的时候，我对他肃然起敬，因为他对中国股市的研究跳出了大多数人理解的范畴，即使是做股权投资或者价值投资的人也未必能像他理解的那样透彻。

尤其是天天游走在二级市场里的散户们，能不受过多的技术指标和各种消息的“引诱”，其实是非常困难的事。

在和赵建平探讨股票时会发现，他不关注 MACD，不看重 KDJ，也不看 BOLL，谈的只有两个核心问题：对于某上市公司，安全的买入价格应该是多少；上市公司的未来预期应该会有多少的上涨空间。这两点看似简单，实则包含很多学问。

2015 年，一家科技公司上市后，作为 2015 年内的妖股，最高涨到了近 400 亿元市值，之后在 2015 年的股灾遭遇滑铁卢，市值一路下滑，从 400 亿元跌到了 300 亿元，又一路下滑到 100 亿元。

而一直观察这家公司的赵建平从其一上市就开始关注，他告诉我，因为 IPO 连续封板，又遭到多个游资炒作，让他根本没有机会买入，而股灾给他带来了机会，可是谨慎的他买入估值是在 100 亿元，他一直从 400 亿元市值等到了 100 亿元市值。而就在买入后的半年多，当它的市值超过 200 亿元的时候，他毅然决然地在两天内全部卖掉。赵建平敢于在低价快速出手，又不拘泥于所谓的长期持有，获利丰厚。

这家上市公司就是：暴风集团（300431）。

最后强调：“韭菜”看理论，“牛散”忙调研。

24. 梦想涨十倍，实际涨一倍：揭示设定投资标的的目标和策略

被无数“专家”指导过 *N* 次的思路是“目标原则”，但目标原则很容易被误导。

我比较反对太过于教条的目标制定，那样的目标无法指导人们的行动。最近几年不少总裁班在神州大地崛起，中小企业家蜂拥而至，学习企业管理法则、目标原则、成功法则等，而结果往往是背道而驰，主要原因是很多中小企业家的成功既有偶然性也有必然性，但是适合其自身的才是最重要的，在学习所有的高大上之后去硬搬硬套，其结果往往是企业越管越死，目标越定越空。

那怎样的目标才是正确的呢？举一个简单的例子，是否遇到过这样的孩子？小学的时候学习很一般，随着认识到学习的意义，不断给自己设定学习目标，然后考试的分数直线上升，从学习一般的孩子变成了中考、高考的佼佼者。

因此，首先要给自己设定一个基本的目标，而且充分认识到，通过股权或者股票投资是可以让财富快速积累和上涨的。这一点说着简单，但往往和很多人的思想认识及不断尝试后的结果有着直接的关系。为什么周围太多的人都在通过买房实现投资，而在谈到投资企业股权或者股票时则避而远之呢？因为大部分人缺乏企业投资经验和专业知识，对于他们来说，最简单、最直白的投资就是投资房产。但是要想成为专业的投资者，尤其是在快速发展的这个黄金时代，真正要实现财富的翻倍暴涨，或者说是持续的扩张，一定要和优秀的企业绑在一起。

从 2016 年福布斯中国富豪排行榜会发现，首富大多是靠做实业或者投资实业（包括金融业、互联网、能源、房地产业、投资、IT 等）的企业家。

此外，投资者要给自己设定一个幅度相对高的投资收益作为目标。举一个例子，在考试的时候，如果一个优秀的考生给自己设定的考试目标是及格就可以，他付出的努力、思考的程度都是以此为基准，以至于他考试的结果都不会特别好。

相反，如果这个考生给自己定的考试目标是100分，有可能他会考个90分，而如果他给自己的考试目标设定为80分，有可能他会只考60或者70分。同样，在投资者选择投资标的的时候，如果去选择那些很有可能翻10倍的公司，那么最终可能会得到5倍的收益，而如果去选择那些有可能翻一倍的公司，那么最终的结果可能是盈利30%。因此，为了抓住中国无数优秀的企业快速发展的这个阶段，投资者需要花大量的时间和经历，去研究、调研、思考，然后投资那些快速发展、可以实现暴涨的公司。

抓住并购重组带来的机遇之所以是本书谈到的投资重点，就是因为并购重组很有可能让企业从行业、团队、业绩、市值、发展空间、关注度、潜能上，带来投资暴涨的可能性。

某公司主营笔记本电脑、台式电脑等消费电子的分销业务，以及服务器、网络产品、存储设备、套装软件等企业 IT 产品的分销业务。2015年，它开始借壳深信泰丰（000034），深信泰丰拟以7.43元/股的价格，向5名自然人及中信建投基金定增16号资产管理计划增发约2.96亿股、募资约22亿元，用于支付本次收购价款。

受利好影响其股价最高冲到 12.24 元，但由于受到股灾的多次影响，股价直转向下跌到了7.7元，逼近借壳价格。这7.7元是否是一个抄底的机会呢?

根据交易对方给出的业绩承诺，它在2015—2017年3个会计年度的扣非净利润将分别不低于3.02亿元、3.28亿元和3.35亿元，若未达到上述预期，其实际控制人郭为将做出相应的业绩补偿。如果按照A股同类市盈率30倍到50倍之间取平均数40倍的市盈率。它的130亿元的市值是否短期可见呢?按照当时借壳时7.43元的价格只是40多亿元的市值，是否有翻两倍多的空间呢?

接下来一年的走势验证了以上的猜测，它从7.7元开始一路向上，一年之后最高涨到了34.97元，增长了将近4倍。

它就是神州数码（000034）。

虽然投资者不可能赚到“最后一分钱”，但是投资这样高倍增长的预期标的股票，是一种重要的投资理念。在体育竞技的时候，人们经常说：“最好的防守就是进攻”。同样，在股市里，最好的风险控制就是投资相对靠谱的、预计未来数倍增长的标的。

25. 告诉你不可不知的投资赚钱逻辑

某银行销售理财产品的海报上曾经写过一句话："尊敬的投资者，您要的是穿越牛熊，而不是心跳的刺激"。但是人在江湖漂，怎能不挨刀？资本市场这个江湖肯定让投资者伤痕累累、遍体鳞伤，但也会让一小撮投资者凤凰涅槃、杀出血路。

资本市场让人揪心的事情、案例、消息太多，尤其是买入自己不熟悉的金融产品，亦或买入自己不了解的上市公司股票，更惨的是买入被庄家操纵的妖股，更是让人叫苦不迭。这种不靠谱、不落地、不让人放心的举动会让投资者心跳加速、寝食难安。**因此，从一开始就要选择让人放心的标的，而这种选择往往需要合理的逻辑。**

有一家国内最大的专业住宅开发上市公司，其产品始终定位于城市主流住宅市场，主要为城市普通家庭供应住房。这只股票在 2015 年 7 月的一个公告让中国资本市场掀起了波澜：截至 2015 年 7 月 10 日，前海人寿（宝能系）通过二级市场耗资 80 亿元买入它约 5.52 亿股，约占它总股本的 5%。7 月 24 日，前海人寿及其一致行动人钜盛华对它二度举牌，持有它 11.05 亿股，占其总股本的 10%。而前海人寿与钜盛华的实际控制人均为姚振华。而其实，早在 2015 年初宝能系就在增持它。在完成本次增持后，姚振华方面持有的股票数量距离它的单一大股东华润已经非常接近。8 月 26 日，前海人寿、钜盛华通知它，截至当天，两家公司增持了它 5.04%的股份，加上此前的两次举牌，宝能系合计持有它 15.04%，以 0.15%的优势，首次超越了它原来的第一大股东华润集团。

但是，9 月 4 日，中国香港交易所披露，华润耗资 4.97 亿元，分别于 8 月 31 日和 9 月 1 日两次增持，重新夺回它的大股东之位。截至 2015 年 11 月 20 日，华润共持有它 15.29%股份。11 月 27 日到 12 月 4 日钜盛华又买入 5.49 亿股，合计持有它的股票约 22.1 亿股，占总股本的 20.008%，取代华润成为它第一大股东。宝能系对它"买买买"的节奏一直没停，持股比例增至 24.26%。

它的管理层公开表示不欢迎宝能系，双方对第一大股东的争执愈演愈烈，之后恒大开始增持它，然后华润又把第一大股东的位置转让给深圳地铁等，一系列的战争只是为了争夺第一控股权的位置，宝能看好了它的资产和土地，它一直持有小股份的管理层一直寻求支持自己的大股东，在这个过程中，它的股票上涨是必然的。因为只有在短时间迅速购买才能取得第一大股东的地位，而它在宝能系觊觎时的估值才 600 多亿元，就这样它的市值从 2014 年年中到 2017 年之间，最高涨到了 3600 多亿元。

这家上市公司就是万科 A（000002）。

在“万宝”争夺的整个过程中，其上涨的逻辑是需要投资者反复思考的。股票上涨的逻辑各式各样，而很多逻辑都是基于对公司的了解和对信息的分析，然后加以逻辑的整理和判断。

但其实，有不少凭此逻辑买入万科 A（000002）的投资者亏了大钱，**因为他们没有把握关键买卖位置的原则，尤其是之前买卖一个回合之后再一次杀入的时候，仍要坚持在较低的位置买入，而不是稍见价格回调就迫不及待地补仓。**

一家集研发、生产、销售、服务于一体的专业化空调上市公司，其主营业务范围是生产销售空调器、自营空调器出口业务及其相关零配件的进出口业务。其产品包括家用空调、中央空调、空气能热水器、TOSOT 生活电器、晶弘冰箱等。

“实际控制人要强”的逻辑在这家上市公司中应用得淋漓尽致，这个公司的灵魂人物——一位女强人从 1990 年进入公司做业务经理，1994 年开始相继任公司的经营部部长、副总经理、副董事长。2004 年 3 月，她当选人民日报《中国经济周刊》评选的 2003—2004 年度“中国十大女性经济人物”。2004 年 6 月被评为“受 MBA 尊敬的十大创新企业家”，2004 年 11 月被评为“2004 年度中国十大营销人物”。2005 年 11 月，她再次荣登美国《财富》杂志“全球 50 名最具影响力的商界女强人”榜。2007 年，她出任公司的总裁。

在此期间，作为公司董事长的她一路增持自家公司股票。最了解公司的应该是谁呢？外部人永远不如内部人了解公司。它的营业收入和利润增长每年近 30%，股息率高，现金流充沛，是典型的 A 股市场的蓝筹。

正是从 2007 年开始，10 多年间，其市值从 100 亿元左右，翻了 15 倍左右。

其实，投资者需要看到一个逻辑，它在中国空调业的位置，就像茅台在中国白酒的位置。

这家上市公司就是格力电器（000651），这位女强人就是董明珠。

多种逻辑的结合下，格力电器（000651）是不是之前提到的，靠一只股票就可以赚多个来回的那种优质股呢？

最后强调：投资玩的不是心跳，是逻辑！

26. 到底该选长线投资还是短线投资

很多人经常犯一个错误，遇到一只非常好的股票，一味追求价值投资，或者一直相信公司长久是向上发展的，尤其在买入并长时间持有时会产生“操作的惰性”，即虽然投资者知道股价已经很高，跌是大概率事件，或者宏观环境或突发事件造成短时间下跌的可能性较大，但**由于长时间不操作，产生了交易上的惰性，内心不愿意去操作，情愿去被动等待或者熬过不确定性。**

巴菲特说，“我们最喜欢的持有期是永远”！有一只全球最“贪睡”的基金，睡了 80 年，赚了 3159 倍。这只基金叫 Voya Corporate Leaders Trust Fund（LEXCX），在美国大萧条时期的 1935 年成立，经历了 80 多年，历经世界大战、石油危机、亚洲金融危机、伊拉克战争、全球金融海啸等，仍然屹立不倒。这只基金远远超越了标普指数和道琼斯指数，其注重红利再投资，而且所持仓的股票是 80 年前买入的公司，80 年前，它们买入的是什么呢？联合太平洋，伯克希尔哈撒韦，埃克森美孚，普莱克斯，雪佛龙，保洁，霍尼韦尔，马拉松石油，杜邦，维亚康姆。它们分别属于工业、能源及消费行业。

对于大部分投资者来说，操作的增加带来的是收益的减少。对于这个 LEXCX 基金，巴菲特提到它时也表示，“嗜睡懒散”依旧是投资方式中一个里程碑式的存在。那么这个 LEXCX 基金的投资原则是什么呢？第一，不增加任何持股，投资组合中任何新股的加入，都只能通过分立、合并或者收购的方式。第二，寻找那些可以支付股息且可以繁荣数十年的蓝筹股，抓住品牌和可持续性竞争力。第三，控制风险的方式是根据买入的公司是否暂缓股息或者面临摘牌或破产的风险，如果这种风险放大公司就会被卖掉。在很多专家分析完这只基金后，得到了一个共同的结论：长期投资需要长期持有优质蓝筹股，而只有长期持有才能战胜人性弱点。而真正的长期持有，途中会遇到太多的诱惑和恐惧。

80 年收益 3159 倍，看似很大，那么年复合增长率是多少呢？其实每年的增长率才只有 10.6%，80 年就足以让 1 万元变成 3159 万元。

对于优质的持续增长的公司，买入并持有虽然是对的，但是买入并持有就代

表一动不动吗？

一家从事电力信息化系统集成业务的国家高新技术上市公司，提供综合性整体解决方案的形式，从事电力企业信息化建设业务，并提供相关的技术及咨询服务。2015 年 11 月 2 日晚间它接到第三大股东通知，拟向中科汇通协议转让其持有的公司 2,526,684 股无限售流通股份，占公司总股本的 1.89%，转让双方已签署《股份转让协议》。11 月 3 日晚间公告，公司 11 月 2 日晚间接到第二大股东孔飙通知，拟向中科汇通（深圳）股权投资基金有限公司（以下简称“中科汇通”）协议转让其持有的公司 25,033,316 股无限售流通股份，占公司总股本的 18.68%，转让双方已签署《股份转让协议》。

本次股份转让前，中科汇通持有公司 9,034,526 股股份，占公司总股本的 6.74%，为公司第四大股东。本次股份转让完成后，中科汇通将持有公司 36,594,526 股股份，占公司总股本的 27.31%，变更为公司第一大股东。中科汇通是中科招商投资管理集团股份有限公司的全资子公司。中科招商是大型人民币创业投资基金专业管理机构，本来是做一级市场的公司控股上市公司，其目的是为了打通一级市场和二级市场，把更多优质的资产装入二级市场的上市公司实现市值增长并退出。

在之后短短的一个月时间里，它的股价从 8 元多直接冲到了 19 元多。这家上市公司的实际控制人变更为资本运作高手的公司，很适合投资者在底部等待并中长线持有等待它的资产注入。**但是，这种漫长的等待很容易让投资者失去对市场的敏感度和交易的感觉。**而且这种过长时间的等待有可能会失去一些中间小幅波动的机会，当然如果大幅卖出又容易错失之后大涨的机会。因此，用三分之一左右的仓位进行高抛低吸，进而不断降低总体持仓成本是非常重要的。

2016 年 1 月末，它的股价用一个月的时间从 19 元多跌到了 9 元多。

这家上市公司就是海联讯（300277）。

其实，对于大资金的主力来说，任何重要的投资机会都是在大跌之后，才足够吸引大资金进入的。**所以投资者最需要的就是坚守+灵活，坚守中长线的翻倍股，但是三分之一左右的仓位保持高抛低吸的灵活性。**

27. 告诉你如何看穿并跟对上市公司的“王”

没有低市值企业，只有低水平一把手。

判断创业者能否成功的标准有哪些？对于具有以下特质的创业者，投资者一定要远离：

格局小的；心态不好的；执行力差的；人品不正的；资源不够的；没有梦想的；胸怀不够的；不学习或不接受新事物的；……

做投资需要研究太多的行业、技术、背景、业绩等，然而其实一切都是人的问题，最关键的就是实际控制人。

投资最重要的就是选对真正干事的人，而选好这个人需要各方面的能力。判断人的能力、格局、人品、风格、运势等是一个综合的过程。投资者很难做到像很多机构或者“牛散”那样去调研、去结交实际控制人，更做不到专业投资者那样根据看到的和感受到的东西去判断实际控制人，这就需要投资者通过各种途径，包括但不限于网络、媒体、打探等综合的方式，去了解并判断实际控制人的水平。

真诚地说一句，投资者判断上市公司实际控制人的水平与投资者的工作环境、接触面、资源、悟性等息息相关。

在各路资本势力林立的资本市场上，清华系已驰骋十多年，以其“资本+技术”的特有模式独树一帜。近两年，整个清华系已形成旗下三大资本运作平台——启迪系、同方系和紫光系，它们各有所长，风格各异，在集成电路、环保、金融等多个领域攻城略地。清华系控制和参股的上市公司在数十家。清华系旗下直接控股或间接参股共 14 家上市公司，包括同方股份、诚志股份、紫光股份、同方国芯、*ST 古汉、泰豪科技、国金证券、千方科技、中文在线、*ST 华赛 10 家 A 股公司，以及同方友友、同方泰德、锦恒汽车安全 3 家港股公司，和 500 彩票网 1 家美股公司。

1994年8月，启迪控股的前身清华科技园发展中心成立。2012年7月2日，房地产行业出身的清华校友王济武担任启迪控股股份有限公司总裁，从此，启迪控股开始资本运作的快速发展，几年时间启迪控股通过全方位打造“孵化+投资+并购”的模式，掌控了千亿元资产。

王济武做事情要求格局大、速度快。据说，他选人比较有特点，看谁的麻将打得好，麻将打得好，说明对事情的判断性及思维敏锐度高；他用人比较直接，定好目标后，只看结果，若结果完不成则必须换人。

2015年4月，一个环保类的上市公司与清华控股、启迪科服、清控资产、金信华创达成战略合作，启迪科服成为公司的第一大股东，此次交易额约70亿元人民币。之后这家公司更换名字为启迪字样，并专注于废物资源化和环境资源的可持续发展，其主营业务涉及固体废弃物处置系统集成、环保设备及环卫专用车研发制造与销售、城乡环卫一体化、再生资源回收与利用及特定区域市政供水、污水处理项目的投资运营服务等诸多领域。在启迪控股成为实际控制人之后，其与济南市人民政府合作济南环境科技产业园投资战略，之后又定增投资环卫一体化平台及服务网络建设。在启迪控股的带领下，其走出股灾的阴影，市值不断提升。

这家上市公司就是桑德环境（000826），后更名为启迪桑德（000826）。

在关注公司的创始实际控制人的同时，在中国，也要关注中国资本市场上必须知道的几大派系，有他们掌控或者参与的资本运作总是会有很多的神秘力量、媒体的关注以及更多潜在的市值管理的预期。但是，这些主力控制的上市公司过多，能不能照顾过来就是个疑问了。以下是几家投资者需要关注和了解的中国资本市场上基本的派系。

明天系，掌门人肖建华，从1998年第一家上市公司华资实业至2017年，明天系已经形成庞大产业，一度控股、参股6家上市公司、6家商业银行、6家证券公司以及浙江金融租赁股份有限公司、北京国际信托投资公司等多家金融机构，旗下关联公司达数十家。明天系主要是北京大学的人才的汇集。控股上市公司：明天科技、西水股份、爱使股份、华资实业。参股上市公司：北方创业、农产品、鲁银投资、新黄浦、东陵粮油、建新矿业、金地集团、哈尔滨银行。

复星系，掌门人郭广昌，在 1992 年成立广信科技，并在 1994 年成立复星集团。“复星系”直接和间接控股的公司已超过了 100 家，投资范围涉及生物制药、房地产、信息产业、商贸流通、金融、钢铁、证券、银行、汽车等领域。控股上市公司：复星医药、南钢股份、豫园商城。参股上市公司：天药股份、友谊股份、羚锐股份、联华超市、上海复地。

万向系，掌门人鲁冠球于 70 年代末期创建了万向，他把当时的一个生产农业机械的小作坊，发展成为了中国第一个为美国通用汽车公司提供零部件的 OEM。万向集团已经成为一家综合的企业集团。参股银行 6 家、上市公司 11 家。控股上市公司：万向钱潮、承德露露、万向德农、顺发恒业。参股公司：中色建设、兔宝宝、航天动力、航民股份等。

中植系，掌门人谢直锟，异于其他资本系，“中植系”资本运作缜密而激进，利用中融信托平台，构筑混业经营的金融生态介入上市公司：中南文化、南洋股份、上海电气、江西长运、TCL 集团、贵绳股份、吉恩镍业、福田汽车、三安光电、经纬纺机、*ST 圣方、沈阳机床、ST 华新、兴业矿业。

德隆系，唐万新创始的德隆系由地处西北边陲的小公司发展成为一个一度控制资产超过 1200 亿的金融和产业帝国。唐万新因涉嫌变相吸收公众存款和操纵证券交易价格非法获利，2004 年底被警方逮捕。曾控股上市公司：新疆屯河（后更名：中粮屯河）、湘火炬（后更名：潍柴动力）、合金投资（ST 合金）、S*ST 重实、北京中燕（后更名：通策医疗）、天山股份。

涌金系，掌门人魏东，其在 2006 年 9 月布局碧水源上市。短短三年时间，魏东及其掌控的涌金系在碧水源中的投资收益最高已暴增近 70 倍。曾涉上市公司：银河动力、九芝堂、青岛软控、成都建投、中宝股份、千金药业等。初期涌金系和其他刚刚成立的私募机构类似，采取私募机构最原始的投资风格。

华立系，掌门人汪力成最早以做竹器、雨伞起家。之后华立集团成为国内最大的电能表生产商，其生产的电能表各项经济指标已连续 8 年名列国内同行首位。

母公司为华立集团，控股上市公司：华立控股、昆明制药、武汉健生、华智控股。参股上市公司：南天信息、开创国际。

必须要强调，实际控制人是一把双刃剑，成也是人，败也是人。

探寻真正做事且走正路的实际控制人，是投资者应该时刻需要做的事。

最后强调：投资企业的实际控制人必须强。

28. 高管们都重仓增持的上市公司股票该不该买

有时，中国的投资者是非常可怜的，因为大部分投资者都是公司的外部人，他们根本不了解公司，有的可能连公司注册地在哪里、公司是做什么的都不知道，甚至可能连公司是属于中小板、创业板还是主板都不知道。

那么谁最了解公司的呢？肯定是公司的内部人，内部人包括公司的实际控制人、董事、监事、高级管理人员。他们天天接触公司的战略、财务、人事等，对公司的真正问题和情况掌握得比其他人多。当然从另外一个角度看，公司的一线员工，甚至一些基层人员反映的内部问题有时也是非常关键的。

一家精密光电薄膜元器件制造商，其主要产品有数码摄像系统中的红外截止滤光片及镜座组件、触摸屏、光纤镀膜、低通滤波器等产品的精密光学光电子薄膜元器件，其拥有国内规模领先、工艺技术能力达到国际先进水平的精密光学光电子薄膜元器件生产线。

2015 年 11 月 9 日公司发布公告，自 2015 年 9 月 25 日至 2015 年 11 月 6 日，公司董事、监事、高级管理人员及核心管理团队增持计划实施完毕，累计增持股份 903.21 万股，占公司总股本的 0.8764%，均价 21.01 元，增持总金额 19,058.81 万元（扣除佣金和交易费用），锁定期为 12 个月。基于对公司未来发展前景的信心以及对公司价值的认可，董事、监事、高级管理人员及核心管理团队自愿增持公司股票。

这种高管通过资管计划，即融资杠杆的方式增持自家公司的股票，成本不是简单的买入成本，会有管理费、利息费用等。这些高管为什么要增持自己公司的股票呢？对这个问题的探讨是非常重要的。高管是最了解公司的，虽然法律要求上市公司对重要和必要的信息进行披露和公告，可是一切公告的信息都是公司对已经发生的或者计划发生的事件的公告，而不是对公司实际情况和未来情况的判断，这个判断就需要交给投资者，可是投资者和公司的管理层永远隔着一道鸿沟，而且这种上市公司小股东和管理层的鸿沟不是轻易的沟通就可以逾越的。因此，**高管的一举一动更加能够说明一些潜在问题。**

高管敢于买入自己公司的股票，但高管被套的案例也不少，那么如果高管被套了，投资者不也是被套了吗？在多年前我曾经问一位上市的高管，你们买公司的股票，如果被套了呢？他的原话居然是：**"要是公司让员工亏钱了，那就是逆天了，老大再号召，也没人信了"**。短短的几个字里面包含很多的内容，需要强调的是高管入股与公司的股权激励不同，高管入股是需要高管真金白银拿出钱来买公司的股票，而并不是对其辛勤工作或者完成业绩要求的奖励。同时，高管入股和实际控制人入股不同，高管入股往往是公司管理层在公司股价处于低估状态，而且公司预期市值会大幅上涨的时候。公司高管通过买入自己公司的股票，不仅给市场投资者的一剂强心剂，也是真正了解公司的这群高管通过高管入股实现赚大钱的机会。因为大部分上市公司的高管的薪水其实并不是特别高，他们的薪水如果过高，会对公司的净利润造成较大影响，所以通过给高管增持或者股权激励的方式给这些高管进行激励和补偿是比较普遍的现象。

自从 2015 年 11 月之后的一年，公司收购索尼华南工厂、业绩持续增长，其股价也直奔 40 多元，一年可以翻倍，对于高管和投资者应该是不错的收益。

这家公司就是，欧菲光（002456）。

同样是高管入股，有人欢喜有人忧。高管跟对人、跟对公司是最关键的，不然，他们也会和散户投资者一样很容易被深套。

有一家致力于电子产品、计算机软、硬件及其应用网络产品、电子元器件、数字电视机顶盒等产品的生产经营的上市公司，其主要产品包括卫星电视接入设备、有线电视接入设备。其上市之后经历多次重大转型失败，股价匍匐不前，2015 年年末它的实际控制人和一些高管陆续增持。一般来说，公司增持的顺利完成，表明大股东和团队对公司未来的发展充满信心，对二级市场的股票是利好。但随之而来的是，实际控制人、董事长辞去公司董事及董事长等职务并向公司提交了《辞职报告》，其因向深圳市小牛龙行量化投资企业（有限合伙）借款人民币 8.7

亿元发生违约并导致仲裁，将以其持有的公司股份抵偿，公司的实际控制人发生了变化。

公司高管的增持平均价格在 14 元左右，可是在未来的一年后，它的股价一路跌到了 10 元左右，高管、散户、大股东，悉数被套……

这家公司就是，同洲电子（002052）。

试问，如果真的是发展良好、且有未来高成长预期的公司，高管为什么不进呢？反过来，高管进的公司一定就是好公司吗？擦亮眼睛，高管增持对投资者是危是机，还是要看这家公司管理人是否真的是“干事和成事的是同一群人”！

最后强调：兼听则明，偏听则暗！

29. 究竟该投大盘股还是小盘股

小盘股是相对于大盘股而言的。大盘股通常指发行在外的流通股份数额较大的上市公司股票。反之，小盘股就是发行在外的流通股份数额较小的上市公司的股票。中国划分小盘股、中盘股、大盘股的方式方法很多，有的只看流通盘，有的要整体市值的排名等。但是这几年随着 2015 年牛市的来临以及 A 股的壳费上涨，20 亿元市值以下的公司几乎没有，划分小盘股、中盘股、大盘股的方式以市值排名也好、以流通盘大小也好，其实我们只是关注一个大概的说法。

很多蓝筹股都是大盘股，蓝筹股稳健，相对风险不是太大，但是大盘股的上涨空间相对不是太大，想要靠股市成就财富的暴增，多花时间和精力了解盘子相对较小的股票是至关重要的。要想获得更多的财富上涨空间，应该多关注中国 A 股中那些市值低于 100 亿元的上市公司，它们的潜力和上涨空间应该得到更多的了解和调研。

中国的那些牛散，或者说靠股市实现利润暴增的那群人，多数以中小盘股为投资标的，当然中小盘股的风险也相对大一些，需要更多的投资经验和能力的历练。

一家致力于车模的研发、生产和销售的企业，主要从事电动玩具汽车和塑胶玩具的经营及车模业务。其已经获得宝马、奔驰、奥迪、兰博基尼等 21 个世界知名汽车品牌的 190 款车模生产的品牌授权，是国内车模企业中获得授权数量最多的企业之一。就是这么一个生产车模的公司，2010 年上市，当时的名字还叫某某车模，2013 年之前市值不到 40 亿元。

但是，从 2013 年开始，公司开始转型泛娱乐，公司收购爱思开公司、畅娱天下、酷果平台、趣丸网络、西甲球队皇家西班牙人等，公司业绩开始翻倍增长，从 2013 年到 2015 年，这家公司的市值居然从 40 亿元左右一度涨到 260 亿元左右！其实，这段时间内近乎 6 倍的市值增长对于中国 A 股的中小盘股是比较正常的。

同时，投资者对每一天的各种公司的新闻、公告、研报等的研究也是必不可少的，只有大量的了解、阅读、调研、探讨，才能发现越来越多的潜在爆发的公司。

抓住小盘股成长性的同时，要谨记投资者尤其需要抓住其扩张和业绩爆发的那一段，警惕其由于大量的并购或者整合之后增速放缓、消化扩张后遗症带来的一系列的漫长等待。

从2015年年末开始之后的一年，公司的控股股东开始逐渐减持，其并购也开始出现了中止重大资产重组等情况，加上准备非公开发行股票募集资金的工作开启等，其股价下降了近50%。投资者要是一直持有，便会损失惨重。

这家公司就是，星辉娱乐（300043）。

再举个例子。有一家包装类上市公司，其主要从事于轻型包装产品与重型包装产品的生产与销售，并为客户提供包装产品设计、包装方案优化、第三方采购与包装产品物流配送、供应商库存管理以及辅助包装作业等包装一体化服务。

公司从表面看是非常普通的包装公司，但是从2011年开始，控股股东开始增持，并开启了股权激励计划，公司2011年至2013年的净利润增长率分别不低于20%，70%和180%，公司2011年至2013年的加权平均净资产收益率分别不低于9%，10%和11%。2011年归属于上市公司股东的净利润及归属于上市公司股东的扣除非经常性损益的净利润均不得低于2008—2010年三个会计年度的平均水平且不得为负。同时，公司收购汇天云网集团有限公司51%的股权。收购完成后，汇天云网将成为公司控股子公司。汇天云网全资持有咭片皇有限公司及星辉新发展有限公司两家公司股权。其中，咭片皇为香港领先的通过互联网为客户提供个性化、定制化的商务及印刷产品服务的公司，其在现有互联网服务的基础上，通过建立线下服务渠道，打造线上线下（O2O）的电子商务平台服务模式，充分发挥自身在互联网服务、创意设计、自动化管理系统及客户资源方面的优势，积极拓展市场，实现快速增长。

经过一系列的“大干、实干”，它的市值从20多亿元涨到了400多亿元，通过暴涨可以很明显地看到公司一步一步的发展轨迹，并不是很多散户认为的纯粹的二级市场炒作或者是“庄家”硬拉的行为。

及时收手，是对小盘股投资的重中之重，2015 年股灾的来临，加上实际控制人的违规减持，它的股价，用了一年半的时间，从最高点跌掉了近 60%。

这家公司就是，美盈森（002303）。

最后强调：海阔凭鱼跃，盘小易飞腾！

30. 主力是如何赚大钱的

首先解释一下，什么是“大脑袋”？弄清或者逐渐觉悟成“大脑袋”是太重要的事情。“大脑袋”主要是那些格局比较高、思维比较清晰、看得比较远、有大智慧的人，逐渐形成“大脑袋”的思路对于股票投资和股权投资非常重要。

每次股市大跌，往往都是散户投资者在亏钱，然后大资金在底部抄底，大资金进入后，股市底部确认，然后股市开始新的上涨。大资金为什么这么聪明？它们又是谁？

在中国资本市场上的大资金很多，包括社保基金，公募和私募证券投资基金、保险基金、产业基金，以及很多游资和各种资金的联手等。从小范围来看，某只股票有可能受到大资金的关注来带动拉升进而上涨；从大范围来看，整个中国A股的上涨和拉动很有可能是各路资金同一时间的行为而造成的。

投资者很难及时知道这些大资金在整个中国A股市场的集体动向，而往往需要投资者时刻关注个股的大资金的动向。

有一家开发金融、证券等软件的上市公司，也是电信、期货、电子政务、安全、软件外包等领域重要的软件开发商和系统集成商，主要提供自行开发研制的软件、定制软件、系统集成和科技园开发等产品。

这家公司在大型信息化、电子化应用项目上拥有丰富的开发经验，对数据库应用、跨平台通信、嵌入式系统等技术有着深入的研究，在实时联机交易、业务管理系统、电子政务、软件外包等领域有着广泛的客户基础，在多个领域产品市场占有率居中国前列。这家上市公司的创始人彭政纲是一位敢拼敢创的企业家，他带领着公司于2003年上市。2014年4月3日，公司发公告称，阿里巴巴集团董事局主席马云通过其绝对控股的浙江融信网络技术有限公司完成对其第一大股东100%股权收购。浙江融信网络技术有限公司的股东包括两个人，马云以及阿里巴巴集团副总裁谢世煌，其中马云持股99.13%，谢世煌持股0.86%。

马云，是中国乃至全球创业者的传奇，从大学教师到中国首富，从发不出工资到公司在美国上市，从被人看成是讲互联网的疯子到引领整个中国甚至世界互联网行业，其可以算是非常智慧的创业者及投资者。“跟大脑袋比耐心”，也就是跟着这些聪明的人一起，相对风险会小，毕竟他们的智慧和资源会比一般的投资者强太多。

事实也是这样，自从马云控制后，经过一年半的时间，到 2015 年上半年，这家公司的市值从 100 多亿元上升到了 1000 多亿元，即使股灾之后，它成了众矢之的，但从中长期看，马云应该还会通过各种资源和整合做强这家公司及他的商业帝国。

这家公司就是，恒生电子（600570）。

有一家专注于导航电子地图的研发、生产、销售和服务的上市公司。其主要产品包括车载导航产品、消费电子产品以及相关的技术服务。公司是国内首家获得导航电子地图制作资质的企业，在国内率先从事导航电子地图商业化开发，在中国市场投放了第一款符合国际汽车工业质量标准的导航电子地图产品。

2014 年 5 月公司公告称，控股股东已与深圳市腾讯产业投资基金有限公司签署股权转让协议，腾讯斥资 11.73 亿元投资这家公司，占股 11.28%。腾讯是中国最大的互联网综合服务提供商之一，也是中国服务用户最多的互联网企业之一。腾讯的大资金进入不仅与标的公司有产业的合作，拿下中国的地图测绘资质和数据，同时也是强强联合共同形成从业务到市值的提升。

从那以后，公司的市值从 100 多亿元直接奔向了近 500 亿元，即使由于股灾的不断来袭以及中小板的上下波动，其市值也大致稳定在 200 多亿元。

这家公司就是，四维图新（002405）。

其实，做投资的人不必非常聪明，因为聪明大部分是小聪明，小聪明只能赚小钱，而“大脑袋”的做事思路和思维方式和格局是至关重要的，有的是与生俱来的，有的是后期培养的，这对于投资者的前途和未来是质的变化！

最后强调：和大脑袋拼信心，与大资金比成本。

31. 大股东减持，是馅饼还是陷阱

先说个概念，即市场上流行的说法——“大非小非”解禁，“大小非”是指非流通股，即限售股，或叫限售A股。小非，即小部分禁止上市流通的股票，占总股本5%以内。反之叫大非，即大规模的限售流通股，占总股本5%以上。解禁，即解除禁止，是非流通股票已获得上市流通的权力。

不少股民一直迷信一句话：“公司大股东要减持了，肯定会有利好放出，然后好拉高减持”，抱着这些想法的投资者特别喜欢那些公司大股东要减持的股票。

现实情况五花八门，A股的玄妙就在于“一切皆可能，一切皆不可能”。没有一个法则可以贯穿所有公司，没有一个原则可以生搬硬套。

如2013年最大的A股借壳，即一家通信科技公司借壳中创信测莫属。以308亿元的资产注入壳公司，借道上市。标的公司是做什么的呢?

这是一家主要从事通信网集中监测维护系统、通信网测试仪器仪表硬件、软件的开发、生产及销售的公司，其是国内规模靠前的通信测试维护专业设备供应商之一，主要产品在国内市场保持较高的占有率。它成立于1995年11月，原为大唐集团旗下核心资产，先后创造了SCDMA、TD-SCDMA和McWiLL三大国家和国际无线通信技术标准，特别是其基于SCDMA研发的“大灵通”系统，曾帮助固网运营商推出了移动通信业务。

这次借壳迎来了资本市场的热捧，受利好和标的资产预期的影响，在之后的一年半时间里，股价由8元多涨到了近68元。之后这只股票遇到了2015年内的大股灾，股价腰斩到了30多元。可是限售股解禁的日期即将到来，之前在它上市前的那些投资机构和投资者中，有很多在协调大宗交易的接盘方，为减持做好准备，当时不少投资者还在做梦是否会出各种利好配合减持。可是公司一定会出利好吗？公司一定可以协调好这么多大股东的减持节奏吗？减持不会出现踩踏吗？

当时有很多投资者认为2015年经历了6月15日和8月18日两次股灾，9月

份应该是抄底的时候，但其他很多股票投资者也许可以在底部赚三个月 50%以上的反弹，可是对于即将限售股解禁的这家上市公司，抄底就是走进了深渊。

现实的残酷是无法预期的，2015 年 9 月 10 日开始迎来了 14.9 亿股的限售股解禁，其股价在之后的一年多的时间，从 30 多元一路跌到了 14.6 元。一开始并不是很多解禁的股东都选择了第一时间减持，可是看到其他解禁的股东减持后股价“跌跌”不休，甚为担心自己被深埋谷底，于是也纷纷开始减持，结果可想而知，就是不断的减持踩踏。

陷入其中的投资者就更惨了……

这家公司就是，信威集团（600485）。

有一家以开发和生产冻干粉针剂为主的制药公司，其产品涵盖中药、生化药、化学药，如注射用灯盏花素、注射用降纤酶、注射用转移因子、注射用胸腺肽、注射用细胞色素 C、注射用生长抑素、注射用尼莫地平、注射用阿魏酸钠、注射用甲硫氨酸维 B1 等。

2016 年 3 月末，刚刚上市一年的这家公司面临着减持的压力，而其中，云南惠鑫盛投资有限公司也其高管持股的公司，到 2016 年年初，上市满一年，各路投资者都纷纷计划减持，高管持股的云南惠鑫盛也不例外，只不过因为一些内部细节沟通的问题，具体减持的时间一拖再拖。而那些苦等着、傻等着的投资者一直抱着他们投资的逻辑“高管要减持，怎么也要拉一下再减”痛不欲生。在接下来的一年中，这只股票一直没有很好的表现，上下跌宕，而市值一减再减。

这家公司就是，龙津药业（002750）。

减持，公司股票一定就拉升吗？千万别固执己见，相反，安全起见，应该远离。

32. 股票池中到底应该有多少只股票

很多中国A股散户投资者有一个极度与众不同的特点，就是太喜欢玩心跳，尤其是玩那些没玩过的股票。

大胆尝试是对的，但是盲目尝鲜，是很危险的。

二级市场能赚到钱的人本来就很少，很真正赚钱的那些人中有这么一群人，只玩几只股票，公司不见得特别好，但是他们非常了解公司，而他们选中股票后，特别严格地把握低点进、高点出的原则，靠一只股票，赚了*N*个回合。

有一家从事金刚石工具制造的上市公司，主要从事于专业研究开发和生产金刚石工具、电动工具、合金工具产品。其主要产品是金刚石工具，混凝土钻孔机、台式切割机、路面切割机等小型建筑施工机具，以及硬质合金工具等。

其实这家位于河北的上市公司看着非常普通，做的是传统行业，但是它的市场预期和概念是高铁刹车片的生产、测试和大量订单。就是这么一家普通的制造业公司，在2015年年中的股灾来临之后，股价从23元跌到了8元。可是投资者如果在10元以下进入、14元以上卖出的话，在从2015年8月末开始的一年半时间里，至少可以赚4个来回，也就是至少4个40%的收益是可以赚到的。说得简单做起来很难，但是周围的几个特别喜欢“低价就吃，吃完就跑，低价又吃，吃完再跑”套路的投资者确实赚得盆满钵满。

这家公司就是，博深工具（002282）。

有一家互联网公司成立于1998年11月，在H股上市的时候是2004年。那个时候中国没有创业板，主板对公司财务要求很严格，需要连续三年赢利，这家公司上市时还是亏损的，可是当时这家市值不足100亿港元的股票，在上市之后的12年里市值就已经突破了2万亿港元，这是200多倍的投资回报！

据说，该公司有位老员工，每月收入除必要开销外全部买公司股票，不管涨跌，坚持了7年，生活俭朴，只有夏利车一辆，全家租房，目前资产过亿……

其实，投资者每一年在寻找的就是这么一群真正干事的人，他们不是纯粹的资本玩家，而是实业和创新的高手，资本对他们来说只不过是对他们业绩的价值体现。这么高的市值早就不太符合大多数人的投资标准，但是它每年业绩高速增长，不断创新和颠覆，足以让各路资本大胆增持。

QQ、游戏、微信、生态系统布局和投资，一直是这家公司业绩不断增长、地位不断巩固的驱动器。

它就是，腾讯控股（HK0700）。

在股市中所有的定律都是瞎扯，因为有太多的不确定性，除了一个不变的规律：高抛低吸。但这个规律没有一个神人能够100%地做到。

通过很多例子可以知道，往往把握住一只或者两只股票，完全可以赚得第一桶金，甚至更多。而若管理太多、投资太多、尝鲜太多，结局往往是顾此失彼！

33. 从"萍水相逢"到下手买入股票，多久才算理智

毛主席在《论持久战》指出"但是'路遥知马力，日久见人心'，在长期和残酷的战争中，游击战争将表现其很大的威力，实在是非同小可的事业。"

对于股票、股性以及公司的了解，说心里话，一年、两年、甚至三年都未必够。

投资不仅是科学，更是艺术。因此，即便已经了解公司足够多、也很长久，鉴于投资本身的机会性、艺术性等，也并不是了解公司越多越久越好。

"近处无风景，身边无伟人"！因为有太多了解，或者说看到的问题太多，往往不敢投资自己足够了解的公司！人们反倒愿意投资那些"不远也不近"的、充满美好想象，但是也有一定了解的公司。

一年，不长不短，对于其公司的基本情况，股票交易风格等都有一定的了解。在很多情况下，一年只是个说法，真实的情况是，当了解半年左右时，突然股价来到了一个非常合适的买点，投资者便开始建仓；或者了解一年多，也没有真正搞明白公司，需要一些实地的考查或者深层次的调研，或者等待去搞明白一个行业或者一群人，这都是再正常不过的。

有一家房地产行业上市公司，其原主营业务为房地产，2010 年实现销售收入 4000 多万元。其股价在 2014 年之前一直未见明显起色。但是 2014 年起它开始了资本运作，开始一系列的收购医疗和健康方面资产的计划。但是，对于投资者，这个时候的任何轻举妄动都是轻率的。观察、盯紧和进一步的调研是这一时期投资者必要的基础工作。

2015 年 1 月 19 日晚，公司发布公告，公司董事会同意公司更名，字样从"地产"变成了"健康"。

其实，公司成功收购广东众安康后勤集团有限公司 100%股权及参股深圳友德医科技有限公司后，其业务已经超出了地产的范围，健康医疗服务收入以后将成

为公司主要业务收入来源，也将成为公司以后的主要业务发展方向。更名更好地与公司未来的经营范围和发展战略相适应，确认公司向健康医疗服务转型。

这一转型是重大的，无论是对于行业本身的发展空间还是业绩的实打实的飞速增长，因为，在确认并足以了解公司的转型之后，大胆的投入必定带来丰厚的回报。

2014 年年初到 2015 年年中，公司的市值翻了四倍多!

它就是，宜华地产（000150），即后来的宜华健康（000150）。

如果真的了解宜华健康，一定会看出宜华系本身是潮汕知名企业家刘绍喜实际控制的公司，而另一家家具生产类上市公司也是其实际控制的。这个集全国青联委员、广东省工商联副会长、广东省青联副主席、广东省企业家协会副会长等职于一身的潮汕老板，在政界、商界以及金融界结交甚广，运作能力之强是值得关注的。

其实，宜华系的另一家上市公司原来是一家主要从事实木家具、木地板等产品的生产和销售的公司，其主要产品是实木家具、实木地板和实木复合地板。但是当 2014 年开始，其开始向家居电子商务、酒店软装饰解决方案、家居生活等并购方向转变为互联网+泛家居一体化的布局。

随着公司的转型、并购、改名等一系列的“折腾”，即使经历了 2015 年开始的股灾 1.0、2.0 和 3.0，公司的市值依然较 2014 年翻了一倍多。

这家公司就是，宜华生活（600978）。

实践是检验真理的唯一标准，做一个真正厉害的投资者，不仅要“曾经辉煌过”，而是要“一直很辉煌”。

最后强调：路遥日久见人心，相知一年再抛金。

34. 让股民赚大钱的上市公司操盘人是“60后”还是“90后”

A股中总是不缺奇迹！

2013年，一家从事多媒体音箱、美发小家电等家居及个人护理小家电产品研发、生产和营销服务的上市公司，以400%多的年内涨幅，居沪深两市涨幅榜首位，成为当年A股市场最牛的股票。那么这只股票有何德何能呢？

这家公司主要产品分为多媒体音箱和美发小家电两大系列，其实就是听起来、看起来、想起来特别家常的电脑数码音箱、便携式音箱、时尚数码音箱（以苹果系列音箱为主）、直发器、卷发器、电吹风、电推剪等。

表面上看这家公司没有什么太多特别，而其创始人也是典型的“60后”，他曾经在江苏大学机械工程系就读，做过技术员、助工、部长、厂长等。他以各种名义捐资助学，为国内的各种自然灾害、印度洋海啸捐款。

公司于2012年登陆中国中小板市场后，一直让人们将其与另外一个做音箱的上市公司漫步者（002351）进行对比。一般来说，音箱市场应该是一个相对传统的行业，而60后的掌舵人也只能说是稳健前行。但是无论从上市的角度还是从公司未来发展的角度，单靠稳健和对产品的技术专业并不足够，其因此在2010年公司上市之前请来了哈佛商学院毕业的少壮派经理人作为CEO助力公司的发展。

年长者稳健，年轻人敢想敢干，这对组合让公司上市后的几年市值一举大幅超过漫步者(002351)。同时公司联合元太科技在台北发布了智能手表Smartwatch，其可通过蓝牙4.0技术与iPhone和Android（安卓）智能手机进行连接，此Smartwatch定位为专业与时尚的运动手表，消费者除了生活应用外，更可在户外运动时使用，透过Smartwatch智能手表，消费者可以随时查询手机中的来电、短信、通讯录、日历、电子邮件、社交信息或控制音乐播放等功能。

就这样2013年火热的“可穿戴设备”的概念以及公司后期推出的高送转的方

案等，让这个传统企业成为资本市场的“牛股故事王”。

这家公司就是，奋达科技（002681），创始人就是肖奋。这家公司请来的少壮派 CEO 就是汪泽其。

投资就要抓住预期，而“人”才能对一切预期首当其冲，投资者观察上市公司变动的第一点就要看他在“人”上的变化和“人带来的改变”。

2014 年，一家游戏公司成功借壳上市，这也造就了 A 股上市公司最年轻的董事长。他是一个国学爱好者，这个在大学时代曾经扬言“自己的梦想就是有打不完的游戏，吃不完的泡面”的游戏爱好者，不仅写得一手好书法，更是有一股永不言败的韧劲，而这种韧劲和他从小就爱好国学是分不开的。

“高筑墙，广积粮，缓称王”是他对企业成长节奏的感悟。从毕业开始他经历过很多次的创业失败，而面对失败，他的个性，他对人生、对事业的价值观，让他能正确处理一切压力。

他喜欢辛弃疾，喜欢二月河，喜欢现代文学，这个富有英雄情节的创业者一直坚信：人生除了眼前的苟且，还有诗和远方。

懂一些国学并加以实践，让企业家的综合实力增厚不少。

这家公司就是，游族网络（002174），他就是林奇。

当公司成功借壳梅花伞（002174）的时候，全天下的人不得不为这个“80 后”的创始人林奇鼓掌。可是谁又知道他的天使投资人——李竹，从 2009 年游族网络成立到 2013 年成功借壳的 4 年里，当时的 200 万元投资，已经获得了 300 多倍的回报。

现在的时代是创始人的时代，越来越多的投资者应该把更多精力放在研究新兴产业和年轻创业者上，只有这样才能得到更多的回报。

最后强调：投年长者控风险，投年青者谋未来。

35. 股市实战中如何做到该出手时就出手

猎人捕猎时，兔子跑得太快，不容易捕捉，可以利用鹰去捕捉它，但是在没有看到兔子之前绝不能把鹰放出去，一是鹰需要养精蓄锐，二是提高准确度。后比喻没有看到真正的目标，绝不轻易露出自己的核心竞争力。在股市，没有明确上涨逻辑时绝不出手，该出手时再出手！

从 2009 年开始，很多人都开始关注盐改概念股，对盐改相关的股票进行埋伏和布局，等待靴子落地的利好出尽后卖出获利。可是中国 A 股有太多所谓的"预期"，这种预期的不确定性及 A 股庄家们习惯借概念炒作的行为特别容易让投资者深度被套。

那么应该如何抓住对利好预期事项的投资呢？为了避免所谓的"预期"因为各种原因搁置或者发生变化，要做到以下三点。

第一，选择有一定业绩增长支撑的股票进行利好预期的尝试，即使预期事项未能有效实现，只要有业绩支撑，投资者也不会"死得太惨"。

第二，对于所期待的预期事项需要在"八字有一撇"时再开始布局。否则大多数预期都是"烟雾弹"。

第三，即使预期事项非常明确，也需要在低点布局和建仓，谨防"变数太多"。

看下面的操作案例。

2011 年上市的一家公司，其主要产品包括复合肥、纯碱、氯化铵及盐等。

虽然它被一直挂在盐改概念股的行列中，不过真正的机会到来是在 2014 年。2014 年 10 月，中国盐业协会透露"第七套盐业体制改革方案"已通过，方案的核心为从 2016 年起废止盐业专营，放开所有盐产品价格。也是在 2014 年的时候，这家公司开启定向增发的预案，实际控制人参与认购，同时开始进军调味品行列，将郫县豆瓣收入囊中，开始建立农村电商，然后建立网咖连锁，逐渐打造农村的泛娱乐生态圈。这一系列的动作都是在大股东确定增持及盐改落地之后。进而公司开始改名。

这一系列的变化在 2014 年之后，就像一套“组合拳”，其股价即使受到了多次股灾的“侵害”，依然实现了翻倍！

这家公司就是新都化工（002539），后来更名为云图控股（002539）。

有一家主营业务包括主题商场及综合性商业物业开发租赁、高岭土、炭黑三大领域的上市公司，其股票套了不少中国 A 股中相信大股东增持的散户投资者。

2015 年，股灾来袭，很多上市公司的实际控制人开始实施增持，投资者看到增持现象很容易放松警惕，因为他们认为最了解公司的人都敢投入，自己还怕什么？但是，他们忘了最致命的一点：羊毛出在羊身上，减持可能远比增持多。

2016 年 3 月，该公司控股股东于计划增持期间，先后 9 次以定向资产管理计划的形式增持公司股份 3009.56 万股，增持总金额为 19909.14 万元，增持价格在每股 6 元多。

大多数散户投资者跟着买入，投入几十万元甚至几百万元。

可市场永远是最真实的教科书！

增持后的一年多时间里，它的股价一直在 4~6 元匍匐不前。

这家公司就是海印股份（000861）。

这是多么痛的领悟？究其根本，是因为公司没有可以让资本看到的实在的业绩增长，其从房地产转向娱乐的实际情况也并不乐观。

36. 挂单买入/卖出时，做错哪一点会让你前功尽弃

既然买和卖是投资实操时的基本手法，那么委托挂单就是最直接的买和卖的操盘。但是这里面学问太多，有多如牛毛的投资者因为委托时的风格而损失惨重。

委托买卖的时候大部分投资者喜欢用吉利数字！

例如，对于当时股价是 16 元的股票，挂单 15.88 元作为买入价格；对于当时股价是 20 元的股票，挂单 20.88 元作为卖出价格等。其实，吉利的数字只是一种心理暗示，投资者应该更加注重买入和卖出的结果，而不是过分依赖挂单是否为吉利数字。同时，投资者应该反复牢记的一句话是“不赚最后一分钱”。人们最希望的投资挂单一定是买在最低点、卖在最高点，但是没有一个人可以完全做到这一点。在实践中，为了买在最低点，很多投资者往往因为试图挂单位置很低而没有成功买入；为了卖在最高点，很多投资者往往因为试图挂单位置很高而没有成功卖出。

有一家公司主要产品包括保温杯、保温瓶（壶）、汽车杯等日用不锈钢保温器皿，应用于家居、办公、宾馆、户外、餐饮、礼品等领域。

2011 年公司上市，市值一直在 20 亿元以下盘旋，2015 年的大牛市让它的市值上升到了 50 亿元，可是接下来的股灾让这家公司的股价跌掉了 60%。2015 年年末、2016 年年初迪斯尼概念股疯狂上涨，这家公司的利润也开始大幅上升，同时受它收购瑞士保温杯品牌 SIGG 等利好因素刺激，股价像坐了火箭，市值冲到了 60 多亿元。

可那个时候有太多的投资者认为春季行情刚刚开始，即使按俗话提到的“五空六绝七翻身”，按理也是 4 月份卖出比较合适。可是主力早已深知投资者的大致判断，从 2016 年的 3 月 28 日开始，这只股票突然急转直下不断阴跌，之后的一年间股价遭腰斩。

难道股价一直跌下去投资者也不卖吗？**这些从赚钱到亏钱再到被深套的投资者是怎样炼成的呢？**

2016年年初，有很多在低位抄底的投资者其实已经在短短的两个月时间里赚到了翻倍的收益，可是很多人想等一个月之后再涨一些再卖。在看到2016年3月股价开始向下跌破25元时，他们暗示自己不能等了，等再回到25元时就卖，可是股价久久不上，在4月末的时候股价跌到了17元，于是投资者劝自己回到20元就卖，几天后这家公司的股价从17元涨到了23元，但投资者却即刻背叛了自己之前的判断，告诫自己这次回到25元一定要卖。但其实这时再也没有机会了，股价直奔15元跌去……

这家公司就是哈尔斯（002615）。

其实在真正操作的时候，投资者都很难劝自己委托便宜价格卖出股票！为了顺利卖出，往往需要投资者培养出两个心理暗示：一是如果无法成交，很可能大跌，赶快卖出，哪怕以后再买入；二是“吃亏是福”！

有一家生产半导体分立器件的公司，其主要产品有高压硅堆、硅整流二极管、硅桥式整流器等，应用于行输出变压器、彩色电视机、显示器、微波炉、空气清新机等其他电子设备。这家公司上市8年间市值一直在300亿元上下波动，但是，从2015年开始，世界著名的美国苹果公司和其共同成立合资公司在四川成立光伏电站的事件形成了其股价上升的催化剂，短短3个月时间，市值直冲到了800多亿元，这么快的增长，缺乏实际业绩的支撑是非常危险的。

虽然很多“价值投资者”不屑于这种非业绩增长带来的快速上涨，但是越来越多的投资者看到了这只股票当时一种“扶摇直上三千里”的气势，最后忍不住买在了高点，但是当2015年5月整个股市开始波动的时候，很多投资者无动于衷，反倒在看到其下跌时补仓。

2015年6月15日，在其他大部分股票开始下跌时，它居然收阳线，大部分投资者还在梦想千亿元市值的辉煌，死死拿住手中的股票不肯卖出。

可是，结果是非常惨烈的，因为之后一年的时间里这家公司的股价跌到了只剩高点时市值的 25%左右，大部分人为了赚最后那 800 亿~1000 亿元市值之间的超额收益，最后输得连本金都快没了。

这家公司就是中环股份（002129）。

最后，请投资者买卖挂单时记得提醒自己一句：不要因为贪婪，导致由于想得更多的东西，而失去已经拥有的！

37. “妖股”能不能、要不要碰

何谓“妖股”？股市上通常把那些股价走势奇特、怪异的股票称为“妖股”。它们走势与大盘或常理相悖，完全不符合基本的技术分析规律。

“羊毛出在羊身上”，“妖股”的庄家赚到的钱都是散户投资者的辛苦钱，而之所以有无数投资者愿意拼死一搏，就是因为他们认为自己不会是倒霉的那一个，股票的上涨这么给力，自己应该不会是最后一棒。然而上车容易下车难，其逆向思维的上下狂奔，早就让投资者心力交瘁，最后彻底缴枪！

妖股游戏的本身就是欺骗，因为再聪明的人都无法准确地知道庄家的想法。**投资者就是这么赔钱的：高价接货，欲卖出时连续下杀，刚一卖出，连续拉升，为了赚回本钱投资者又一次杀入，连续大涨后，投资者情绪高涨不断涌入推高股价，然后庄家快速出货，之后股价一蹶不振……**

远离妖股，做到对这种庄家的逆势而为理都不理。

2015 年 10 月 23 日，证监会拟对 12 宗操纵证券市场案件做出行政处罚，累计金额超 20 亿元。其中，吴某乐与深圳市某基金管理有限公司涉嫌合谋操纵某股价，被证监会罚没近 13 亿元，为证监会年内开出的单个案件最大罚单。

请铭记这句话：珍惜生命，远离“妖股”。

38. 搞懂哪一点能做到稳赚不赔

在软件行业，有一家上市 8 年、一直保持至少每年 30%增长的软件公司很值得研究。

这家公司的创始人下海之前就接触过很多国外的公司，了解到它们是怎么运作的，而这其中最重要的经验总结就是技术和市场的关系。

他专业、专注，观察商机，看看现有的技术存在哪些不足，然后去琢磨，反复研究现有的类似的公司，分析其优势和劣势，把自己所在的行业和领域琢磨透……

他一直倡导诚信，把“诚信”放到了公司的名字里。

他强调，答应客户的事一定要办到，答应员工的事一定要办到，如果因为条件变化你把承诺降低了，那么你的诚信就会打一定折扣，如果说外界条件变坏了，你还能做得更好，那么员工、客户、合作伙伴，就都能与你形成长期的信任关系。

诚信的根本，是从心里塑造一种信念、一种责任。而无论是对员工、对客户还是对股东，他一直用“负责任”去要求自己。公司上市敲钟的那一刻，他强调：“以前我要对客户负责，对合作伙伴负责，对员工负责，从现在开始，我还要对信任我的股东负责”。

他对现金流的警惕性非常高，这是企业可以稳健发展的重中之重。他把现金流比作血液，认为如果血液断了，就什么都没有了。

到底如何保证现金流的稳定呢？这一点需要向他学习。他认为抵制土地的诱惑、保持轻资产的运营是轻资产的创业企业需要清醒认识到的。

而保持现金流的第二点，就是警惕新项目和扩张，每一次新项目和扩张，他都能考虑自己的承受力，进而先想到最坏的结果。不少人先想到的是能赚多少钱，而他先想到的是如果亏了怎么办，最坏的结果是否影响公司的“血液”。这种思想让他的公司一直保持稳健经营。

从某种程度上来说，不仅发展是硬道理，稳健也是硬道理！

十亿元市值靠业务，百亿元市值靠并购，千亿元市值靠核爆业务加并购。

他不仅是个实业高手，也是一个并购高手。公司基本每年都会有一些收购标的，最难的是企业之间的融合，就是因为他的化繁为简的思路，让企业并购融合变得很简单。他知道人才是企业的关键，对于软件企业而言更是如此，因此无论并购哪一家公司，只是增派一些财务员工，原来被收购的企业的团队成员不变。

过度地使用“资本”很容易让创业者更加浮躁。做到以清醒的思路，在实业和资本之间实现充分的融合和平衡，才是一个“靠谱”的创业者。在这一点上，重视资本、重视并购的他一直坚持要求并购标的保持三个协同：

- 技术协同，并购方与被并购方之间的技术或者产品或者解决方案有相通之处，这样两家合并之后能研究出更好的解决方案；
- 服务体系的协同，利用上市公司相对较大的服务平台，在服务上能融合、能提供更好、更及时的服务；
- 销售的协同，上市公司拥有大大小小的各类客户，要并购的企业的产品技术、产品解决方案、服务体系要能到大平台上卖，这样被并购方的业绩可以保证增长，被并购方的成就感也会加强。

他非常善解人意，并购的时候绝对不会谈“并购”，而是谈“合并”，他可以设身处地地站在对方的角度考虑问题。

作为一个成功的创业者，一个胡润排行榜屈指可数的几百亿元身家的创业者，他低调，而且是一个很细心、做事情讲究良好习惯的创业者，每次开会一定会聆听每一个人讲话，并且会在自己的本子上记下重点，因为他知道，**每一个被忽略的细节都有可能成为公司发展的绊脚石，每一个较晚的醒悟都可能会对企业的经营造成不小的损失。**

这家公司就是东华软件（002065），他就是薛向东。

对于投资者而言，真的不必去研究那么多上市公司，只要通过各种方式把一家靠谱的公司或者一个踏实的企业家摸透、跟紧，足以一起实现财富的增长！

最后强调，做股票投资和做生意在一点上是相同的，即人这辈子做生意赚到大钱基本上靠的是做对那一两单大生意。做股票投资也是一样，即靠股票投资赚到大钱实际上靠的就是投对那一两只好股票。

39. 一朝天子一朝臣，盯紧更换实控人的股票

很多人在 2014 年年初大量买入某上市公司股票，原因只有一个，2014 年 4 月 2 日晚该公司发布了一个公告，公司控股股东的 17 名自然人股东与浙江融信网络技术有限公司于 2014 年 4 月 1 日签署了《股权购买协议》，浙江融信以现金方式受让这家公司控股股东 100%的股份，本次交易完成后，马云将通过其对浙江融信 99.1365%持股，合计交易总金额约为 32.99 亿元人民币，成为这家公司的实际控制人。

说得直白一些，这些人买入这家公司股票的原因很简单，就是因为中国互联网创业的奇迹马云成为第一大股东，都认为“跟着马云走，应该没错”。

就这样这家公司的股价从 2014 年年初的 20 元，经历半年多的上下波动，涨到了 30 多元。如果投资者能一直从 20 元坚守到 30 元，已经非常了不起了，可是中国第一牛散赵建平并没有止步！原因很简单，他认为这家优秀的公司，上市后已经翻了几十倍，这样的一个好公司被马云掌握，应该会达到至少 500 亿元的市值。但坚守是最难的事情，从 2014 年下半年开始，这只股票开始稳步上升，到了 2015 年年中，这只股票更是达到了 170 多元，市值突破千亿元。聪明的赵建平在达到自己的目标价位时，绝不恋战，成功逃顶。我相信不少人都在想牛散肯定有内幕消息。其实，在投资上赚大钱靠的往往是最基本的投资哲学，“牛散”坚守的无外乎以下几点：

- 按照投资的思路做股票，而不是技术派；
- 抓住盘子相对小的公司，才能获得高收益；
- 人物千日好，花无百日红，只抓住一个公司爆发的那一个时段；
- 少受外界干扰，捡便宜的，卖贵的。

那么，这家公司是做什么的呢？它是一家金融软件和网络服务供应商，1995 年成立于杭州，2003 年在上海证券交易所主板上市。它以技术为核心竞争力，聚

焦于财富资产管理领域，为证券、银行、基金、期货、信托、保险等金融机构提供整体的 IT 解决方案和服务，为个人投资者提供财富管理工具。

当我和这家公司的董事长一起吃饭时，还记得他的一番话，他说“你们这些做股权投资的收益都不算多”。听完后我问：“那谁赚得多？是不是创始人赚得最多？”

他说：“当时最早成立公司时，注册资本是 50 万元，还差 4 万元，那时只能向朋友求助，索性公司旁边的一个水果摊的摊主朋友资助了 4 万元，而时过境迁，当马云过来要收购公司时，这个水果摊主过来签字，**发现当初投资的 4 万元已经变成了几亿元**。这是几千倍的回报。而更具戏剧性的是，这个水果摊主的儿子现在继承了父业在管理水果摊，父亲一直很迟疑要不要把这几亿元的事情告诉儿子，他担心告诉儿子后，儿子就不会再摆水果摊了。”

投资就是这么神奇，有些人投资后变成了成本，无声无息，有些人投资后，成为改变命运的起点。

这家公司就是恒生电子（600570）。

最后强调：跟对主力一鸣惊人！

40. 教你识别哪些上市公司有格局、能大涨

一位投资者曾经向我诉苦，股灾一来，什么企业都会受到影响，几乎所有的股价都要遭遇腰斩……

可是有这样一家公司，不仅股价没有受到大的影响，居然还创出了历史新高。

上市公司的官网对投资者来说是否重要？媒体对上市公司团队的采访对投资者来说是否重要？这些都是公开的资料，但是往往这些东西更能从侧面反映一些问题。通过媒体对这家公司的介绍，通过旗下各个 LED 项目展区里的公司 20 周年的宣传材料等，我们不难发现，这是一个有情怀、有能力、有故事、有梦想、有持续战斗力的团队。

1995 年成立的这家高科技企业，这 20 多年是怎样走过来的呢？首先我们一定要先看看这家公司的创始人、带头人。他出生自教师家庭，努力好学，毕业于中国人民大学经济管理系，获得博士学位，有高学府背景；他经历任教中央财经大学，有经济学学术理性思维；他操作公司由外资转内资转上市，有精明的运作手段……

公司由十几个兄弟共同建立，资金不足就去借，没有技术就去挖人……公司团队一开始认为，销售是最重要的依靠，他们全国撒网，迎来了上海火车站的订单、蓝高商场的合同等，当竞争对手发起了一场 500 万元的知识产权的诉讼时，弱小的团队一下子明白了创业的艰难，也更懂得了技术和知识产权的重要性。到了 2001 年，全国火车站 50%以上的 LED 显示屏都被该公司拿下，全国 80%以上的大型体育场的 LED 全彩显示也被该公司收入囊中。2002 年公司打入美国旧金山、韩国等国际市场。2012 年在创业板上市后，该公司开始了整个生态圈的布局和收购之路，2013 年收购北京互联易达，2014 年收购深圳金达照明工程，2015 年并购文化科技公司广州励丰、LED 视效领域的龙头北京金立翔，以及美国的 PLANAR 公司。在该公司的官网上，让我们看看它的下一个三年规划。2016 年到

2018年，被定义为该公司登陆资本市场后的第二个战略周期，目标是发展“文化科技+金融”，以文化体验为核心，聚焦VR技术和文化领域，并将其作为两大发展重点，以产品与服务、创意集成和文化体验运营三种经营模式，最终实现“千亿元市值”。

宏伟蓝图是否能够实现？接下来我们看看投资者是如何抓住这帮“狼”一样的团队的。首先看一下2015年7月7日的公司公告：

公司于2015年5月12日召开第二届董事会第十八次会议、2015年5月28日召开2015年第二次临时股东大会，会议同意公司实施2015年度员工持股计划，并委托汇添富基金管理股份有限公司设立的资产管理计划进行管理，通过二级市场购买等法律法规许可的方式取得并持有本公司股票……截至2015年7月7日，员工持股计划通过二级市场购买的方式共计买入公司股票10,264,276股，占公司总股本的1.575%，购买均价为15.13元。截至本公告披露日，公司2015年度员工持股计划已完成股票购买，公司2015年度员工持股计划所购买的股票锁定期为自本公告日起12个月。

相信很多人都会发出疑问，2015年的股灾之后员工或者大股东增持的案例太多，而且跌破增持价格的也很多，为什么要关注这家公司的员工持股计划呢？因为唯一能够贯穿牛熊的不是靠热点、概念、庄等各种消息，而是靠踏踏实实不断增长的公司业绩！

从该公司过去每年的财务报表不难发现，这家公司的业绩几乎每年都有50%到100%的增长，从该公司的股票走势图不难发现，它的股价走势是缓慢上行不断攀升的。对于这样一个业绩不断上升的团队，其员工持股的行为比其他公司更有说服力。

虽然经历了2016年年初的股灾3.0，让公司的股价经历完员工入股后又回到了15元多，这时是该贪婪还是该恐惧？第一，我们应该判断员工持股是否已经彻底完成，如果只是第一阶段进入，等下跌时再继续进行员工入股，则说明15元很难是一个较好的买点。可是我们看到员工完成购买是在2015年的7月份，而2016

年年初的大盘下跌带动的公司重新跌到 15 元，时隔半年多，说明员工继续购买的可能性应该较小。第二，是什么可以驱动它的股价持续上升呢？它是一个有梦想且不断成长的公司，每年的业绩预报都大幅上升，这才是股价上涨的根本原因，即股价一定会围绕股票价值上下波动。第三，它是在什么样的背景下实施的员工入股？不难发现，公司上市后不少新的高管和优秀员工加入了它的大家庭，而这些新来的团队没有享受到它在 2012 年上市时的股价大增带来的收益。因此这次员工入股是对现有员工的重要激励、奖励或者补偿，也因此股价超过 15 元的可能性非常大。

这家公司就是利亚德（300296）。

很多人一直不明白，为什么叫利亚德？其实这是团队的价值观所在，利益亚于德行；利源于德，仁义为商，诚信合作，互利共赢。

简单说一下上市公司的员工入股。对于众多上市公司来说，各种税收成本、企业规范的成本、业绩的压力，使得大部分员工的工资并不会非常高，而往往通过员工持股计划或者期权计划来实现企业对团队的激励或者奖励。过去很多人把员工入股看成是股价下跌的一道防线，但是 2015 年的几次“股灾”让不少员工持股价格也被高高地挂在了山岗上。所以，即使是有员工入股，投资者也需要把眼睛擦得雪亮来辨别真伪。

有一家上市公司，在 2015 年下半年股价跌到 20 元时开始推行员工入股，不少投资者跟风进入，结果股价跌到 16 元时又开始实施员工入股，后来跌到 13 元时又实施员工入股，最后把员工入股的平均价格拉到了 15 元左右。可是之前在 20 元跟风进入的不少投资者早已倾尽所有，被高高套在了山顶上。

41. 教你发现并瞄准蒸蒸日上的团队

目前投资者对 A 股的投资应该主要抓住多大市值的呢?

从并购重组的角度看，2014 年及以前，大部分是以市值在 20 亿元左右的公司为主要的投资对象。而经历了 2015 年和 2016 年两年的牛熊转换之后，大部分小市值的公司总体上有一个市值的抬升，因此，在 2017 年之后，寻找爆点、从并购重组角度挖掘投资机会的投资者，主要看两个阶段。第一，市值 30 亿元左右向 100 亿元市值发起冲锋的。第二，市值 100 元亿左右向 300 元亿市值发起冲锋的。

一家有着“中国演艺第一股”称号的上市公司，其以“演艺”为核心竞争力，成功打造了“宋城”和“千古情”品牌，创造了中国旅游演艺市场的五个“第一”：演出场次第一、观众人数第一、演艺收入第一、演出利润第一、毛利率第一。

其实这些都够不上这家公司市值爆发的因素，因为说穿了，它是一个以旅游、文化、演出共同带动的文化地产公司，所处的是相对传统的领域。

但是当我们仔细研究后会发现，这是一个地产界的传奇人物一手创建的公司。

“投资投人”是做股权投资的人经常挂在嘴边的一句话，这句话也非常适用于二级市场投资。

该创始人是第一批下海的人之一，白手起家做起一个又一个地产项目，之后转战文化领域，转型为“千古情系列”演艺作品总导演、总策划、艺术总监。其两度被评为风云浙商，获杭州市杰出人才奖。

不断的转型和与时俱进最考验被投企业的一把手。2015 年，公司以现金及发行股份的方式收购六间房，六间房也是当时中国最大的互联网演艺平台。这样，传统文化演出的优势嫁接互联网创新的驱动，线上和线上的整合让这家公司在市值上足以超越传统！就这样，3 年时间，即使经历股灾，这家公司的市值依然从 100 亿元稳定提升至 300 亿元以上！

这家公司就是宋城演艺（300144），他就是黄巧灵。

其实，每一家上市公司都是一个团队，有的团队蒸蒸日上，有的团队江河日下，而投资者就是去瞄准和跟进那些蒸蒸日上的团队。尤其，是通过对创业者做事格局、企业生态布局、行业领域生死局的三个“局”字来判断：这家公司是否可以在所在领域由一个成长新星发展为一个行业龙头。而这个过程，就是聪明的投资者应该抓住、一起坚守并获利的过程！

42. 如何理解“十亿元市值靠业务，百亿元市值靠并购，千亿元市值靠核爆业务加并购”

一家外号为“A股并购机器”的上市公司，是如何在2013年间成功使自己的市值翻倍上涨的?

这是一家截至本书出版，在A股上市公司中并购次数最多的公司，自2010年以来已实施并购至少8次，涉及金额约30亿元，其市值自上市以来增长了近600%，当期市值规模增涨到了180亿元左右。

公关行业是典型的小、散、乱、弱行业，而它是行业中唯一的上市公司，行业中的竞争对手短期内都无法实现IPO，它便成为这个行业中最具购买力的买方。由于卖方市场供应充分，它在并购中处于强势地位，自称在未来几年能够保持每年30%~50%的增长，在海量并购标的的补给下，缺多少利润，就并购多少利润!

其实，这家公司大约有50%的利润都是通过并购得来的，通过并购实现了对广告策划业务、广告发布业务、活动管理业务、财经公关业务及展览展示业务的延伸。公司的8次并购业务平均估值才10倍市盈率，与其自身40倍市盈率水平比较，资产溢价效应明显。

这个案例是一个非常特殊的案例，基本上大家讲并购重组都会把这个案例拿出来。因为这个案例里面有很多的创新。首先是分步并购。它先以自有资金1.78亿元增资了博杰广告拿到了11%的控制股权。再以股权加现金的方式向博杰广告的股东购买其持有的博杰广告89%的股权，同时有配套募资5.34亿元。

这个案例还引进了战略投资。交易方案的设定里面不但有惩罚机制还有奖励机制，因为我们在并购的时候通常情况下只会要求标的的业绩达到一定的水平，就是我们俗称的“对赌”。上市公司和交易对方是有对赌的，如果标的的盈利达不到一定的水平，那么交易对方是要以现金或股权的形式向上市公司进行赔偿的。但是这个案例有其创新，如果标的超额完成，那么上市公司要给交易对方奖励，这在此前是没有过的。

在补偿设计上，如果标的公司没有实现盈利目标，交易对方进行补偿的时候，涉及两个层面，当差额较小的时候用现金的方式进行补偿，当差额较大的时候，再以股份的方式进行补偿。后面效仿这个方式的案例很多，因为承诺利润和实际利润的小幅度差异是很有可能出现的，不是交易对方的主观意愿或者是过失形成的，用现金来补；如果这个差额较大，就用股份来补，这样比较公平。

这家公司就是蓝色光标（300058）。

有一家汽车驾驶员培训公司在 2016 年年初登陆主板 A 股，当时其拥有世界一流的训练场及配套设施，有大型客车、中型客车、大型货车、牵引车、摩托车等各种训练用车 2000 多部，员工 4000 余人，总资产达数亿元。

从另外一个角度看，这家公司和蓝色光标（300058）都处于小、散、乱、弱的行业，行业整合势在必行；加上预期中同样类型的公司在中国 A 股再次上市的可能性较小，更加增大了其上市之后“疯狂并购”及“攻城略地”的行业内部整合预期。

2017 年市值在 160 多亿元的这家公司，再过 3 年之后，其市值会不会是第二个蓝色光标（300058）呢？

这家公司就是东方时尚（603377），让我们拭目以待……

最后强调：行业整合有玄机，资源垄断市值起！有业务，有核心技术，有并购整合能力，才能让企业在市值发展的道路上一直可持续增长！

43. 要想靠投资致富，必须先搞懂穷富之分的根本

投资——如果耐不住寂寞，就看不到繁华。

执行力很简单。你办了一张健身卡，1 月 1 日开始，12 月 31 日作废，中间只去了两次。这样的行事作风让人很难令人相信你是一名伟大的创业者。

做大事者不纠结，成大器者不磨叽。

很多时候，正确的方向不是想出来的，而是在不断推进中打磨出来的。没有哪个伟大的人是第一天就把定位定清楚的，但一个伟大的人是有毅力的。

一些传统意义上的“成功人士”，他们经济上的成功通常是被动的，大多数都是专注地做一件事，然后发现自己成了富豪。那些给自己规划“第一个五年要赚多少钱，然后每五年都加个零”的人往往一事无成。就像高尔夫比赛，冠军的注意点都在每一杆。

有一家以证券经纪、投资银行、证券投资为主营业务的上市公司。2013 年年末至 2014 年年初，互联网金融盛行，它开始通过互联网金融大量扩充经纪业务客户。它与腾讯旗下腾讯网（www.qq.com）在网络券商、在线理财、线下高端投资活动等方面展开全面合作。合作期间，腾讯将向其开放核心广告资源，协助其进行用户流量导入，并进行证券在线开户和交易、在线金融产品销售等服务。腾讯通过流量平台为其提供持续的用户关注度。它的市值从 2013 年年末的 200 多亿元一路狂涨到 2014 年年末的 600 多亿元。这一路上涨有不少投资者埋怨、嫉妒、生气或后悔，一致的口吻都是：“我准备跌一跌再买，结果没等跌就涨上去了。”

这家公司就是国金证券（600109）。

不仅股票投资如此，股权投资也是这样，该投的项目不投，因为不仅缺乏对信息和机会的把握和深加工的能力，更缺乏马上就操作的执行力。对于股票来说，看到了互联网金融和券商业务大增的利好，即使股价没有再进一步跌下来的机会，投资者先建仓一部分也是非常合理的。

券商股最大的特点就是和整个股市的牛熊情况息息相关，牛市来的时候有大量的开户和交易佣金，熊市来的时候，业绩大幅下滑。

另一家主要从事证券经纪、证券投资咨询、与证券交易及证券投资活动有关业务的上市公司是招商局控股兼具海外业务平台的国内创新试点券商。10 多元的股价在 2014 年年末突然开始被快速拉升，不到两个月其股价从 10 多元涨到了 30 多元。

可惜，很多笃定牛市来临券商大涨的投资者在刚看到几天的快速拉升时急于卖出落袋为安，本想等股价回落再进，但是它的股价一飞冲天。一个专业投资大户捶胸顿足地说："要不是它快速拉升，我也不会卖，结果赚了 20%就走了，卖出的钱看年末理财高就买理财了，结果再也抓不到那么好的机会了"。

这只股票就是招商证券（600999）。

好的机会都是等出来的，投资者在卖出的时候还是考虑是否应该逐一减仓，或者及时调仓到还未涨起来的潜力股，尤其是在判断大的趋势来临的时刻。

穷人和富人之间的区别究竟在哪？穷人可以在每一件事上省吃俭用，富人在提高效率的事情上往往愿意多花钱；穷人不愿意花巨资去学习，不愿意花长时间去思考，富人不愿意在原地踏步，不愿意做机械重复的工作；穷人靠做很多事情去赚钱，富人往往是靠做透一件事情去赚钱；穷人主要是靠经营性收入，负富人主要是靠资本性收入……

穷人不可耻，富人不可傲，但是穷富之分往往是做事习惯之分。

44. “会买的是徒弟，会卖的是师傅，会空仓的才是祖师爷”只说对了一半

简单说投资就是投钱，投资的时候是以现金的时候投入，进而变成各种各样的资产，有的成为固定资产，如房产，有的成为债权，如借钱给他人，有的成为股权，如成为企业的股东，有的成为银行存款的存款人或者银行理财的持有人等。

资产配置，是指根据投资需求将投资资金在不同资产类别之间进行分配，通常是将资产在低风险、低收益与高风险、高收益标的之间进行分配。

股权投资与股票投资只是一段时间内资产的一种形态，这种资产配置的结构是需要不断调整的，绝不可以一味都是股票或者一味都是现金，更不可以总是同样的配置比例而不适时加以变化。

真正投资的高手是资产配置高手。

一位靠高利贷起家的赵老爷子成了某村里公认的首富。他对高利贷的执着和喜爱可以从一个故事中看到：2005 年赵老爷子的儿子准备在北京买房，但是他拒绝了，认为房子不会升值，租房住是最合适的，有买房子的钱做高利贷多赚钱啊，有 1 分利的甚至 2 分利的，直到他把所有的钱都做到了 3 分利给一家房地产公司。结果到了 2013 年小额贷款全国性危机彻底爆发，借出去的钱早就到了归还的日期，却被一拖再拖迟迟收不回来。最后那个房地产商跑路了，钱可能再也要不回来了。赵老爷子一下从村里的首富变成了穷光蛋。

他犯了三个错误：

首先，不应该把几乎全部资产发放债权；

其次，债权的借贷没有做好抵押等风险控制；

再次，没有抓住房产、股票及股权的投资。

投股票最厉害的人不是一直在股市中，而是该在其中时在其中，不该在时则

配置其他资产。中国的大部分投资者的钱进入股市就拿不出来，不是不断缩水就是继续扔钱进去。

有一家专注于水表研发、生产和销售的企业，该公司的股票在 2013 年之后开始不断上涨，它是水表行业的龙头企业，受益于智能水表爆发需求的大趋势。过去几年智能水表业务的复合增长率超过 20%。

这只股票的走势图比较明显，从 2013 年年末到 2015 年年中有一段大涨，2015 年第四季度有一段大涨，2016 年第二季度有一段大涨。

这家公司就是三川智慧（300066）。

抓住这三个阶段并不难，就是要注意到现金或者理财资产的重要性。

会买是徒弟，会卖是师傅，会空仓才是祖师爷。可是这句话只说了一半，因为没有几个人能做到空仓。中国人往往需要强大的心理暗示才有可能真的舍得在高点卖出。很多在高点舍得套现并空仓的人，必然具备强大的自律能力。这种自律能力往往是在经历过无数次的失败后，逐渐培养成的操作习惯。

中国 A 股投资者大多非常聪明，如果出问题往往是投资思路和投资习惯的问题。需要培养的一个习惯就是把股票换成现金，投资短期灵活型投资产品，之后等待低点再把短期灵活型理财换成股票资产。

45. 借壳上市太多烟雾弹，如何拨开迷雾看穿

首先需要明白以下两个概念：

借壳上市是指一家未上市公司通过把资产注入一家市值较低的已上市公司（壳公司），得到该公司一定程度的控股权，利用其上市公司地位，使母公司的资产得以上市。

买壳上市又称“后门上市”或“逆向收购”，是指非上市公司购买一家上市公司一定比例的股权来取得上市的地位，然后注入自己有关业务及资产，实现间接上市的目的。

在中国，没有进一步完善退市制度的中国A股，壳的价值一直在上涨，由于上市公司始终是相对稀缺的资源，各路资产通过买壳或者借壳的方式争相借道中国的A股市场，但是鱼龙混杂，如果没有摸清头脑或者没等靴子落地就急于进去，结果只会是成为庄家的“垫背石”。

有一家从事商品混凝土生产经营的上市公司，也是国内最早从事商品混凝土业务的企业，其他还涉足房地产开发经营、物业管理、宾馆经营、仓储业务等业务。公司2015年9月15日接控股股东东部集团的通知，东部集团与宁波华旗同德投资管理合伙企业（有限合伙）（下称“华旗同德”）于9月14日签署股份转让协议，约定东部集团将其所持有的2100万股上市公司股份（占总股本的15.13%）转让给华旗同德，在本次股权转让完成后，华旗同德将成为深天地A第一大股东，而东部集团的持股比例则缩减至15%，以0.13%的微弱差距退居次席。

其实，这家公司自2010年上市以来，其业务和在资本市场的市值一直未见起色，之前多次转型不利。但是，当实际控制人变为投资公司之后，装资产就成了下一步的重要之战！

不少投资者看到了实际控制人变更，纷纷进入，等待“新官上任的三把真火”。终于，因重大重组，它停牌了，可之后不幸的是，投资者们迎来的是下面的消息：

拟斥资 55 亿元购买友德医和赢医通 100%股权的重组计划终止，在随后召开的投资者说明会上，公司承认此次交易按照新规构成借壳上市，因此原方案无法实施。这不仅意味着业绩亏损的它借助重组实现双主业转型的战略受阻，友德医、赢医通借道公司成为“互联网医院第一股”的计划也暂时搁浅。

时过境迁，大股东变更转眼两年了，它的股价还在原来的位置上下游弋。

这家公司就是深天地 A（000023）。

靴子没落地的现象在中国资本市场司空见惯：计划增持不等于增持，计划重组不代表重组完成，定增方案经受理不代表证监会审核通过，证监会审核通过不代表证监会下发批文，证监会下发批文不代表投资机构已经定增买入……

我们来看一下经过多次重组尝试最终靴子落地的案例。

有一家主营业务为汽车（系列轻型越野客车、轻型客车）整车车身研发、生产及其他汽车生产配套服务的公司，公司在 1996 年就上市，近年来业务萎靡，多次面临亏损使得它濒临被摘牌的风险。在这期间不断尝试和努力重组，但最终都以失败告终。

2014 年 8 月，这家已停产 5 年之久的汽车公司宣布拟募资 39.48 亿元投资影视业，并吸引了众多影视圈明星大腕的投资参股，引起了资本市场的关注，原来，是耀莱影城和上海都玩网络变道借壳公司，加码影视娱乐业。虽然受利好消息影响，股价连续多个涨停，股价翻了 6 倍多，但是最终能否审核通过还是个未知数。

通过 2015 年非公开发行 A 股股票募集资金购买资产，公司于 2015 年 8 月完成了对江苏耀莱影城管理有限公司和上海都玩网络科技有限公司两家公司 100%股权的收购，其将主营业务转变为影城运营、影视投资制作、文化娱乐经纪和网络游戏的开发运营，转型为以影视和游戏为双核心的文化创意类上市公司。之后公司改名。

靴子终于落地了，就等股价合适了。终于，股灾的到来给了投资者一个最好的机会，2015 年 9 月 7 日左右其市值跌到了 100 亿元出头，这相对于中国影视娱乐行业一般200多亿元或300多亿元的市值来说是一个很好的机会。

果然，从那以后，其市值稳定在了300亿元以上。

这家公司就是松辽汽车（600715），后来更名为文投控股（600715）。

最后强调：买壳卖壳烧不尽，靴子落地胜有声！

46. 成也并购，败也并购：上市公司的七种收购方式

上市公司并购重组交易类型有哪些？上市公司的并购重组主要包括收购、重组、股份回购、合并、分立 5 种业务。

收购是指上市公司的控制权的转让，是指上市公司的股东或者是新晋股东来收购上市公司的股权，相关法规可以参考《上市公司收购管理办法》。说得直白一些，就是大股东更换。

重组是指上市公司出售或者购买资产，使股权或者资产和负债发生重大的变化。这是本书谈论的重点。

股份回购是指上市公司在特定的情况下回购自身的股权，《公司法》对于股份回购的情况做了一些限制。而回购的行为从表面上看说明企业对自身市值的不认可或认为目前的股价过于低估。

合并是指两个上市公司可以合并为一个公司，或者一个上市公司也可以去合并一个非上市的公众公司。

最后一种是分立，是指一家上市公司可以分立为两家上市公司。

Wind 统计数据显示，2016 年以来，截至本书写作，中国企业共计发生 2645 起并购事件（含跨境并购），涉及并购金额高达 21371 亿元。从并购方式来看，主要包括协议收购（1263 起，涉及交易金额 5965 亿元）、增资（599 起，涉及交易金额 1299 亿元）、发行股份购买资产（290 起，涉及交易金额 9449 亿元）、要约收购（8 起，涉及交易金额 3290 亿元）等。

从并购的目的来看，上述 2645 起并购中，包括横向整合 1372 起，涉及交易金额 12768 亿元；资产调整 334 起，涉及交易金额 1596 亿元；多元化战略 283 起，涉及交易金额 3329 亿元；买壳上市 19 起，涉及交易金额 1966 亿元；此外，还包括财务投资、业务转型等。从上述并购重组发生的行业来看，原材料行业的并购总金额达 6031 亿元，居首位，工业、可选消费分别以 4144 亿元、3424 亿元

紧随其后。从并购数量的情况来看，工业、金融和信息技术的并购数量分别为 480 起、449 起和 409 起。

在这场并购浪潮中，上市公司是主要参与者。证券主管部门曾表示，2015 年，全市场上市公司并购重组交易共计 2669 单，交易金额 2.21 万亿元，同比增长 52%，其中横向整合的产业并购逐渐成为主流。

川财证券研究显示，2016 年以来，上市公司公告完整的并购事件及并购意向已达 1043 笔，总交易金额以及意向交易金额达 8600 亿元。从交易笔数看，信息技术领先其他板块，共计 335 次交易，占比 32.12%。从交易金额看，金融总并购金额居前，共计 3073 亿元，占比 35.90%。被并购标的平均 PE 水平较上市公司折让 60%以上。2016 年，在公开并购 PE 的 478 次交易中，上市公司并购标的 PE 中位数为 25.79 倍，而全部 A 股的 PE 中位数（剔除负值）为 65.85 倍。

证监会对于并购重组的监管正在全方位增强。以证监会并购重组委审核的数量来看，2013 年为 92 例，2014 年升至 193 例，2015 年达到 337 例。

收购是取得上市公司控制权的行为。有很多途径取得上市公司的控制权，可以直接持有上市公司的股票，成为上市公司的控股股东，也可以收购上市公司的母公司，实现间接控制上市公司的目的，上市公司的收购主要遵循的法规是《上市公司收购管理办法》。

上市公司收购的方式主要有以下几种。

第一种方式是要约收购。要约收购是最复杂的一种收购方式。如果要约的收购价格高于目前的市场价格，一般这个股票肯定是要涨的，因为要约收购的价格相当于是你未来的一个底价。要约收购的价格如果低于目前的市价，这个结果就不太好判断了，因为有可能现有的股东不接受要约，这个要约收购就会失败，或者说会完成一个小比例的收购。

第二种方式是协议收购。协议收购很好理解，A 股东和 B 股东，A 是潜在股东，B 是现有股东，达成一个协议，然后签订一个合同，之后可以实现协议收购。

第三种方式是间接收购。在 2010 年国有上市公司或者是母公司的股权进行拍卖的时候，间接收购的案例特别多，就是通过取得上市公司的母公司股权实现收购。

因为收购上市公司要符合信息披露的要求比较多，市场风险也比较大，所以很多收购方采取间接收购的方式来取得上市公司的控制权。

第四种方式是参与定增。这种方式包括发行股份购买资产，或者是非公开发行股票的时候取得上市公司的控制权，都属于定增取得上市公司的控制权。

第五种方式是行政划转，主要是国有企业之间。

第六种方式是二级市场举牌。二级市场举牌也是风险比较大的一种收购方式，因为每收购 5%就要进行公告，那么公告市场获知了这个消息以后就可能带动股价的上涨，这对收购人也是不利的。

二级市场举牌比较典型的例子是安邦保险，安邦保险近些年举牌了很多家上市公司，也通过举牌成为上市公司的第一大或者是第二大股东。

第七种方式是继承或者赠与。

无论哪种模式的收购，都要履行信息披露的义务。收购上市公司每达到 5%就要披露，后面每增加或者减少 5%也要披露。

在中国 A 股市场，通过并购不断完成市值提升的案例多如牛毛。

有一点需要谨记，就是小心忽悠式"的并购近些年证监会等监管机构加强了市场化、法制化、国际化的资本市场改革，对越来越多的“问题”的并购重组频发监管问询函。

投资者需要炼就火眼金睛，要看到公司后面这群做事的人够不够真，够不够强，够不够主流！

47. 搞懂两个字：重组

在并购重组中非常重要的一种模式就是重组。所谓重组，就是上市公司通过购买或者出售资产，对公司的资产和负债进行调整，导致其资产、业务、收入和利润发生重大变化。上市公司重大资产重组是有标准的，主要是通过总资产、净资产和营业收入来判断的，总资产、营业收入或者是净资产超过收购方的 50%，就构成重大资产重组了。但是为了防止有些上市公司经营不好，导致净资产规模很小，净资产这个指标还附带了一个要求，就是要超过 5 千万元才构成重大资产重组。

重组适用的最重要的法规就是《上市公司重大资产重组管理办法》，这是 2014 年刚刚更新的，更新之后仍然出了很多配套的规定，如果要研究重组，一定不能忽略关于重组的一些配套规定，因为这些规定代表了证监会最新的审核理念。

在收购一家持续运营企业时，一般收购价格会远高于总资产或者净资产。如果用总资产或净资产指标去计算，很有可能不超过 50%或 100%。但是由于商誉的存在，会导致这个成交价特别高，在计算时这个分子上面要取总资产或者成交额中较高的一个来算，或者计算净资产的时候，要取净资产和成交额中较高的一个来计算。

除现金收购导致构成重大资产重组以外，还有一种很重要的重组方式，就是发行股份购买资产。

在证监会审核的 2014 年 4450 起并购业务当中，交易规模就达到 1.56 万亿元。上市公司在并购过程中，并购标的金额也是在逐年增加的。上市公司不一定存储那么多资金，发行股份购买资产就成为上市公司并购的一个最重要的支付方式。

发行股份购买资产是指上市公司在收购、合并或者重组过程当中，上市公司通过增发股票作为支付对价，取得出售方资产的行为。

反过来说，出售方以资产来认购上市公司定向增发的股票。上市公司发行股份购买资产对于上市公司来说属于非公开发行股票的行为，以自身的股份作为对价，来购买出售方的资产。对于出售方来说，以资产作为支付手段，来认购上市公司的股票的。

对于上市公司发行股份购买资产，取得上市股权的会有锁定期要求，大股东是 36 个月，其他股东是 12 个月。有一个特殊情况，即如果用于认购这个股份的资产，就是交易对方持有的资产，持有的时间不足 12 个月，取得上市公司的股份之后要锁定 36 个月。这是为了规避突击持有资产然后再转卖给上市公司的行为。

发行股份购买资产导致交易对象持有上市公司的股份超过 30%，也是要按照上市公司收购管理办法履行要约收购的义务和相应的披露业务，当然也可以申请豁免。

在 2014 年 7 月之前，重大资产重组达到一定的条件，也是要重组委进行审核的，2014 年 7 月以后，只有借壳和发行股份购买资产才需要进行审核。

两个上市公司合并为一个公司，可以有两种方式，一种是新设合并，另一种是吸收合并。合并没有专门的法规，也要满足《重大资产重组管理办法》。

2015 年完成的最经典并购应该是南车和北车的合并了，南车吸收合并了北车，原来南车的股东成为第一大股东，北车的股东成为第二大股东。

百事通吸收合并东方明珠（600637），吸收合并完成以后，新的东方明珠市值达到近 2000 亿，那时股市是一个高点，经历股灾之后，市值不到 1 千亿元。

上市公司分立是由一家上市公司变成两家上市公司，分立和合并是相对应的，有新设分立和派生分立，这和新设合并和吸收合并是对应的。都是根据原来的公司是否存续来作区分的。

2010 年，东北高速分立为龙江交通（601188）和吉林高速（601518）是上市公司分立的案例。

上市公司的回购业务是上市公司回购自己的股票。《公司法》对于所有的公司进行回购都有要求，只有在要求的条件下才可以回购，而且回购了之后对于转让和注销是有时间限制的。如果是为了减资，回购之后注销的时间是 10 天，如果是为了合并或者是对股东会决议持有异议的股东回购，导致的回购在 6 个月内必须转让或者注销。如果用于做股权激励，一年内必须激励完。

关于上市公司回购，证监会制订了《上市公司回购社会公众股份管理办法》，两个交易所和证监会关于集中竞价交易方式回购股份都还有特殊的规定，股灾时很多上市公司回购了自身的股票。

重组往往是无数投资者关注的重点，消息满天飞的时代大多与重组的各种内幕息息相关。了解重组的基本操作流程、审核流程、动机、前因后果和落实情况才是重中之重！

但是，对于广大投资者，往往因为信息的不对称和自身的不专业，非常容易陷入到重组的各种陷阱里。因此，谨慎、谨慎、再谨慎，才是面对各种骗局和烟雾弹的最佳心态！

48. 转型的企业千千万，跟对一家金不换：揭秘转型危“机”中的暴涨“机”遇

一家市值不超过 20 亿元的公司如何在几年之间通过生态圈的打造，达到市值的爆发的？中间经历了什么，是凭借什么发生了如此大的逆转，让发现端倪的投资者获利不菲呢？

我们一步步来寻找这种投资暴涨的公司轨迹……

这家公司成立于 2003 年 12 月，是银行科技金融综合服务商、第三方互联网银行平台综合服务商及资产证券化互联网综合服务商，其致力于帮助中国的中小商业银行、传统龙头企业、地方政府互联网转型及资产证券化，并为商业银行提供智能银行整体解决方案。

它一直以来为人民银行、银监会、证监会、银联、银行间交易商协会、支付清算协会和 460 余家银行及金融机构客户提供智能银行整体解决方案，以及互联网转型综合服务。

看着如此高大上的介绍，可能很多投资者都越来越弄不清这些有“格局”的大公司的介绍了，那么如何拨开云雾看本质呢？

上市初期它的主要业务是银行电子单据的电子化，即银行票据的 ATM，主打银行影像产品。说得再直白一些，就是把银行单据通过扫描等处理进行电子化。到了 2014 年，它一直想要突破发展的瓶颈，同时增加自己的核心竞争力。可是上市的两年中，它的发展平淡无奇，让很多在二级市场买入的投资者也是一声叹息。

2014 年后，它的团队开始在不断探寻中逐渐打造自己的生态圈。与其他公司的玩法不同，它只专注于金融领域，推出智能银行整体解决方案，且深扎银行客户几百家。2014 年 12 月，它与海淀国资共同设立中关村互联网金融信息服务公司，它增资金融资产交易所切入资产证券化领域，建设互联网云金融平台，并使其互联网金融多点落地。它开始掌控金融资产交易所和期货的牌照，入股大金所

和安粮期货，打造互联网金融生态，形成资金、数据、资产、交易的闭环。

在资金方面，它打造互联网银行云平台，实现与中小银行连接。

在数据方面，它入股中关村互联网金融该中心控制数据段资源，增资国信新网云服务。

在资产方面，它与华夏幸福、中航集团合作对接大型企业资产。

在交易方面，它参股两大金融资产交易所。

这是一个巨大的变化。对于任何一个市值只有十几亿元的上市公司而言，在经历一系列金融产业链颠覆般的改造后，其巨大的增长空间是可想而知的。之前我们经常说“没有好的企业，只有好的价格”，此时我更想强调，“没有一直好的企业，只有稳健成长的阶段!”而作为投资者，需要及时发现并时时跟踪企业的一系列动作之后的投资者的认可和爆发!

这家公司就是中科金财（002657）。

最后强调：转型藏良机，爆点现买点。

49. “左手公司违法违规，右手股价一直上涨”这样的股票是否存在投资机会

40 年前，苹果第三位创始人罗恩·韦恩以 800 美元卖掉自己所持 10%的苹果股份。这些股份目前估值达 600 亿美元，韦恩可能犯下了“最昂贵的错误”。

某公司不仅是 2016 年 ST 股的典型，甚至是中国证券史无法忽视的一页。

这家上市公司是一家投资与管理的综合类公司，主要从事创业投资、投资咨询与管理、实业投资、商业的批发零售。

2011 年 4 月 29 日公告的控股股东华信泰已经履行及代付的股改业绩承诺资金 3.8 亿元并未真实履行到位。为掩盖这一事实，在 2011 年至 2014 年期间，它多次伪造银行承兑汇票，虚构用股改业绩承诺资金购买银行承兑汇票、票据置换、贴现、支付预付款等重大交易，并披露财务信息严重虚假的定期报告，虚增资产、收入、利润等财务信息。

2014 年 6 月 17 日，中国证监会对它涉嫌信息披露违规行为进行立案调查。2015 年 3 月 26 日，它因涉嫌违规披露、不披露重要信息罪和伪造、变造金融票证罪，被中国证监会移送公安机关。公司股票自 2015 年 5 月 28 日起暂停上市。它被中国证监会移送公安机关后，2015 年 5 月 25 日，上海交易所依据《退市意见》和《上海证券交易所股票上市规则》相关规定，决定公司股票暂停上市。此前，公司股票于 2015 年 3 月 31 日被实施退市风险警示，并在风险警示板交易 30 个交易日。2016 年 3 月 21 日，上交所召开上市委员会审核会议，最终，参会委员一致表决同意它的股票终止上市。同日，根据上市委员会的审核意见，上交所做出它终止上市的决定。由此，它成为证监会 2014 年《关于改革完善并严格实施上市公司退市制度的若干意见》(简称《退市意见》)实施后，证券市场首家因触及重大信息披露违法情形被终止上市的公司。

投资最怕这种赌博，2014 年年中，当证监会开始对这家公司立案调查的时候，

不到半年其股价居然从5元多涨到了12元多，一时间各路投资者根据技术面的走势、各种浪型的指导，受各种拉升的诱惑，重仓杀了进去，2014年12月22日收盘后，它突然停牌了，3个月后再开盘一路下跌、拉升骗散户接货、又下跌、又拉升骗散户接货、又下跌，直到跌到了3元多……最后它退市了。

在一个不死鸟的不归路上，有多少投资者因为投机而一同奔赴不归路？

有一家主要开展智慧城市业务和物业管理业务的上市公司，其前身是广西北生药业股份有限公司，是一家以制造和销售医药产品、保健产品的公司，而后由于经营不善，2007年即沦为ST，公司试图通过重组自救，期间，引入的重组对象包括中能石、郡原地产等公司，但由于种种原因重组均以失败告终。2014年4月，北生药业再次启动重组事宜，拟发行股份购买上海斐讯数据通信技术有限公司（以下简称“斐讯通信”）100%的股权，并将主营业务变更为信息技术产业。

主角之一的顾国平便是斐讯通信的最大股东和实际控制人，这也是顾国平与这家上市公司发生的首次接触。顾国平希望能通过此次重组，将斐讯通信借壳上市，但最终重组失败。不过顾国平控制北生药业的念头一直存在，2014年下半年，公司股东之一瑞尔德嘉开始陆续减持手中的北生药业股票，并在当年11月4日通过大宗交易系统出售了1500万股，交易价格为9.5元/股，总金额1.42亿元。交易的名义接盘方是中信证券。但因中信证券与顾国平实际控制的私募基金“和熙成长型2号”基金签有收益互换协议，因此，实际上是顾国平间接控制这1500万股。通过以上交易，顾国平成为北生药业第一大股东。1500万股占到总股本的3.8%。

2014年12月30日，公司更名，间接持股仅3.8%的顾国平开始担任公司董事长及总经理职务。而后顾国平不断通过二级市场增持公司股票，截至2016年年初，顾国平及其一致行动人持股比例已经达8.79%，公司在权益变动报告书中认定顾国平为实际控制人，结束了这家上市公司长期无实控人的状态。此后公司股价持续下跌，顾国平多次爆仓，截至2016年7月14日，他仅剩余710万股股份，占比1.8%，随后，顾国平辞去了公司董事长、总经理职务，并对媒体声称，其已不是公司实际控制人。至此，这家公司再度陷入群龙无首状态。

正当顾国平退出的时候，深圳市瑞莱嘉誉投资企业（有限合伙）（以下简称“瑞莱嘉誉”）疯狂举牌该公司，将持股比例提升至 10.98%，成为公司的第一大股东。也正在这个时候，原匹凸匹（600696）实际控制人悄然入场并担任证券事务代表，使公司实际控制权变动更加戏剧化。

2016 年由于管理混乱，它的经营情况已恶化，进入 2016 年，它由盈转亏，股价也从最高峰的 36.98 元/股跌到了停牌前最后一个交易日的收盘价 11.93 元/股。

实际控制之争不仅让投资者损失惨重，而且升级成了 1001 项奇葩提案：“关于公司建立健全员工恋爱审批制度”“关于第一大股东每年捐赠上市公司不少于 100 亿元现金的议案”“关于公司全体员工降薪 300 元的议案”“关于公司全体员工降薪 50 元的议案”……这家公司的 1001 项奇葩议案事件是一场闹剧，实质上是挑战监管权威，性质极为恶劣。

事实上，在法治上，中国的监管层越来越向国际化接轨，加大处罚，让违法者不敢犯案。实际上也是这样操作的，数罪并罚，这家公司的实际控制人被证监会罚没了 34.7 亿元。

虽然被卷进纷争的看似无辜的投资者非常可怜，但是这些投资者的投资思路、投资心态、投资方法、投资原则的错误更需要深刻省悟！

最后强调：法大于天，切忌走偏！

50. 教你如何用好买卖股票时的“实战估值法”

公司估值是投融资、交易的前提。一个投资机构或者投资者将一笔资金注入企业，应该占有的权益首先取决于企业的价值。

相对估值法相对简单，也是投资者广泛使用的估值方法。在相对估值方法中，常用的指标有**市盈率（P/E）**、**市净率（PB）**、**EV/EBITDA 倍数**等，它们的计算公式分别如下：市盈率=每股价格/每股收益；市净率=每股价格/每股净资产；EV/EBITDA=企业价值/息税、折旧、摊销前利润（其中：企业价值为公司股票总市值与有息债务价值之和减去现金及短期投资）。

运用相对估值方法所得出的倍数，用于比较不同行业之间、行业内部公司之间的相对估值水平；不同行业公司的指标值并不能做直接比较，不具有可比性且其差异可能会很大。相对估值法反映的是可以找出在市场上被相对低估的公司，但是如果市场赋予公司较高的市盈率，说明市场对公司的增长前景较为看好或者公司成长性较好，愿意给予行业内的优势公司一定的溢价。因此采用相对估值指标对公司价值进行分析时，需要结合宏观经济、行业发展与公司基本面的情况，具体公司具体分析。

绝对估值方法，通过股利折现模型和自由现金流折现模型采用了收入的资本化定价方法，通过预测公司未来的股利或者未来的自由现金流，然后将其折现得到公司股票的内在价值。

估值是投资的最核心部分，但是不同投资者分析出来的合理的估值价位均不同，这需要更加专业的分析以及更加充足的分析资料。然而，虽然股价是围绕其价值上下波动的，但是因为存在交易行为，企业的股价往往是难以预测的，或者冲到投资者无法理解的高度，或者低到投资者不敢买入的价格。

有一家专业从事电力电缆的研发、生产和销售，集科研、设计、制造、销售于一体的大型电缆专业生产上市公司。

2014—2015 年，随着人类生存环境的进一步恶化及污染的日益严重，新能源和锂电池概念股得到众多投资者的追捧，这家公司的市值从 2014 年年初的 40 多亿元一直涨到了 2015 年年中的 400 多亿元，但是这家上市公司的税后净利润增长才 20%多，交易行为是恐怖的，庄家和主力为了吸引更多的散户接盘让其完全出货，通过不断的拉升寻找接盘侠。

所有的泡沫最后都要破裂，直到 2017 年，这只股票的市值相比 2015 年的最高点已经跌去了近 70%，主力急于拉升出货，散户投资者急于挑战，最后万劫不复。了解企业的实际价值，买点尽量在其估值以下，少一点赌性，多一点耐性，多么重要！

这家公司就是万马股份（002276）。

有一家专注于为客户提供金融信息资讯的企业，其通过网站平台和各专业频道提供专业的、及时的、海量的资讯信息，满足广大互联网用户对财经资讯和金融信息的需求，同时提供财经互动社区平台，满足用户互动交流和体验分享需求，其运营的网站及多个专业频道已形成了中国用户访问量最大、用户黏性最高的互联网财经信息平台之一。

对于 2014 年火热的互联网金融概念，这家上市公司的业务紧跟中国股市，它的增长受牛市来临带来的增长，加上证监会支持互联网企业改制上市，并购重组，完善治理结构，积极支持符合条件的互联网企业展开场外证券业，随后它收购同信证券 100%股权，这样无论是从业绩的展开，还是热点的冲击，这只股票迎来了更多的机遇，2014 年年末，机遇来临，公司市值从 200 多亿元直冲到了 2000 多亿元，这是股票交易行为带来的股价走高，但是因为其股票市值已远超其公司价值，因此降价格下来是早晚的事情，随后几年这只股票的市值一直稳在了 500 多亿元。

这家公司就是东方财富（300059）。

因此，**既要把握估值，又要看清交易的走高形成的泡沫，投资者唯一能做的就是在底部建仓，在逐渐走高时逐渐出货……**

51. 搞懂财务是搞好投资的地基，这个“地基”怎么打

无论是考 CPA（注册会计师）还是 CFA（金融分析师），最关键、最重要的就是对财务的分析和理解。财务是金融的中心，如果不知道如何从财务报表中看到更多的内容和分析，大家很难看清企业的真实想法。**搞懂财务和打好财务基础是做投资的第一课。**

有一家中高端品牌家纺企业，主要从事以床上用品为主的家纺产品的研发、设计、生产和销售业务，是首批获得“中国名牌”产品称号的国内床上用品企业之一。其从事的主要业务是套件、被芯、枕芯等床上用品及其他家纺产品的研发、设计、生产和销售。

公司第一期员工持股计划通过二级市场累计买入公司股票 1767 万股，占公司总股本的 2.05%，成交金额 1.93 亿元，成交均价 10.9/股。截至 2015 年 12 月 31 日，这家公司回购股份 2607 万股，占公司总股本的 3.03%，成交最高价 12.25 元/股，最低价 10.1 元/股，成交金额 2.96 亿元。

其实，这家公司先后推出多个知名品牌；销售网络覆盖全国，并在华南市场占据统治地位。励精图治十七载，它已发展成为家纺行业的龙头企业。公司产品现已涉及床上用品、家纺饰品、家居用品等多个系列，为上千万消费者引领了独特的艺术家居生活方式，产品定位于中高档。

它后续基于主业聚焦移动互联网、智能大家居与供应链金融等项目的投资并购是公司的战略方向之一，公司未来将向在移动互联网、智能大家居与供应链金融等热门领域启动布局。

这只股票一定会大涨吗？相信它的研究报告的投资者，以及相信员工入股和对公司回购有信心的投资者一定会大赚吗？

看一看这家上市公司的实际财务情况，2016 年上半年，公司实现营业收入 8.81 亿元，同比增长 2.15%；实现营业利润 2.1 亿元，同比下降 9.01%；实现利润总额

2.15 亿元，同比下降 7.97%；实现净利润 1.69 亿元，同比下降 7.41%。

虽然这是一家与国际顶尖的设计团队保持交流，定期安排研发人员前往国外进修，每年推出新产品上百种的公司；虽然它打造家居软装的“一站式购物”，从品牌设计、包装和传播等方面对品牌进行全方位建设；虽然在店面空间设计上其努力为消费者提供时尚、优雅且更具艺术气息的购物环境；虽然这是首个全屋定制家具旗舰店，已正式对外营业；但通过财务报表的基本数据可以看到，一切的转型刚刚开始，效果待定，家纺行业的互联网+之旅并没有在实打实的业绩上充分体现。

但很多不顾财务情况、伴着员工增持和公司回购价格大肆买入这只股票的投资者，面对的是 2015 年、2016 年、2017 年这只股票 7 元多到 9 元多的蹒跚……

大股东增持并不是投资的唯一标准，对公司的现状没有充分了解，对公司的未来没有足够发展判断的依据就贸然投入，必然会导致失败。

这家公司就是富安娜（002327）。

最后强调：财务分析不努力，盈利无期徒伤悲。

52. 该买国企股票还是民企股票

国企的股票和民企的股票是截然不同的玩法。

有一家以宽带网络设备、数字电视终端设备为主的高科技上市公司，在广播电视领域具有强大的科研、生产、营销服务优势，着力于为国内广电及电信运营商提供宽带网络解决方案、数字电视系统解决方案、IPTV 系统解决方案。公司军用物流信息化产品以三军航材管理领域为基础，密切跟踪军队重大信息化和新型号项目，加大空军、海军新型号项目研发投入以增强公司在军品市场的影响力。

资本市场对这只股票的最大预期就是其母公司的优质资产注入上市公司以及不断的外延式并购。其母公司于 2015 年年底发布深化改革总体方案，计划加大资本经营力度，提高资产证券化率，在 2020 年集团资产证券化率达 60%。上市公司作为资本运作的平台，未来存在整合改革的空间和资产注入的预期。

它的控股股东的部分董事、高管、骨干及公司部分董事、监事、高级管理人员出资设立的高管持股平台九华投资在 2015 年 4 月 30 日对上市公司进行增持，当时上市公司的股票市值是 130 多亿元。

两年时间过去，深信国企的股票不会套国企高管的那些投资者面临的是什么呢？它的市值居然还在 110 亿元上下波动。连同两年前增持的上市公司的那些高管投资者们也一直在这只股票上被深套！

虽然这是一家预期增长的上市公司，但是在没有明确业绩增长和股价安全的价位之前，不管投资者是公司的外部人还是公司的内部人，面临的都是高风险！

这家公司就是四川九洲（000801）。

一家国有上市公司，前身是成立于 1985 年的温岭摩托车总厂，专业经营摩托车整车和发动机的研发、制造及销售，拥有亚洲地区规模最大、国内装备最先进的发动机和摩托车生产基地，是国内摩托车行业的龙头企业之一。

但是为了避免可能出现连续三年亏损被暂停上市的情形，它拟通过转让引入战略投资者，推动其优化整合和战略转型升级，促进实现产业重组和战略规划，经浙江省国资委批准同意，公司控股股东拟以公开征集受让方的方式，转让公司股份 13500 万股（占公司总股本的 29.77%）。原控股股东持股比例将由 41.45%降至 11.68%，并导致公司控股股东和实际控制人变更。

吉利控股最终取得了实际控制人的位置。实际控制人换成吉利控股后，原来亏损严重的这家上市公司一下充满了各种预期和可能，而在这个过程中，投资者的收益也是颇丰，整个 2016 年它的股价翻了一倍多!

这家公司就是 ST 钱江（000913）。

对于股票，国企和民企的玩法太多不同，国企在上层政策的协调上较强，对于国有资产的保护、保壳较强，对于协调相关产业的整体上市受政策影响较强。但是民企更加关注公司一把手的决心和能力，关注公司转型的效率，与国企有所不同。国企一把手的变更将使公司的风格和发展存在很大的不确定性。

最后强调：国企民企两重天，选股就是选心安。

53. 扪心自问：要不要借钱炒股

很多投资者问我，要不要玩“融资融券”，用借来的钱炒股。我回复：**“如果你做好最坏的准备，投出去的钱一分钱都回不来，可以融资融券，如果你没有做好这种准备，就不要做借钱炒股这种事。”**

太敢干的人，往往是经历少的人。中国股市，专治不服。暴跌来临，所有的任性、猖狂都会受到惩罚。

2016 年 1 月 13 日某公司发布公告称，公司控股股东以其资产管理计划账户共增持公司股份 1734.98 万股，占公司总股本的 0.99%，增持金额为 1.5 亿元，已完成本次增持承诺。

可是，2016 年中国资本市场著名的熔断导致公司控股股东以资产管理账户增持的公司 A 股股份因平仓线被击穿，根据相关约定，增持的股份被强制平仓。期间控股股东虽然采取了积极措施，但因时间过于仓促未能及时在盘中补仓。截至公告日，公司控股股东增持的 17,349,774 股已全部被平仓。

这家公司就是鼎立股份（600614）。

其实，倒不是说一定不能用杠杆，但是需要针对不同的标的、不同的投资心态、不同的操作思路。对于很多可以融资融券的股票，既然有杠杆，就一定助涨助跌，涨的时候跟风资金融资买入，跌的时候大量资金融券卖空。

有一家主要经营产品包括电子回单系统、ATM 监控系统及银行数字化网络安防监控系统的公司。

2014 年开始，这家上市公司大力开始布局速递易，速递易是快递末端配送解决方案供应商，用于解决目前快递行业普遍存在的“最后 100 米”难题。速递易已在全国 29 个城市实现超过 9000 个网点的落地，成为领先的快递代收及临时寄存的自助服务平台，速递易具有投件收费、超时收费、寄件收费与广告收费四种主要盈利模式。公司的这一转型被看成是进军社区 O2O 的蓝海。

2014年年末，只有120多亿元市值的它用半年的时间就冲到了600亿元市值。

随后的一年半，它的市值跌到了100亿元以下。下跌过程中无数的投资者片甲无存，尤其是那些好玩杠杆的投资者……

这家公司就是三泰控股（002312）。

如果投资者不是那种可以游刃有余、高手中的高手，不妨在投资的操作上简单一点，只需要财富增长更加稳健一些即可！

最后强调：天堂地狱一瞬间，融资杠杆易跑偏。

54. 如何让自己真敢做到"止损"

《南齐书·王敬则传》:"檀公三十六策，走是上计"，指战争中看到形势对自己极为不利时就逃走。现多用于生活、工作、社交中，如果形势对自己不利，敌强我弱，就应选择暂时退却，重新再来，或另谋他法。"三十六计，走为上计"，原指无力抵抗敌人，以逃走为上策，指事情已经到了无可奈何的地步，没有别的好办法，只能出走。

做投资最怕固执的人，可是固执和坚持如何分辨？如何掌握"度"？如何不跑偏？

秘诀只有一个，就是靠自己战胜自己。也就是在充分了解自己为什么固执的基础上，找出根源调整自己。

2014 年 12 月 30 日，中国南车（601766）与中国北车（601299）双双发布公告，确认合并同时公布合并预案。15 年前，中国南车和中国北车本就是一家人。它们的前身是成立于 1986 年的中国铁路机车车辆工业总公司，这是一家原铁道部直属的国营铁路机车车辆装备制造企业，以生产铁路机车车辆及其配件为主。市场普遍认为，中国南车和中国北车两家公司的合并，就是为了避免在国际市场上的竞相压价和恶性竞争，并通过整合双方的海外资源来提高中国在轨道交通装备制造市场上的国际竞争力。

半年间，中国北车和中国南车的股价翻了将近 6 倍，利空出尽就是利好，当时有太多的人期望合并后的中国中车还会一如既往地上涨。合并后的中国中车（601766），是由中国南车和中国北车按照对等原则合并组建的 A+H 股上市公司。中国中车承继了南北车的全部业务和资产，承继了中国轨道交通装备制造业的百年积淀，是全球规模最大、品种最全、技术领先的轨道交通装备供应商。

听起来多么牛的事件、多么牛的公司！各种媒体、各种声音一直营造氛围，让更多的投资者前仆后继地买入这个高大上的中国中车（601766）。

无数投资者看着不断创出新高的股票已经近乎疯癫。

可是，不幸踩雷之后，投资者该怎么办呢?

之后的两年从高点一落千里的中国中车（601766）股价跌了近70%。投资者应该牢记：如果是在高点向下跌落，狠狠跌回原形的可能性是很大的，因此跌破一定比例（例如15%）就要及时清仓，走为上!

如果下不了狠心，就给自己暗示：股价还会跌得很惨，从底部抓或者买入其他低价股票，以此可以回本盈利!

有一家核心主业为新能源电力，属于电力行业中的新能源电力子行业的公司，其主要产品及提供的劳务为电力、房地产、建筑施工、投资等。

2015年6月5日，公司通过二级市场买入的方式完成了第一期员工持股计划股票的购买，成交均价是13.652元/股，购买数量是4,197,420股，占公司总股本的比例为0.24%。该计划所购买的股票锁定期自本公告之日起12个月。听到这个消息，不少投资者在13元左右大胆杀入这只股票，认为有着员工入股这个风险垫，可以大胆搏一把。果然股价几天内冲到了18元多，可是2015年6月15日开始的股灾是始料未及的，接下来的3个月时间，这只股票的价格从18元多一路跌到了6元多。还是那句话，如果在高位买入股票，采取的策略与低位买入完全不同，如果不幸踩雷，在高位必须尽快逃离，如果心有不甘，就只能不断使用“阿Q疗法”了，即告诉自己只有卖了从底部接才能把亏损赚回来。细细品味吧……

说起来简单，做起来太难，也许受过几次伤，才能领悟和学会，并真的可以“自己对付自己”!

最后强调：判断失误苦断肠，一身轻松走为上!

55. 会炒股的叫投资者，会投资的才叫投资人

在中国有一个投资圈的围城：做一级市场的羡慕做二级市场的，做二级市场的羡慕做一级市场的。做股权投资的基金经理往往羡慕做股票投资的基金经理，总觉得管理股票可以经常分红，可以调动大量资金去影响股市的波澜，做股票投资的羡慕做股权投资的，总认为可以时不时地使投资翻倍、可以被创业者追逐拥簇。

其实，在股市从亏到赚是一个漫长的过程，基本上是下面这个流程：首先很兴奋看到股市中上涨的奇迹，总想一试；如果赚了一些钱，之后就像赌博一样总会在下一次或者再次进入股市的时候赔进去；而赔钱之后开始大量学习各种股市的理论，研究波浪、看技术分析、打听消息……经过不断的失败和周而复始的磨炼之后，开始从一开始的短线型投资者演变为中长线投资者（就像老司机越开车越慢一样）；再之后越来越关注公司的价值和基本面；再后来不仅开始关注股票投资，同时关注股权投资，渐渐形成一个一级市场和二级市场投资并行的投资习惯……

之前谈到的牛散，以及各种股票的私募或公募基金，他们大都在逐渐由股票投资向股权投资过渡。股市投资也好，股权投资也好，说到底都是投资，百变不离其宗。而且，真正越做越大的专业投资者，会逐渐打通一级市场和二级市场，即将自己在一级市场投资的企业通过被其投资的二级市场上市公司并购，进而实现一级市场股权投资的退出。

因此，如果你想成为一个真正的二级市场投资的高手，就一定要对股票投资和股权投资都非常熟悉。当你成为真正的股票投资的高手之时，其实在潜移默化中你也成为一个股权投资的高手。

讲一个故事。多年之前，与我之前投资过的一家影视公司合作过的编剧特别喜欢炒股，每次编写的剧本被制作并发行后，总能得到一笔至少 7 位数的报酬，但是他每次都会将其中的一大部分用于炒股。结果和大多数中国股民的情况相似，

亏得一塌糊涂。但是上了瘾的他无法摆脱这种“股票依赖症”，依然将每次的报酬投资于股市，希望有东山再起的那天。然后在深陷股市的他又被融资融券这个金融工具“绑架”之后，他输得倾家荡产。

虽然深受重创的他不敢轻易碰股票了，但是股市的魔咒真的可以让人神魂颠倒，在他又一次得到编剧的巨额奖金之后，又想大肆杀入股市。突然，我投资的影视公司开启了上市前的融资计划，作为公司的重要合作伙伴，作为了解公司快速发展的关键人物，他知道这次原始股发售是千载难逢的机会。而且虽说这和二级市场不太一样，但是足以让深刻领悟中国股市的他梦想原始股上市后可以让人瞬间暴富的神话。他毅然决然地将大部分钱投资到了公司。

一级市场的投资也会让人上瘾，作为知名编剧的他，在与其他影视公司合作时开始很敏感地关注这些影视公司在上市前融资时的投资机会，于是，一家、两家、三家、四家……

我坚信一句话：如果感觉做事不快乐、没感觉，肯定是哪里出了问题。这位知名编剧在炒股时得到的只有痛苦和无法自拔，而在做原始股投资时，他找到了感觉，因为他了解他合作过的这些公司的发展情况，他深知这些公司的业绩不断发展，更明白在 2010 年后中国整个商业环境对于文化创意产业的大力支持……

说得更直白一些，炒股的那些日子，他更像是在赌，而投资他了解的这些公司原始股的日子，才叫投资。

故事的结局非常惊艳，之前在股市中赔了几千万元的他，在其持有的原始股公司上市或者被并购后，他一跃成为多家上市公司的前十大股东，早已是亿万富翁。

任何一个人的财富都是一个慢慢积累的过程，但是财富的暴涨只需要抓住几个转折，投资者变身投资人，两手都要抓，两手都要硬，才能成为真正的投资高手！

最后强调：股民成为投资家，股票股权两手抓。

電子工業出版社
PUBLISHING HOUSE OF ELECTRONICS INDUSTRY
http://www.phei.com.cn

交易大师系列

《股票魔法师 II——像冠军一样思考和交易》
ISBN 978-7-121-33577-8
Mark Minervini（马克·米勒维尼）著
张洞 马斐儿 译
定价：59.00元
2018年4月出版

内容简介

Mark Minervini《股票魔法师——纵横天下股市的奥秘》姊妹篇！原班人马全新打造使你终身受益的交易知识！延续经典“股票四阶段”理论！超有效成长股选股指南！帮你精准计算买卖点，有效规避风险！

《股票魔法师——纵横天下股市的奥秘》
[美] Mark Minervini 著
ISBN 978-7-121-24561-9
张洞 译
定价：59.00元
2015年1月出版

内容简介

作者 Mark Minervini，美国最成功的股票交易商，他从 30 年的职业生涯中总结出来的方法 CANSLIM 写出来就是这本书！书中阐述了著名的、可以大大提高股票市场收益率的传奇 SEPA 系统！

本书包含股票交易经验、真理和具体的策略，是一本完美结合股票的基本面分析和技术面分析的实战型书籍，用技术分析找到趋势，用基本面分析验证自己的判断，这种客观的方法能最大限度减少个人情感对投资决策的干扰。

電子工業出版社
PUBLISHING HOUSE OF ELECTRONICS INDUSTRY
http://www.phei.com.cn

投资宝典系列

電子工業出版社
PUBLISHING HOUSE OF ELECTRONICS INDUSTRY
http://www.phei.com.cn

最打动投资人的商业计划书

认识商业计划书
（1～2章）
- 商业计划书的8大元素
- 投资人关注什么内容
- 路演型商业计划书
- 工作型商业计划书
- 验证型商业计划书

全面构造商业计划书
（3～7章）
- 公司情况概述
- 介绍自己的产品
- 市场调研报告
- 展示核心团队
- 投资回报预期
- 市场营销策略

Move Investors

A Business Plan to …

突出财务重点
（8～10章）
- 设计盈利模式
- 降低变现难度
- 全面规划财务
- 风险规避处理
- 退出机制完善

细节呈现规则
（11～14章）
- 摘要的撰写方法
- 如何突出重点
- 8项关键数据的写法
- 制作吸引人的PPT